Tilman Weigel

Alternative Fakten

Was darf ich noch glauben?

Tilman Weigel

ALTERNATIVE FAKTEN

Was darf ich noch glauben?

Bibliografische Information der Deutschen Nationalbibliothek
Die Deutsche Nationalbibliothek verzeichnet diese Publikation in der Deutschen Nationalbibliografie; detaillierte bibliografische Daten sind im Internet über http://dnb.d-nb.de abrufbar.

Bibliographic information published by the Deutsche Nationalbibliothek
Die Deutsche Nationalbibliothek lists this publication in the Deutsche Nationalbibliografie; detailed bibliographic data are available in the Internet at http://dnb.d-nb.de.

Cover Illustration 102180314 © Arloofs | Dreamstime.com

ISBN-13: 978-3-8382-1366-8
© *ibidem*-Verlag, Stuttgart 2022
Alle Rechte vorbehalten

Das Werk einschließlich aller seiner Teile ist urheberrechtlich geschützt. Jede Verwertung außerhalb der engen Grenzen des Urheberrechtsgesetzes ist ohne Zustimmung des Verlages unzulässig und strafbar. Dies gilt insbesondere für Vervielfältigungen, Übersetzungen, Mikroverfilmungen und elektronische Speicherformen sowie die Einspeicherung und Verarbeitung in elektronischen Systemen.

All rights reserved. No part of this publication may be reproduced, stored in or introduced into a retrieval system, or transmitted, in any form, or by any means (electronic, mechanical, photocopying, recording or otherwise) without the prior written permission of the publisher. Any person who does any unauthorized act in relation to this publication may be liable to criminal prosecution and civil claims for damages.

Printed in the EU

Inhaltsverzeichnis

Einleitung: Was sind alternative Fakten? 9
Gibt es Fakten? Angewandter Postmodernismus 15
   Die Idee der Relativität von Wahrheit 16
      Der 2. Weltkrieg lässt den Zweifel an den Wissenschaften wachsen 19
      Das postmoderne Wissen 24
      Was, wenn die Postmodernisten recht haben? 25
   Wem dürfen wir noch glauben? 27
      Problem 1: Unsere Ängste 34
      Problem 2: Unser Gehirn ist faul 40
      Problem 3: Unser Gruppendenken..................................... 44
      Problem 4: Wir sind nicht für die Welt von Statistiken und Überschallflugzeugen geschaffen 48
   Sollen wir auf die Wissenschaft hören? 51
      Was ist Wissenschaft? 51
         Theoretische Herangehensweisen................................ 54
         Empirisches Vorgehen: Qualitative Verfahren 56
         Empirisches Vorgehen: Quantitative Verfahren....................... 59
         Probleme der empirischen Wissenschaften 62
            Problem 1: Datenmanipulation und Fehler 62
            Problem 2: Die Messbarkeit 64
            Problem 3: Korrelation bedeutet nicht Kausalität..... 66
            Problem 4: Der Zufall... 68
            Problem 5: Die Interpretation 70
         Warum wir den Wissenschaften nicht blind vertrauen dürfen, sie uns aber helfen kann... 71
   Was sind Alternative Fakten – und was sollen wir glauben . 75
      Was wir glauben sollten... 76
      Was also sind Alternative Fakten? 81
         Fallbeispiele: Impfen und Klimawandel 82
         Die Grenze zu Alternativen Fakten ist schwammig 85

Leben wir in postfaktischen Zeiten? 87
  Wie glaubwürdig sind die Medien? 92
    Die „klassischen Medien": Zeitung und Rundfunk 92
      Journalisten lieben das Negative 93
      Journalisten sind auch nur Menschen 95
      Journalismuskritik ist „in!" 95
      Der Feindliche-Medien-Effekt 96
    War es früher anders? Veränderungen im Mediensektor 99
      Ein kurzer historischer Rückblick 100
      Soziale Herkunft und politische Ausrichtung von Journalisten 104
      Abkehr vom Faktenjournalismus? 109
      Lässt sich die Objektivität der Medien messen? 110
      Die Studie der RAND Corporation zur rückläufigen Bedeutung von Fakten in der Berichterstattung 114
      Fallbeispiel Genmücke 116
      Die aktuelle Lage der Massenmedien 120
      Vielfalt immer noch groß 122
    Internet und Soziale Netzwerke 123
      Das Internet: demokratische Alternative zu den Medienkonzernen oder Heimat Alternativer Fakten? 123
      Auch professionelle Medienangebote im Netz sind subjektiver 124
      Neue Formen der Medien: Blogs, Podcasts und Videoblogs ... 125
      Soziale Medien als neues Problemfeld 127
      Filterblasen und Echokammern 128
      Gefahr durch Machtkonzentration nicht unterschätzen 131
    Zwischenfazit: Dürfen wir den Medien glauben? 132
  Wirtschaftliche und gesellschaftliche Spaltung 134
    It's the economy, stupid: die wirtschaftliche Spaltung der Gesellschaft 137
    It's the society, stupid 141
      Gesellschaftliche Spaltung in Deutschland nimmt zu, aber nur im Vergleich zu den Jahren 1980 bis 2010 142
      Ein Blick in die USA 144

Zu viel Einigkeit schadet ebenfalls 145
   Ein kurzes Zwischenfazit zur wirtschaftlichen und
   gesellschaftlichen Spaltung 145
   Moral statt Fakten? Die These von der Hypermoral 147
   Ruinierten französische „Intellektuelle" den Westen? 156
   Die empirische Seite 171

Gegenthese: Experten und Wissenschaft werden wichtiger 173
   Suche nach Eindeutigkeit 175
   Das bedeutet nicht, dass alles besser wird 178
      „Expertokratie" und Bürgerferne 179
      Aktivismus in den Wissenschaften schadet deren
      Ansehen 185
      Neue Medien machen Konflikte sichtbarer 186
   Zwischenfazit: Wir leben nicht in einer faktischen, aber
   auch nicht in einer postfaktischen Welt 187

Alternative Fakten und die Corona-Pandemie 189
   Die Grenzen sind fließend 190
   Der Wunsch nach Eindeutigkeit ist hoch 191
   Alternative Fakten benötigen kein Internet 192
   Zensur ist ein doppelschneidiges Schwert 193
   Menschen handeln oft emotional, aber nicht nur 193
   Fazit zu Alternativen Fakten in der Corona-Pandemie 194

Was können wir tun? 197
   1. Vier Ideen 197
      Idee 1: Open News: Offene Nachrichten 197
      Idee 2: Medienangebote benötigen mehr Diversität 199
      Idee 3: Politische Bildung und Statistical Literacy 202
         Exkurs: Armutsberechnung 203
      Idee 4: Mehr Politik wagen 205

2. Drei Fragen 209
    Frage 1: Wie können wir journalistische Angebote
    wirtschaftlich stärken? 209
        Spenden und Staatsfinanzierung allein keine
        vielversprechende Idee.. *209*
        Die Erträge müssen aus dem Unternehmen kommen............. *210*
    Frage 2: Wie verbessern wir die Diskussionskultur 212
    Frage 3: Wie schaffen wir mehr soziale Gleichheit? 215

**Fazit: Wir leben nicht in postfaktischen Zeiten, aber auch
nicht in faktischen** **215**

Einleitung: Was sind alternative Fakten?

Ab 2020 verbreitete sich nicht nur das Coronavirus mit rasender Geschwindigkeit um die Welt, sondern mit ihm auch Verschwörungstheorien, Alternative Fakten und Fake News. Einmal hieß es, die Homosexuellen seien schuld an der Pandemie, ein anderes Mal wurde der Anbau gentechnisch veränderter Pflanzen als Ursache gesehen und dann wieder ganz allgemein „die Agrarindustrie".

Die Diskussion um die postfaktische Gesellschaft ist allerdings weit älter. Sie begann bereits um die Jahrtausendwende. Damit gemeint ist ein Umfeld, in dem sich Aussagen nicht mehr auf Fakten, sondern auf Gefühle und Meinungen stützen.

Von Fake News war etwas später die Rede, als soziale Netzwerke wie Twitter ihren Aufstieg erlebten. Zunächst wurden damit Texte bezeichnet, die sich als Nachrichten ausgeben, aber frei erfunden sind. Donald Trump münzte den Begriff später auf die Meldungen der etablierten Massenmedien um.

Der ehemalige US-Präsident spielt eine große Rolle, wenn es um Alternative Fakten geht, denn der Begriff wurde 2016 nach seiner Amtseinführung geboren. Trump erklärte damals, seine Inaugurationsfeier sei die bestbesuchte in der Geschichte der USA gewesen, eine Feststellung, die sich leicht anhand von Luftbildern widerlegen ließ. Seine Beraterin Kellyanne Conway entgegnete den Kritikern daraufhin, Trump habe eben alternative Fakten zur Verfügung gehabt.

Seitdem steht der Begriff für Aussagen, die als Fakten ausgegeben werden, aber falsch sind. Deswegen schreibe ich die Wörter Alternative Fakten auch beide groß, wenn sie als feststehender Begriff verwendet werden. Wird das Wort „alternativ" kleingeschrieben, verwende ich es als Adjektiv.

Bis zu seiner Verbannung vom Kurznachrichtenportal Twitter und dem Netzwerk Facebook verbreitete der US-Präsident über die beiden Medien jede Menge Un- und Halbwahrheiten. Kein Wunder, dass vor allem das Internet im Zentrum der Kritik steht – und dort in erster Linie Portale wie Twitter und Facebook, bei denen jeder und jede ohne viel Aufwand Inhalte veröffentlichen kann. Allerdings wurde in der Corona-Krise auch deutlich, dass es zu kurz greift, die Problematik der Alternativen Fakten auf das Internet zu reduzieren. Denn oft waren Politiker und staatliche Stellen die Urheber. Die Behauptung, Homosexualität sei die Ursache der Pandemie, wurde unter anderem vom türkischen Präsident A Recep Tayyip Erdoğan verbreitet.[1]

Dass das neuartige Coronavirus eine Folge des Anbaus gentechnisch veränderter Pflanzen sei, behauptete wiederum die bekannte Anti-Gentechnik-Aktivistin Vandana Shiva, die sich auf einen „geheimen Brief" eines chinesischen Wissenschaftlers beruft.[2] Und die Verbindung zwischen dem Virus und der „Agrarindustrie" fand breiten Raum in der linksradikalen Zeitschrift Marx21.[3]

Gleichzeitig geschah in den vergangenen Jahren aber noch etwas anders. Sowohl in der Corona-Krise als auch in der Debatte um den Klimawandel spielen die Aussagen von Wissenschaftlerinnen und Wissenschaftlern eine herausragende Rolle. Die Politik berief sich in vielen Punkten auf ihre Expertise oder übernahm deren Vorschläge gleich direkt.

Nachdem jahrelang vor allem vor einer postfaktischen Gesellschaft gewarnt wurde, melden sich jetzt verstärkt Stimmen zu Wort, die vor einer naiven Wissenschaftsgläubigkeit warnen.

Manchmal verbirgt sich hinter der Kritik nur der Ärger darüber, dass die eigene Position gerade widerlegt wurde. Doch es gibt auch Warner, die man ernst nehmen sollte. „Man spricht gerne von Fakten. Aber die empirische Realität sieht anders aus", schreibt der Soziologe Armin Nassehi in seinem Buch *Klima, Viren, Kurven*.[4] Darin weist er auf die Grenzen wissenschaftlicher Methodik hin. Denn nur selten ist die Einigkeit so groß wie im Fall der Klimaerwärmung[5] oder bei der Existenz von Viren.

Tatsächlich hat die Forschung oft scheinbar gewisse Annahmen umgeworfen. Lange gingen Ökonomen davon aus, dass der Anteil der Kapitaleinkommen am Nationaleinkommen immer gleich bleibe. Der Ökonom John Maynard Keynes sprach von der

„am besten gesicherten Gesetzmäßigkeit der Wirtschaftswissenschaft". Dagegen kommt heute der Pariser Ökonom Thomas Piketty zu dem Schluss, dass die Behauptung durch langfristige Daten widerlegt sei.[6]

Für einige Autoren ist die Welt der Statistiken und wissenschaftlichen Theorien sogar die eigentliche alternative Realität. Der Autor Oren Cass schreibt in seinem Bestseller „The Once and Future Worker" von einer „alternate reality", in die sich die politische Klasse geflüchtet habe und ohne die der Aufstieg Trumps wahrscheinlich nicht stattgefunden hätte.[7]

Er meint damit allerdings keine „gefühlten Wahrheiten", sondern falsch verstandene und ungenügende Statistiken und Analysen, konkret die reine Ausrichtung der Wirtschaftspolitik auf das Wachstum des Bruttonationaleinkommens, die den Niedergang der Industrieregionen in den USA und das Leid der nicht akademisch gebildeten Arbeiterschicht nicht wahrnehme.

Wir müssen deshalb die Frage stellen, was Fakten sind und wie wir sie erkennen können. Wie schwierig und gleichzeitig wichtig diese Frage ist, zeigt ein Rechtsstreit zwischen der Zeitschrift „Tichys Einblicke" und dem von Facebook mit der Überprüfung von Fakten beauftragte Unternehmen Correctiv. Dieses beanstandete einen Post der Zeitschrift „Tichys Einblicke" in dem es hieß „500 Wissenschaftler erklären: Es gibt keinen Klimanotstand" als „teilweise falsch".[8]

Die Unterzeichner des offenen Briefes an den UNO-Generalsekretär António Manuel de Oliveira Guterres und an die Leiterin des UN-Klimasekretariats in Bonn, Patricia Espinosa Cantellano, bestritten zwar nicht die Erderwärmung und den Einfluss des Menschen darauf, kritisierten allerdings das Ausrufen eines „Klimanotstandes" und die Fokussierung auf das Problem.

Tatsächlich waren nicht alle 500 Unterzeichner des offenen Briefes Wissenschaftler. Unter diesem Gesichtspunkt gibt es an der Aussage der Faktenprüfer wenig auszusetzen. Allerdings verfassten die Prüfer auch eine Erläuterung, in denen sie sich mit Inhalten des offenen Briefes auseinandersetzen – und damit in gewisser Hinsicht dessen Inhalt kommentierten. Dabei, so die Kritik von Tichys Einblick, hätten sie die Meinung der Unterzeichner des Briefes und nicht die Fakten geprüft.

Grundsätzlich ist das zulässig, in diesem Fall aber hatte das Unternehmen von Facebook eine besondere Macht bekommen. Der Beitrag wurde durch die Bewertung seltener angezeigt, was einen wirtschaftlichen Schaden für die Zeitschrift bedeutete.

Das Oberlandesgericht Karlsruhe verbot Facebook deshalb die Kennzeichnung des Beitrags als „teilweise falsch".[9]

Das Beispiel zeigt, wie schwierig es ist, eine Aussage eindeutig als „falsch" oder „richtig" zu kennzeichnen. Und dabei sind die globale Erwärmung und der Zusammenhang mit der Emission von Treibhausgasen insgesamt gut dokumentiert.[1] Wie sieht es erst bei Themen aus, bei denen weit weniger Konsens besteht als über die Klimaerwärmung?

Ich habe das Beispiel auch deshalb gewählt, weil ich selbst die Klimaerwärmung (anders als die 500 Unterzeichner des offenen Briefes) für ein ernst zu nehmendes Problem halte. Wer sich mit Aufstieg und Fall von Staaten in der Vergangenheit befasst, wird immer wieder darauf stoßen, dass Klimaveränderungen blühende Staaten zu Fall gebracht haben.[10] Trotzdem kann ich die Entscheidung des Gerichts gut nachvollziehen. Denn die Kennzeichnung eines Beitrags als inhaltlich falsch ist etwas anderes als festzustellen, dass man eine Meinung nicht teilt.

So bleibt das Gefühl, dass die Bezeichnung „Fakten" oft stellvertretend für die eigene Meinung steht. Daher müssen wir uns zunächst fragen, wie wir Fakten erkennen. Reicht dazu unsere Wahrnehmung? Können uns empirische Methoden helfen? Und wo sind deren Grenzen?

In diesem Buch soll deshalb mehreren Fragen nachgegangen werden:

1. Gibt es Fakten?

---

[1] Wenngleich der menschliche Einfluss auf die Klimaerwärmung, wie bereits erwähnt, im offenen Brief auch nicht bestritten wurde.

2. Was sind Fakten? Und was sind alternative Fakten?
3. Was kann ich tun, um der Wahrheit auf die Spur zu kommen?
4. Was haben die Medien damit zu tun? Wie verändert sich der Mediensektor?
5. Leben wir in postfaktischen Zeiten?
6. Was können wir tun, um Diskussionen zu fördern, die ohne alternative Fakten und ohne eine vorschnelle Unterstellung alternative Fakten zu verbreiten, auskommen?

Die Fragen sind keineswegs rein akademischer Natur. Wer die Fakten eingrenzen kann, der hat die Debatte fast gewonnen, stellte der Harvard-Philosoph Michael Sandel fest.[11] Er hat recht.

Gibt es Fakten?
Angewandter Postmodernismus

Wenn der Harvard-Professor Steven Pinker von einer Tendenz zu einer offenen Verachtung für Begriffe wie Wahrheit, Logik oder Beweise spricht, meint er damit nicht Trump-Anhänger oder Verschwörungstheoretikerinnen,[1] sondern seine Kolleginnen und Kollegen in den Wissenschaften.[2]

Die Vorstellung, dass Wahrheit etwas zutiefst Subjektives sei und verschiedene, sich widersprechende Fakten trotzdem alle wahr sein können, ist nämlich keine Erfindung von Donald Trump oder seiner Beraterin Kellyanne Conway. Diese Position wird oft auch als „epistemischer Relativismus" bezeichnet und ist eine wichtige Denkschule der postmodernen Philosophie. Beliebt war sie bis vor Kurzem allerdings vor allem bei der politischen Linken.

Vereinfacht gesagt wird dabei behauptet, dass der Unterschied zwischen wahr und falsch nicht auf objektiven Kriterien beruhe, sondern nur sozial festgelegt sei. Falsch ist das, was die Gruppe als falsch definiert. In den modernen Naturwissenschaften wäre demnach die biblische Schöpfungsgeschichte falsch und Darwins Evolutionstheorie (zumindest weitgehend) richtig. Im Kontext einer streng gläubigen Kirchengemeinde wäre es der Theorie zufolge dagegen genau umgekehrt. Beide Aussagen seien gleichrangig, so die These, keine könne von sich behaupten, dass sie objektiv wahr wäre. Denn, so die zentrale Botschaft, alle Wahrheiten sind nur lokal gebunden.

Diese Position ist keineswegs so absurd, wie sie auf den ersten Blick scheint. Natürlich glauben wir, dass die eigene Wahrheit absolut richtig ist. Aber ist sie das auch für andere Menschen? Absolute Objektivität gibt es nicht. Bei unserer Bewertung spielen immer Annahmen, Interpretationen und Vorurteile eine wichtige Rolle. Bevor

---

[1] Ich verwende die weibliche und männliche Schreibweise abwechselnd, meine damit aber Personen aller Geschlechter. Es sind also auch Trump-Anhängerinnen und Verschwörungstheoretiker gemeint. Sind tatsächlich nur Frauen oder Männer gemeint, weise ich besonders darauf hin.

wir uns der Frage widmen, ob wir in einem postfaktischen Zeitalter leben, müssen wir deshalb erst fragen: Gibt es Fakten? Und wenn ja, wie trennen wir Fakt vom Fake?

Die Idee der Relativität von Wahrheit

Die postmoderne Philosophie wurde vor allem ab den 1960er-Jahren populär. In den 1990er-Jahren galt sie als tot, doch von vielen unbemerkt hat sich eine vereinfachte Fassung der Philosophie vor allem an den US-Universitäten verbreitet, die oft als „angewandter Postmodernismus" bezeichnet wird.[13]

Fakten und empirische Ergebnisse sind den radikalen Vertreterinnen und Vertretern dieser Philosophie zufolge nur ein Ausdruck von Machtverhältnissen, nicht von Wahrheit. Der an der Harvard University lehrende deutsch-US-amerikanische Philosoph Yascha Mounk berichtet davon, dass Studierende in den USA explizit eine Ablehnung der Werte der Aufklärung beigebracht werde und diese, beispielsweise im Literaturstudium, als rassistisch, kolonialistisch und heteronormativ „dekonstruiert" würden.[14]

Der Begriff der Dekonstruktion stammt aus dem Vokabular der Postmodernisten, die Ablehnung empirischer Fakten oder gar der Idee der Aufklärung als Ganzes beginnt aber schon weit früher. Die deutsche Romantik lehnte die Aufklärung oft als herz- und gefühllos ab. Sie sei schuld an einem moralischen und kulturellen Niedergang, die sie das mythische, religiöse Fühlen durch ein kaltes, rationales Denken ersetzt habe.[15]

Auch Friedrich Nietzsche kritisierte die moderne, auf empirische Überprüfung setzende Wissenschaft, die er seelenlos fand. Wissenschaft und Liberalismus hatten in seinen Augen, zusammen mit dem Christentum, die europäische Kultur zerstört.[16]

Anders als spätere Philosophen lehnte Nietzsche die Idee einer umfassenden Wahrheit nicht ab. Sie war aber für ihn nicht in der Wissenschaft und schon gar nicht in der Empirie zu finden. Erst recht konnte ihm die Idee nicht behagen, dass viele wissenschaftliche Entdeckungen nicht auf der Arbeit Einzelner beruhen, auch wenn einzelne Forscher oft mit ihnen in Verbindung gebracht werden. Meist bauen diese aber auf der Arbeit anderer, oft unbekannte

Denker auf. Für Nietzsche dagegen war das Ideal der Übermensch, der allein Großes vollbrachte.

Der Erste Weltkrieg befeuerte die Kritik an Aufklärung und Wissenschaft weiter, vor allem in Deutschland und Frankreich.

Deutschland hatte allein im Hungerwinter 1917 aufgrund der britischen Seeblockade so viele zivile Opfer zu beklagen, wie Großbritannien militärische und zivile Opfer im gesamten Krieg. Der Frieden von Versailles und die Zuweisung der alleinigen Kriegsschuld wurden als ungerecht empfunden, die Weimarer Republik als ihren Aufgaben nicht gewachsen.

Frankreich hatte, im Gegensatz zu Deutschland, den Krieg zwar gewonnen, doch trotzdem steckte die Nation in der Krise. Auch dieses Land hatte im 1. Weltkrieg einen hohen Blutzoll gezahlt. Französische Generäle hatten den jungen Soldaten völlig sinnlose Sturmangriffe auf deutsche Stellungen befohlen. Die kaiserlichen Truppen hatten zu diesem Zeitpunkt längst Maschinengewehre im Einsatz, was ein furchtbares Blutbad zur Folge hatte.

Zehn Prozent der erwachsenen männlichen Bevölkerung Frankreichs waren gefallen. Bedenkt man, dass vor allem die jüngeren Jahrgänge eingezogen und gestorben waren, wird klar, welchen Blutzoll die jungen Männer gezahlt und wie viele Eltern ihre Söhne verloren hatten. Nicht mitgezählt sind dabei die vielen Verstümmelten – auch seelisch.[17]

Möglicherweise ist das mit ein Grund dafür, dass kulturpessimistische Strömungen zunächst in Frankreich und Deutschland so erfolgreich waren. Wenngleich schon vorher Unterschiede in den Denktraditionen zwischen Großbritannien und dem Kontinent festzustellen waren.

Noch kurz vor dem Ausbruch des Ersten Weltkriegs galt eine kriegerische Auseinandersetzung als wenig wahrscheinlich, da die Nationen durch Handel und Kommunikation viel zu eng verbunden seien. Der österreichische Philosoph Ludwig Wittgenstein zum Beispiel lebte seit 1908 in Großbritannien. Trotz Globalisierung und Technik kam es aber zum Krieg, Ludwig Wittgenstein kehrte in sein Heimatland zurück, um gegen seine Wahlheimat Großbritannien zu kämpfen.[1]

Nicht nur, dass der Krieg durch den Fortschritt nicht verhindert worden war, Technik und Wissenschaft wurden nun zum Töten eingesetzt, im Zweiten Weltkrieg dann sogar zur gezielten Ermordung von Zivilisten, darunter vielen Kindern.

Kein Wunder, dass die Kritiker der Moderne lauter wurden. Martin Heideggers Philosophie wand sich gezielt gegen den Fortschrittsoptimismus und gegen die Vorherrschaft des auf den Ideen der Aufklärung beruhenden, rationalen Denkens. Seine Ablehnung der Moderne führte Heidegger zu den Nationalsozialisten. Schon 1933 trat er in die NSDAP ein. Dort war er keineswegs nur eine Karteileiche, sondern machte auch mit antisemitischen Hetzschriften von sich reden.

Heidegger formulierte viele Ideen, die später Kern der postmodernen Philosophie werden sollten. Einer seiner Studenten war ein junger Franzose namens Jean-Paul Sartre, der 1933/34 in Berlin studierte. Dort lernte er die Theorien von Martin Heidegger und Edmund Husserl kennen. Beide beeindruckten den jungen Mann nachhaltig. Trotz seiner Begeisterung für den rechten Heidegger wurde Sartre Marxist. Seine Ablehnung von Moderne und Wissenschaft war deswegen nicht weniger scharf.

Aber nicht nur die Politik erschütterte den Glauben an den Fortschritt, sondern auch die Wissenschaft selbst. 1905 hatte Albert Einstein zunächst die spezielle Relativitätstheorie veröffentlicht, 1916 die allgemeine. Sie stand in vielen Punkten im Gegensatz zur bisherigen Physik Newtons, die so lange als unverrückbar wahr gegolten hatte.

Einstein hatte 1905 außerdem festgestellt, dass die Wellentheorie des Lichts unvollständig war, weil sich Licht auch wie ein Teilchen verhalten kann. Dabei hatte noch rund 20 Jahre zuvor Heinrich Hertz behauptet „An diesen Dingen [der Wellentheorie des

---

[1] Dass er nach dem Krieg früh aus der Kriegsgefangenschaft entlassen wurde, verdankt er dem berühmten Ökonomen John Maynard Keynes, einem guten Freund. Er selbst war übrigens entfernt mit dem Ökonomen Friedrich August von Hayek verwandt.

Lichts] ist ein Zweifel nicht mehr möglich, eine Widerlegung ist für den Physiker undenkbar. [Sie] ist, menschlich gesprochen, Gewissheit."[18]

Vor allem Niels Bohr und Werner Heisenberg zeigten mit ihren Arbeiten zur Quantenmechanik in den 1920er-Jahren, dass die Physiker weit weniger wussten, als sie bisher gedacht hatten. Und das viele scheinbar unumstößliche physikalische Gesetze auf der Eben der Quanten plötzlich nicht mehr galten.

Wenn schon in der Physik scheinbar sichere Annahmen reihenweise aufgegeben werden mussten, konnte es dann so etwas wie wissenschaftlich bewiesene Wahrheiten überhaupt geben? Dieser Frage stellte sich in den 1920er-Jahren auch der junge Karl Popper, der aber zu ganz anderen Antworten kam als Heidegger. Doch dazu später mehr.

Der 2. Weltkrieg lässt den Zweifel an den Wissenschaften wachsen

Der Zweite Weltkrieg erschütterte den Fortschrittsoptimismus verständlicherweise weiter. Millionen Menschen waren getötet worden, Zivilisten wurden von beiden Seiten gezielt ermordet. Vor allem zwei Ereignisse trugen zu diesem Vertrauensverlust bei. Da war der Abwurf der Atombomben über Hiroshima und Nagasaki 1945, der eine neue, noch tödlichere Waffe ins Spiel brachte. Aber noch mehr erschütterte die gezielte Ermordung von Juden, Sinti und Roma, Behinderten und weiteren Gruppen in den Vernichtungslagern der Nationalsozialisten das Vertrauen in die Rationalität.

Hatte die Wissenschaft mit den Theorien von Vererbung und Auslese nicht den geistigen Nährboden für Rassismus und Euthanasie gelegt? Hatten nicht Physiker die machtvolle Atombombe ebenso entwickelt wie die Giftgase des Ersten Weltkriegs oder das Zyklon B, mit dem in den Vernichtungslagern Menschen ermordet wurden? Nicht wenige zeitgenössische Kommentatoren sahen den Holocaust als unvermeidliche Folge der modernen Industriegesellschaft mit ihrem Streben nach Effizienz und ihrem Einbinden des Individuums in zahlreiche Regeln.[19]

Dabei wird allerdings übersehen, dass ein wesentlicher geistiger Vater des modernen Rassismus und der These von der Überlegenheit der germanischen „Rasse", der Franzose Arthur de Gobineau, ein entschiedener Gegner der Aufklärung war. Der Autor von „Die Ungleichheit der Menschenrassen" verachtete die Moderne und sehnte sich zurück in die Welt des Adels. Zumal er sich selbst für einen Angehörigen eines alten, auf die germanischen Normannen zurückgehenden Adelsgeschlechts hielt. In Wahrheit gehörte er einer Familie von Kaufleuten an, einem Berufsstand, den er verachtete. Erst im 18. Jahrhundert, also kurz vor seiner Geburt, war die Familie geadelt worden. Anders als sein zeitweiliger Arbeitgeber Alexis de Tocqueville, der tatsächlich einem alten normannischen Adelsgeschlecht angehört, aber trotzdem ein Verfechter der Aufklärung war.

Außerdem haben den vergangenen Jahren viele Wissenschaftler gezeigt, dass in vergangenen Jahrhunderten ein weitaus höherer Prozentsatz von Menschen durch Kriege getötet wurde als selbst im blutigen 20. Jahrhundert (ganz zu schweigen von den Todesfällen durch Hunger und Krankheiten).[20] Trotzdem galten nicht nur der Fortschritt, sondern auch der Glaube an Rationalität, Wissenschaft und Empirie plötzlich als potenziell mörderisch.

Nicht verschwiegen werden soll aber, dass auch Wissenschaftler wie Gustav Friedrich Klemm die These von der Ungleichheit der Menschenrassen vertraten, obwohl sie nach den Standards ihrer Zeit durchaus wissenschaftlich arbeiteten.

Nach dem Sieg über die Nationalsozialisten wurde die Aufklärung ohnehin nicht mehr gebraucht. Gegen Hitler hatte sie noch die Rechtfertigung für den Krieg geliefert. Denn wenn Wahrheit und Moral völlig subjektiv sind und nur lokal gebunden sind, dann ist auch das massenhafte Ermorden von Unschuldigen nicht mehr verwerflich[I].

I   Tatsächlich argumentierten einige angeklagte Nationalsozialisten ähnlich, wenngleich weniger kulturell als vielmehr juristisch. Nach ihrer Auffassung haben sie sich nicht schuldig gemacht, weil sie die damals geltenden Regeln und Gesetze befolgt haben. Auch heute argumentieren so beispielsweise die Terroristen der islamistischen Sekte Boko Haram. Sklaverei ist demnach kein

Aber Hitler war 1945 besiegt worden und der Ostblock galt als weniger verachtenswert, teilweise wurde ihm sogar Sympathie entgegengebracht.

Direkt nach dem Krieg, im Oktober 1945, gründeten Jean-Paul Sartre, Simone de Beauvoir und Maurice Merleau-Ponty die literarische Zeitschrift „Les Temps modernes", angelehnt an den Titel von Charlie Chaplins Film „Modern Times". In der „Vorstellung von Les Temps modernes" wetterte Sartre gegen den falschen Glauben an die Macht der analytischen Vernunft und der Rationalität, die für ihn ein Instrument der Unterdrückung und Zerstörung war.[21] Er nahm damit vorweg, was bald eine machtvolle neue Philosophie werden sollte.

Die sogenannte „Neue Linke" grenzte sich nach 1945 in vielen Punkten von der traditionellen Linken ab. Diese hatten bisher überwiegend positiv in die Zukunft gesehen. Noch 1969 war die SPD-Wahlwerbung voller Optimismus. Klimbim-Regisseur Michael Pfleghar zeigte in einem SPD-Werbefilm Computer, Autobahnen und Hochhäuser als verheißungsvollen Ausblick auf die Zukunft.

Damals war aber längst eine Gegenbewegung in Gang gekommen, die heute als links[I] bezeichneten Kreise sehr stark prägt. Sie betrachtet technische Veränderungen zunehmend negativ, kritisierte Rationalität und Empirie, legt Wert auf „Natürlichkeit" und Gefühl und betont die Bedeutung kultureller Unterschiede. Ansichten, die sonst eher im konservativen Raum zu finden gewesen waren.

Die Kritik nahm vor allem in den 1960er-Jahren stark zu und griff dabei teilweise Ideen von Heidegger und Nietzsche wieder

---

Verbrechen, weil der Koran es ihrer Meinung nach nicht verbietet. Der Name der nigerianischen Terrorgruppe lautet frei übersetzt Bildung ist Sünde.

[I] Die Begriffe links und rechts meint in diesem Buch die Selbstbeschreibung der jeweiligen Gruppe beziehungsweise die vorherrschende Beschreibung durch die Öffentlichkeit. Natürlich ist diese Definition unbefriedigend. Eine bessere Definition ist die an Armin Nassehi angelehnte, dass mit "links" der Glaube an eine Veränderbarkeit von Gesellschaft bezeichnet wird, mit "rechts" das Denken in unveränderlichen Strukturen. Allerdings ist diese präzisere Definition nicht immer zielführend, weil sie mitunter nicht deckungsgleich mit dem Selbstbild der jeweiligen politischen Richtungen ist. Ich verwende daher meist Formulierungen wie „als links geltend" oder ähnliche.

auf.²² Wie schon im 18. Jahrhundert waren es auch diesmal vor allem deutsche und französische Denker, die die Idee von empirisch überprüfbaren, allgemeingültigen Fakten ablehnten.

Der deutschstämmige Herbert Marcuse stellte in seinem 1964 erschienenen Werk „Der eindimensionale Mensch" die Behauptung auf, dass Wissen immer eine Ideologie sei. Es ist durch die vorherrschenden sozialen Bedingungen geprägt, also ein Spiegel von Macht.

Das erklärt auch, warum der Glaube an alternative Wahrheiten und Fakten nun die Seiten wechselte. Er richtete sich jetzt gegen die Mächtigen und insbesondere die scheinbar übergroße Macht der Europäer und der europäisch geprägten Staaten in Nordamerika und Australien.

Empirische Wissenschaften und vernunftbasiertes Denken galten als europäisch und männlich. Was insofern falsch ist, als schon kurz nach dem Jahr 800 in der islamischen Welt die Faylasufs den Rationalismus als höchste Form der religiösen Praxis ansahen. Ganz zu schweigen von den zahlreichen philosophischen Strömungen in China. Viele von ihnen setzten auf die Vernunft und die Beobachtung als Quelle des Wissens. Man denke an den Mohismus.[1]

Nicht alle Kritiker der modernen empirischen Methoden lehnen die Idee von Wahrheit aber komplett ab. In Deutschland ist vor allem der Streit zwischen den Vertretern des Frankfurter Instituts für Sozialforschung und denen des Kritischen Rationalismus bekannt, der sogenannte „Positivismusstreit".

Das Institut für Sozialforschung war 1923 auf Initiative von Felix Weil und mit dem Geld seines Vaters an der Universität Frankfurt mit dem Ziel gegründet worden, die marxistische Theorie zu verbreiten. Die Familie Weil hatte viel Geld im Getreidehandel verdient, was der marxistischen Einstellung des Sohnes aber keinen Abbruch tat.

---

[1] Der Mohismus ist eine von vier traditionellen chinesischen Philosophien, die in der „Zeit der streitenden Reiche" von 475 bis 221 vor Christus entstanden. Die übrigen drei sind Legalismus, Konfuzianismus und Daoismus.

Die Vertreter der Frankfurter Schule kritisierten die auf Objektivität und empirischer Überprüfung basierende Vorgehensweise des kritischen Rationalismus, die in diesem Buch als besonders gut geeignet beschrieben wird, um der Wahrheit näherzukommen.

Für die Kritiker aber verschleierte die von Karl Popper und anderen Vertretern des Kritischen Rationalismus geforderte Objektivität nur das wahre Erkenntnisinteresse. Die empirischen, quantitativen Ideen erschienen den Vertretern als ungeeignet für die Sozialwissenschaften. Außerdem forderte die Frankfurter Schule die stärkere Berücksichtigung von „Erfahrungswissen", also der individuellen Lebenserfahrung. Für Karl Popper dagegen war dieses Erfahrungswissen zwar ein legitimer Ausgangspunkt für Theorien und Überlegungen, ersetzte aber keine empirische Überprüfung. Eine Behauptung, die auch ich unterschreiben würde.

Allerdings schrieben die Autoren, dass sie selbst keineswegs die Ideen der Aufklärung verwerfen wollen. Auch der Göttinger Politikwissenschaftler Bassam Tibi, der in Frankfurt am Main bei Adorno und Horkheimer studiert hatte, weist diesen Vorwurf zurück. Bei aller Kritik hätte die Frankfurter Schule die Ideale der Aufklärung immer bejaht.[1]

Unbestreitbar aber sahen sie sich im Gegensatz zu Karl Poppers kritischem Rationalismus, auch wenn einige Autoren zu dem Ergebnis kommen, dass es den „Positivismusstreit" nie gab. Der Begriff geht zurück auf mehrere von Adorno und Habermas veröffentliche Beiträge in der „Kölner Zeitschrift für Soziologie und Sozialpsychologie" sowie Adornos Buchveröffentlichung „Der Positivismusstreit in der deutschen Soziologie" von 1969. Wie Manfred Geier feststellte, griffen sie dabei „dialektisch alles Mögliche an[...], nur nicht Poppers Wissenschaftstheorie und Sozialphilosophie."[23]

---

[1] Zu einem anderen Ergebnis kommt allerdings der US-Wissenschaftler Arthur Herman. Für Horkheimer und Adorno sei Aufklärung totalitär und Wissenschaft und Fortschritt wären ihrer Meinung nach direkt verantwortlich für die Gaskammern von Auschwitz. Vgl. Herman, Arthur: Propheten des Niedergangs – Der Endzeitmythos im westlichen Denken, Berlin 1998, Seite 3129 ff.

In jedem Fall ist der Begriff falsch, weil Karl Popper kein Positivist war.

Das postmoderne Wissen

Viel radikaler als die Frankfurter Schule war eine Bewegung, die später als Postmodernismus bezeichnet wurde und vor allem von französischen Philosophen geprägt wurde. Auch der Begriff selbst stammt von einem Franzosen, nämlich von Jean-François Lyotard. Meine Beschreibung der postmodernen Philosophie in diesem Kapitel ist sehr stark vereinfachend. Natürlich gibt es innerhalb dieser philosophischen Schule deutliche Unterschiede, etwa zwischen Michel Foucault und Jacques Derrida. Allerdings interessieren uns in diesem Buch weniger die Postmoderne als philosophisches System, als vielmehr ihre Auswirkungen auf unser Verständnis von Fakten. Es geht also um das, was die Wissenschaftlerin Helene Pluckrose als „angewandten Postmodernismus" bezeichnet (im Original: „applied postmodernism").[24]

1979 veröffentlichte Lyotard „Das postmoderne Wissen". Dort fordert er, „den Meta-Erzählungen keinen Glauben mehr zu schenken". Solche Meta-Erzählungen sind auch die Aufklärung und der Glaube an die Wissenschaften.

Gelebte Erfahrungen sollten über empirische Belege gestellt werden, so eine Forderung Lyotards. Vertreter von Pseudowissenschaften argumentieren damit bis heute gerne, wenn es etwa darum geht, warum Gedankenlesen oder Zauberei doch möglich seien.

Wissen ist bekanntlich Macht. Und für den Franzosen Michel Foucault war Macht generell etwas Schlechtes. „Wissen ist Macht" wird hier nicht so gedeutet, dass wer viel weiß viel Macht hat, sondern dass der, der Macht hat, das Wissen bestimmt.

Sein Landsmann Jacques Derrida entwickeltes schließlich das Konzept der Dekonstruktion, womit eine von Heidegger als Abbau bezeichnete Idee aufnahm. Unterschiede sind für Derrida stets Gegensätze, was deutlich der Idee der Aufklärung widerspricht, nach der es das Ziel ist, verschiedenen Gruppen gleiche Rechte zu bieten.

Vieles von dem, was wir als angewandten Postmodernismus bezeichnen, geht auf Derrida zurück.

Der angewandte Postmodernismus lehnt das Konzept einer empirisch überprüfbaren, wissenschaftlichen Wahrheit weitgehend ab. In vielen geisteswissenschaftlichen Disziplinen hat diese Denkweise seitdem Einzug gefunden. David Detmer, Autor des Buches „Challenging Postmodernism: Philosophy and the Politics of Truth"[25], beschreibt etwa eine Begegnung mit der Philosophin Laurie Calhoun. Er fragte sie, ob eine Giraffe denn nun tatsächlich größer sei als eine Ameise, woraufhin diese antwortete, dass es sich dabei nur um einen Glaubenssatz unserer Kultur handele.[26]

Was, wenn die Postmodernisten recht haben?
Tatsächlich hatten die postmodernen Kritiker einen wichtigen Punkt angesprochen (wobei wir sie dafür nicht gebraucht hätten, weil vorher schon andere Denker darauf hingewiesen haben): Unsere Beobachtung ist subjektiv, kontextabhängig und fehlerhaft. Und natürlich spielt Macht auch im Wissenschaftsbetrieb eine Rolle.

Schon Kant wies darauf hin, dass „objektive" Sinneswahrnehmungen nicht möglich sind. Alle Eindrücke werden blitzschnell und ohne dass wir uns dessen bewusst sind, in ein vorher in unserem Kopf bereits vorhandenes Raster eingeordnet.[27] Die moderne Forschung zeigt, dass Kant die Bedeutung des Rationalen sogar noch überschätzt hat.

Wir können die Welt nicht objektiv wahrnehmen und schon gar nicht aus einer „Gottesperspektive", sondern immer nur aus unserer „Froschperspektive". Ein Thema, mit dem wir uns später noch eingehender beschäftigen werden. Auch empirische Forschung kann nämlich nicht vermeiden, dass subjektive Vorstellungen der Forscherinnen und Forscher eine Rolle spielen. Zumal ohnehin meistens nur das entdeckt wird, nach dem auch gesucht wird. Wer daraus aber eine völlige Relativität des Wissens ableitet, geht einen Schritt zu weit.

Außerdem hat das Ablehnen jeglicher Fakten ganz praktische Nachteile. Es gibt nichts, wie wir in Streitfragen eine Antwort finden. Natürlich, oft können auch die empirischen Disziplinen keine eindeutige Antwort geben. Das gilt vor allem für moralische Fragen. Aber bei ein paar Problemen können sie schon helfen.

Wenn es beispielsweise heißt, man könne sich heute nicht mehr auf die Straße trauen, weil selbst im kleinsten Dorf alle paar Minuten ein Mord passiert, dann können wir dem die Statistik entgegenstellen. Im Gegensatz zu vielen anderen Delikten werden Mord und Totschlag fast vollständig erfasst. Die Statistik zeigt, dass heute weniger gemordet wird als früher – und es relativ unwahrscheinlich ist, auf der Straße von einem oder einer Fremden ermordet zu werden. Denn Mord ist nicht nur selten, sondern geschieht oft auch im trauten Familienkreis.

Die empirischen Wissenschaften funktionieren, vor allem im naturwissenschaftlichen Bereich. Flugzeuge fliegen, auch wenn die Erkenntnisse, auf denen ihre Technik beruht, angeblich nur soziale Konstrukte sind. Menschen werden heute älter und älter, eine Erfolgsquote, die keltischen Druiden oder germanische Heiler nicht vorweisen konnten.

Wir gehen auch kein Risiko ein, wenn wir die Empirie zur Richtschnur machen. Postmoderne Wissenschaftlerinnen und Wissenschaftler machen teilweise die Moral zum entscheidenden Kriterium. Doch die moderne Forschung zeigt, dass moralische Werte kein Ergebnis von philosophischen Überlegungen über Recht und Unrecht sind, sondern überwiegend emotional gefällt werden. Im Kopf sind bei moralischen Entscheidungen vor allem Hirnregionen beteiligt, die Emotionen verarbeiten. Meistens gehen Aktivitäten in (für Emotionen zuständige) Regionen wie dem ventromedialen präfrontalen Cortex (vmPFC), der Amygdala und dem Insellappen der Aktivierung des (für rationale Abwägung zuständigen) dorsolateralen präfrontalen Cortex (dlPFC) voraus. Wir fällen also emotional unser Urteil und rationalisieren es später nur.[28]

Nun könnte man argumentieren, dass wir eben emotional wissen, was richtig und was falsch ist. Doch unsere Moral folgt vor allem Nützlichkeitsüberlegungen. Darauf aber kommen wir später noch zurück.

Wir machen also nichts falsch, wenn wir versuchen uns an empirische Fakten zu halten. Zumal der angewandte Postmodernismus ein logisches Problem hat. Denn wenn alle Wahrheit nur lokal gebunden und völlig subjektiv ist, dann gilt das auch für die Theorie der Postmoderne selbst.

Außerdem haben der angewandte Postmodernismus und seine Anhängerinnen und Anhänger heute selbst längst jene Macht, die sie eigentlich ablehnten. Deshalb schreibt Helen Pluckrose: „Der Postmodernismus ist [selbst] zur Lyotard'schen Metaerzählung, zum Foucault'schen System diskursiver Macht und zur Derrida'schen repressiven Hierarchie geworden."[29]

Allerdings ist es richtig, die Kontextabhängigkeit von Wissen zu berücksichtigen. So falsch wie der totale Relativismus ist der naive Glaube, die eigene Wahrnehmung sei objektiv.

Vereinfacht gesagt sind drei Vorstellungen von Wissen denkbar:

- Wissen ist klar und objektiv erkennbar.
- Jedes Wissen ist nur lokal gebunden und gilt innerhalb eines bestimmten Systems.
- Der Zwischenweg: Eine absolute Wahrheit kann nicht von uns Menschen erkannt werden. Wir können uns ihr aber annähern oder zumindest festlegen, welche Optionen mit größerer Wahrscheinlichkeit wahr sind.

Ich bin klar ein Anhänger der dritten Variante. Bleibt die Frage: Was sind Fakten und was können wir noch glauben?

Wem dürfen wir noch glauben?

Gehen wir also davon aus, dass es Fakten gibt. Aber was sind Fakten? Üblicherweise befürworten die meisten Menschen es, wenn Wissenschaftler und Wissenschaftlerinnen ihre Thesen unterstützen und berufen sich gerne auf sie. Wissenschaftliche Erkenntnisse werden dann gerne akzeptiert.

Das ändert sich aber, wenn die Mehrheitsmeinung in der Wissenschaft zur eigenen Ansicht konträre ist. Glücklicherweise findet sich dann meistens ein anderer Experte, der die eigenen Ansichten stützt. Bekannt wurde in diesem Zusammenhang Claudia Roths

Aussage: „Es gibt so'ne Wissenschaft und so'ne Wissenschaft", als sie darauf angesprochen wurde, warum ihre Partei nicht der überwältigenden Mehrheit der Mediziner folgt und anerkennt, dass Homöopathie über den Placebo-Effekt hinaus keine Wirkung hat.[30]

Tatsächlich wäre es auch hochgefährlich zu fordern, dass Menschen blind der Wissenschaft folgen sollen. Auch Wissenschaftlerinnen und Wissenschaftler sind Menschen, eine objektive und ideologiefreie Forschung ist einfach nicht denkbar. Es bemühen sich auch gar nicht alle Forscherinnen und Forscher darum, viele Anhänger der Postmoderne oder auch der Frankfurter Schule sind der Meinung, dass der Anspruch von Objektivität nur der Verschleierung des eigentlichen Standpunkts und Interesses diene.

Stattdessen sollten wir die Grenzen unserer Wahrnehmung kennen, aber auch die der empirischen Wissenschaften. Fangen wir mit unseren eigenen Intuitionen und Erfahrungen an. Dürfen wir ihnen wirklich so blind vertrauen, wie einige Ratgeber aus dem Bereich der Lebenshilfebücher es von uns fordern?

Sollen wir unserer Intuition und unserer Erfahrung trauen?

Es ist ein Rat, der in fast jedem zweiten Epos dem Helden gleich zu Beginn des Filmes oder Buches gegeben wird: „Trau niemandem außer Dir selbst". Eine Ausnahme darf er (in neueren Filmen auch sie) höchstens bei seinem Schwert oder seinem Pferd machen.

Die meisten Menschen halten sich an diesen Ratschlag. Niemandem vertrauen die Menschen mehr als sich selbst. 69 Prozent der US-Amerikaner halten sich für überdurchschnittlich intelligent.[31] In Deutschland dürfte es nicht viel anders aussehen. Dabei können nur 50 Prozent schlauer sein als der Durchschnitt.[I] Paradoxerweise glauben Menschen umso mehr an ihre eigene Stärke, je weniger sie über ein Thema wissen.

I   Ohne sich jetzt in statistische Untiefen bewegen zu wollen: Natürlich müssen nicht immer 50 Prozent über und 50 Prozent unter dem Durchschnitt liegen, wenn wir damit das arithmetische Mittel meinen. Also jene Berechnung, nach der der Durchschnitt aus 1, 2 und 6 berechnet wird als (1+2+6)/3 und damit 3 ist. Beispielsweise sind mehr als 50 Prozent der Deutschen ärmer als der Durchschnitt, weil einige sehr reiche Menschen das arithmetische Mittel weit

Ratschläge wie „Folge dem Rat Deines Herzens" oder „Geh, wohin Dein Herz Dich führt" sind in Mode. Auch beliebt: „Handele einfach ganz spontan".

Ganz falsch sind solche Hinweise nicht. Tatsächlich ist unsere Intuition nicht entstanden, um uns zu schaden. Wir müssen manchmal auf Basis von sehr wenigen Informationen schnell Entscheidungen treffen. Klassisches Beispiel dafür ist die Frage „flüchten oder kämpfen – oder einfach ignorieren?". Das Problem trat nicht nur auf, wenn unsere Vorfahren gegen Säbelzahntiger oder Höhlenbären kämpfen mussten, auch wir sind damit konfrontiert. Beispielsweise im Straßenverkehr, wenn es um die Frage geht: Bremsen, Gas geben oder einfach weiterfahren?

Es ist kein Wunder, dass Fahranfänger besonders viele Unfälle bauen, auch wenn sie hervorragende Physikkenntnisse haben. Ein langjähriger Berufskraftfahrer dagegen weiß sich in schwierigen Situationen eher zu helfen, ohne zu wissen, was $S_B = v_0^2/2a$ überhaupt bedeutet.[1]

Kellner und Kellnerinnen wiederum konnten bei einem Test nicht richtig einzeichnen, wie sich der Getränkespiegel in einem Glas verändert, wenn das Glas gekippt wird, nämlich gar nicht. Der Flüssigkeitsspiegel bleibt parallel zur Erdoberfläche. Das ist auch der Grund, warum das Bier oder die Limonade irgendwann herausläuft. Die meisten Bedienungen zeichneten den Flüssigkeitsspiegel aber parallel zum Boden des Glases ein. Das heißt nicht, dass sie ihre Arbeit schlecht erledigen, denn sie verhalten sich intuitiv trotzdem richtig.

Oder ganz praktisch: Versuche Sie mal einen Ball zu fangen, indem sie seine Flugbahn mathematisch berechnen. Wenn Sie sich auf Ihr Bauchgefühl verlassen, werden Ihre Erfolgschancen größer sein.

---

nach oben ziehen. Aber Intelligenz ist einigermaßen normalverteilt, was unter anderem heißt, dass etwa 50 Prozent über und 50 Prozent unter dem arithmetischen Mittel liegen.

[1] Es bedeutet, dass der Bremsweg die Geschwindigkeit vor dem Bremsen zum Quadrat geteilt durch die doppelte konstante Bremsverzögerung ist.

Die experimentelle Spieltheorie zeigt, dass auf Intuition basierende Strategien sehr erfolgreich sind. Das vermutlich beste Beispiel dafür ist der Erfolg der „Wie du mir, so ich dir"-Strategie, auch bekannt als „Tit for Tat".

Gezeigt wurde das am Beispiel einer Situation, bei der beide Seiten insgesamt am meisten profitieren, wenn sie kooperieren, aber sich persönlich immer besserstellen, wenn sie sich egoistisch verhalten. Die Situation ist bekannt als Gefangenendilemma, denn die Ausgangssituation wird folgendermaßen definiert: Zwei Menschen werden einer Straftat angeklagt, die aber nicht bewiesen werden kann. Wenn beide nicht aussagen, erhalten sie nur eine geringfügige Strafe, beispielsweise wegen unerlaubten Waffenbesitzes. Sagen beide aus, erhalten beide eine deutlich höhere Strafe. Sagt aber einer aus, während der andere schweigt, wird der eine als Kronzeuge freigesprochen, der zweite dagegen zu einer noch höheren Strafe verurteilt.

Für das Gesamtergebnis ist es am besten, wenn beide schweigen, doch individuell ist es für jeden besser auszusagen. Denn egal was der oder die andere tut, die Strafe ist bei einer Aussage immer niedriger. Das hört sich sehr theoretisch an, solche Konstellationen kommen in der Realität aber häufig vor. Etwa bei so banalen Fragen, ob man seinen Müll beim Baden am See zum nächsten Abfalleimer bringt oder ihn einfach liegen lässt.

Bei einem Wettbewerb des Politologen Robert Axelrod wurde das Gefangenendilemma mit verschiedenen Strategien gespielt. Es traten dabei Algorithmen gegeneinander an, die jeweils eine andere Strategie spielten, beispielsweise „Immer schweigen", „Immer aussagen" oder eben „Tit for Tat".[32] Wie im echten Leben meistens der Fall trafen die Spieler mehrfach aufeinander. Und es gab nicht nur zwei Spieler, sondern unzählige. Wer sich immer kooperativ zeigte, aber den Gegenspieler bestrafte, wenn der in der Runde zuvor nicht kooperiert hatte, war am Ende am erfolgreichsten.[I]

[I] Allerdings ist diese Strategie fehleranfällig. Denkt ein Spieler, der Gegner habe nicht kooperiert, obwohl er das tat, verfallen zwei Spieler, die beide die Tit for Tat-Strategie anwenden in einen endlosen Rachefeldzug. Es gibt daher modifizierte Strategien, die beispielsweise hin und wieder einen neuen Vorstoß in Richtung Kooperation machen.

Der US-Autor Malcome Gladwell kommt deshalb zu dem Schluss, dass wir oft einfach unseren Instinkten folgen sollten.[33] Sie seien in vielerlei Hinsicht überlegen, denn „die Intuition kann in Bruchteilen von Sekunden Entscheidungen treffen, die besser sind als das Ergebnis langer Überlegungen oder Studien", wie es im Klappentext seines Buches heißt.

Einige seiner Beispiele sind allerdings mehr als fragwürdig. So führt er an, dass auf der griechischen Insel Kyros eine Statue gefunden worden sei, die alle erfahrenen Händler korrekt aufgrund ihres Bauchgefühls als Fälschung identifizierten, obwohl es dafür keine wissenschaftlichen Beweise gab.

Nur leider lassen sich gerade zu diesem Thema auch viele Gegenbeweise finden, etwa die gefälschten Hitler-Tagebücher, die erst durch eine ausführliche Analyse als Fälschungen entlarvt wurden. Gladwell räumt in seinem Buch selbst ein, wie sehr unsere Sinne immer wieder in die Irre geführt werden können.

In den vergangenen 20 Jahren ist ein ganzer Berg von Büchern entstanden, die sich mit der Unzulänglichkeit unserer Wahrnehmung befassen, beispielsweise Dan Arielys Bestseller „Denken hilft zwar, nützt aber nichts"[34] aus dem Jahr 2008.

Der schwedische Wissenschaftler Hans Rosling nennt in seinem Buch „Factfulness"[35] gleich zehn verschiedene Gründe, warum unsere Beobachtung oft zu falschen Ergebnissen kommt, nämlich

1. den Instinkt der Kluft,
2. den Instinkt der Negativität,
3. den Instinkt der geraden Linie,
4. den Instinkt der Angst,
5. den Instinkt der Dimension,
6. den Instinkt der Verallgemeinerung,
7. den Instinkt des Schicksals,
8. den Instinkt der eigenen Perspektive,
9. den Instinkt der Schuldzuweisung und
10. den Instinkt der Dringlichkeit.

Dabei geht es Rosling gar nicht allgemein um die Frage, warum unsere Intuition oft falsch liegt, sondern nur darum, warum wir die Gegenwart oft negativer sehen als sie ist. Ein Thema, das wir später noch aufgreifen und dessen sich auch zahlreiche andere Autoren und Autorinnen angenommen haben.

Noch weitaus bekannter ist die Forschung der israelischen Psychologen Daniel Kahnemann und Amos Tversky. Vor allem Kahnemanns Buch „Schnelles Denken, langsames Denken" wurde international zum Bestseller.[36] Er beschreibt dort verschiedene Heuristiken, derer unser Gehirn sich bedient, um schnelle Entscheidungen zu treffen.

Der Begriff der Heuristik bezeichnet eine Methode, um mit unvollständigen Informationen und unter Zeitdrucke eine Schätzung zu einer Situation abgeben zu können. Tversky und Kahnemann beschreiben zunächst drei wichtige Heuristiken, die später auf vier ergänzt werden, nämlich

- Verfügbarkeit,
- Repräsentativität,
- Ankereffekte und
- die später hinzugefügte Simulationsheuristik.

Ein Gedanken ist verfügbar, wenn wir ihn uns leicht vorstellen können. So fällt es uns leichter uns Wörter vorzustellen, die mit K beginnen als solche, die ein k in der Satzmitte haben.
Repräsentativität könnte man, etwas verkürzt, auch als Schubladendenken beschreiben. Wir halten eine Aussage eher für wahr, wenn sie mit unseren Vorannahmen (und Vorurteilen) übereinstimmt. Die beiden Forscher legten einer Gruppe die Beschreibung einer Frau namens Linda vor, die dort als Feministin beschrieben wurde. Nun wurde eine Teilgruppe befragt, ob es realistisch sein, dass die Frau Bankangestellte sei, eine andere, ob sie eine feministische Bankangestellte sein könne. Obwohl die erste Aussage die zweite einschließt und damit mindestens genauso wahrscheinlich ist, stimmten der zweiten mehr Menschen zu.

Den Ankereffekt untersuchten Kahnemann und Tversky mit einem kuriosen Experiment. Sie ließen Probanden zunächst ihre

Postleitzahl aufschreiben und dann schätzen, wie viele Murmeln in einem Glas sind. Je höher die Postleitzahl, desto höher schätzen die Menschen auch die Zahl der Murmel. Die Postleitzahl diente als gedanklicher Anker. Ein Teilnehmer aus der Uhlandstraße in Nürnberg (90408) würde also die Murmelzahl höher schätzen als einer aus der Uhlandstraße in Potsdam (14482). Aber nur, wenn er vorher nach der Postleitzahl gefragt wurde.

Auf die Simulationsheuristik kam Kahnemann durch ein trauriges Ereignis. Sein Vetter starb fünf Tage vor seiner Entlassung aus der Armee bei einem Flugzeugabsturz. Die Tatsache, dass er nur noch fünf Tage zu dienen hatte, machte es für die Angehörigen besonders schwer. Wäre das Flugzeug fünf Tage später abgestürzt, würde er noch leben, klagten sie oft. Dabei ist die Situation, dass der Kampfjet gar nicht abstürzt wahrscheinlicher, als dass er zunächst dem Unglück entgeht, um dann fünf Tage später doch zu verunglücken. Doch es ist einfacher für uns sich vorzustellen, dass der Jet fünf Tage später (und damit ohne den Vetter an Bord) abstürzt.

Ich habe lange überlegt, wie ich eine sinnvoll strukturierte Übersicht über unsere verschiedenen Denkfehler in das Buch einbauen könnte, es dann aber aufgegeben. Das wäre ein Thema für ein ganzes Buch und für unser Thema, die Alternativen Fakten, nur wenig nützlich.

Zur Erläuterung, warum wir nicht einfach unseren eigenen Sinnen und Gedanken trauen sollten, wie das immer wieder behauptet wird, möchte ich auf vier große Probleme eingehen, ohne damit in irgendeiner Weise eine Vollständigkeit zu unterstellen.

1. Wir sind ängstlich: Risiken sehen wir eher als Chancen.
2. Unser Gehirn muss schnell und mit wenig Energieaufwand arbeiten: Viele Entscheidungen müssen schnell getroffen werden. Außerdem verbraucht unser Gehirn viel Energie, was vor allem früher ein Problem war (und in manchen Ländern heute noch ist).

3. Wir sind Herdentiere: Die Gruppe ist für uns wichtig, für den Zusammenhalt sorgt die Einteilung in Gut und Böse, drinnen (Teil der Gruppe) und draußen.
4. Wir sind teilweise noch Jäger und Sammler: Unser Gehirn ist nicht für moderne Aufgaben wie statistisches Denken geschaffen.

Diese Übersicht ist sehr vereinfachend. Ich möchte auch nicht den Eindruck erwecken, als würden sich unser Gehirn und unserer Denkweise neuen Umweltbedingungen nicht anpassen. Nur dauert dieser Prozess.

Außerdem gibt es Punkte, die sich nicht eindeutig einem Oberthema zuordnen lassen. Wir denken gerne in Kategorien wie Gut gegen Böse, wir gegen die. Das ist einerseits eine Folge unseres Gruppendenkens, denn die Gruppe muss zusammenhalten. Die Soldaten der Wehrmacht kämpften für einen Diktator und Massenmörder, trotzdem kämpften sie engagiert. Warum? In einigen Fällen, weil sie die Ideologie der Nationalsozialisten selbst unterstützten. Meistens aber, weil sie für ihre Kameraden kämpften.[37]

Andererseits ist ein Schwarz-Weiß-Denken aber auch bequem, es ist einfach für unser Gehirn. Somit überschneiden sich die beiden Punkte hier. Aber das ist nicht so schlimm, denn hier soll es nicht um eine wissenschaftliche Abhandlung zum Thema „Denken" gehen, sondern um die Frage, ob unsere Gefühle empirische Erhebungen ersetzen können.

Problem 1: Unsere Ängste

Was für uns wichtig ist, hängt von unserer aktuellen Aufgabe, aber auch von unserem bisher Erlebten ab. Eine Sache aber ist fast immer wichtig für uns: Bedrohungen. Das ist auch verständlich, denn wer zu mutig ist, ist schnell tot.

Risiken sind ein zweischneidiges Schwert. Wer Risiken eingeht, hat höhere Chancen ganz nach oben zu kommen. Ein großes Unternehmen lässt sich meistens nicht gründen, ohne Risiken einzugehen. Auch ins Guinness Buch der Rekorde oder auf die Titelseite der Magazine kommt man leichter, wenn man Risiken eingeht. Man ist dann aber auch schneller insolvent oder gar tot.

Unsere heutigen Risiken sind allerdings gering gegenüber denen, mit denen unsere Vorfahren leben mussten. Das größte Risiko, abgesehen von Krankheiten, ist heute in unseren Breiten der Straßenverkehr. Die meiste Zeit waren die Menschen aber Jäger und Sammler und mussten mit allerhand wilden Tieren klarkommen, außerdem mit feindlichen Stämmen,[38] Extremwetter, Krankheiten und Klimaveränderungen.

Wie tief die Ängste in uns sitzen und wie unvernünftig sie uns manchmal machen, zeigen wieder Experimente der israelischen Psychologen Amos Tversky und Daniel Kahnemann.[39] Demnach verhalten wir uns anders, wenn wir einen Verlust vermeiden als wenn wir einen Gewinn erzielen wollen. Stellt ein Versuchsleiter die Teilnehmenden eines Experiments vor die Wahl, ob sie eine 50 Prozent Chance auf 1.000,- Euro haben möchten oder 500,- Euro sicher, entscheiden sich die meisten für die zweite Variante. Das passt zunächst zur Theorie, nach der wir nach Sicherheit streben und eine unsichere Variante nur wählen, wenn die Gewinnchance größer ist als das Verlustrisiko.

Allerdings ändert sich das Ganze, wenn man die Frage geringfügig anders stellt: „Würden Sie lieber 500,- Euro sicher verlieren oder mit einer Wahrscheinlichkeit von 50:50 entweder 1.000,- Euro oder gar nichts verlieren? In diesem Fall nimmt die Mehrheit die Gefahr eines Verlustes von 1.000,- Euro in Kauf, um das Risiko eines Verlustes abzuwenden. Grund dafür ist, dass der Verlust an sich uns weh tut. Und ein Verlust von 1.000,- Euro schmerzt uns nicht doppelt so stark wie einer von 500,- Euro.

Michael Lewis nennt in seinem Buch über Kahnemann und Tversky noch ein anderes Beispiel für irrationales Verhalten.[40] Eine Gruppe von Männern kommt überein, nicht durch einen Schneesturm zu fahren, um ein Sportereignis zu besuchen, für das sie Karten geschenkt bekommen hatten. Woraufhin einer anmerkt: „Hätten wir die Karten selbst gekauft, wären wir gefahren."

Sinnvoll ist dieses Verhalten nicht, denn wenn die Strapazen und Risiken der Reise größer sind als die Freude am Sportereignis, macht man alles nur noch schlimmer, wenn man zu dem Spiel fährt, auch wenn man die Karten selbst gekauft hat. Dann hat man nicht nur Geld verloren, sondern auch Zeit. Aber unsere Verlustangst ist so groß, dass die meisten Menschen in diesem Fall trotzdem fahren würden, in der Hoffnung, dass es vielleicht so gut wird, dass sich die Investition in die Karten doch nicht als Verlust entpuppt. Diese Verlustangst treibt uns immer wieder um und lässt uns pessimistisch auf den Lauf der Welt blicken.

Ängste sollte man nicht pathologisieren. Die Neurowissenschaftlerin Lise Eliot weist in ihrem Buch über Geschlechterunterschiede zwischen Jungen und Mädchen darauf hin, dass die höhere Risikobereitschaft Jungen einige Vorteile bringt, aber auch ein wichtiger Grund dafür ist, dass Jungen und junge Männer deutlich häufiger durch Unfälle sterben als Mädchen oder junge Frauen.[41] So sind 72 Prozent aller im Alter von 20 bis 29 gestorbenen jungen Menschen männlich, bei den Verkehrstoten sogar 75 (wobei hier natürlich auch eine Rolle spielt, dass Männer häufiger in Berufen arbeiten, in denen man viel Auto fährt).[42] Ängste haben also Vorteile und Nachteile.

Wir überschätzen oft nicht nur die Gefahr, dass ein Ereignis eintritt, sondern auch seine Auswirkungen. Das kann manchmal sinnvoll sein. So wird aktuell viel darüber diskutiert, ob die Folgen des Klimawandels womöglich gar nicht so drastisch sind, wie einige Aktivisten behaupten. Ich für meinen Teil bin aber hier tatsächlich vorsichtig, weil die Konsequenzen so verheerend wären, wenn die Befürchtungen zutreffen, dass man in meinen Augen das Risiko in Kauf nehmen sollte, zu viel zu tun.

Aber nicht immer ist dieser Reflex gut. Wir verlängern etwa aktuelle, bedrohliche Entwicklungen gerne in die Zukunft. Wir unterstellen dann, dass ein aktueller Trend immer so weitergehen wird.

Als der Droschkenverkehr in London immer weiter zunahm, wurde berechnet, dass die Stadt in wenigen Jahrzehnten im Pferdemist ersticken würde. Es kam anders, weil das Auto erfunden wurde.

Und Thomas Malthus stellte die Theorie auf, dass jeder Wohlstandszuwachs bald durch ein Bevölkerungswachstum wieder vernichtet würde. Doch moderne Techniken wie das Haber-Bosch-

Verfahren[I] haben die Nahrungsmittelproduktion so stark gesteigert, dass heute mehr als sieben Milliarden Menschen ernährt werden können (der aktuelle Hunger ist weniger Folge eines globalen Mangels an Nahrung als seiner Verteilung).

Vor allem in Deutschland ging die Angst um, dass die wachsende Bevölkerung in dem dicht besiedelten Land bald nicht mehr ernährt werden könnte. Mittlerweile werden längst so wenige Kinder geboren, dass die Bevölkerung ohne Zuwanderung sinken würde, was ebenfalls Ängste hervorruft.

Gut denkbar, dass auch das weltweite Bevölkerungswachstum schon mittelfristig in einen Bevölkerungsrückgang münden könnte. Schon heute liegt die weltweite Zahl der Geburten je Frau, die sogenannte Fertilitätsrate, nur noch bei 2,5. Das entspricht etwa dem Stand in Deutschland in den 1960er-Jahren und würde langfristig ein moderates Bevölkerungswachstum bedeuten.[II]

Viele Projektionen sehen sogar ein Ende des Bevölkerungswachstums in den kommenden Jahrzehnten. Auch sie schreiben allerdings aktuelle Entwicklungen einfach vor, nämlich das sinken der Geburtenrate bei steigendem Wohlstand, besserer Bildung (vor allem der Frauen) sowie zunehmender Verstädterung.

Das Fortschreiben von Trends in die Zukunft ist aber nicht immer schlecht. Viele Trends sind hartnäckig, wer das Wetter von morgen vorhersagen will liegt oft richtig, wenn er einfach prognostiziert, dass es morgen genauso ist wie heute. Und so fehleranfällig Prognosen auch sind, so wichtig sind sie, um sich auf die Zukunft vorbereiten zu können.

[I] Ein Verfahren zur Synthese von Ammoniak, das wiederum eine große Rolle bei der Herstellung von Düngemitteln spielt. Die Internetseite scienceheroes.com geht davon aus, dass niemand mehr Menschenleben rettete als Carl Haber und Fitz Bosch, nämlich zusammen mehr als fünf Milliarden.

[II] Dass die Bevölkerung aktuell so schnell wächst, hängt vor allem damit zusammen, dass es viele junge Menschen gibt, weil die Geburtenrate vor 30 Jahren so hoch war. Das sieht man an den Beispielen Südkorea und Iran. Beide haben eine wachsende Bevölkerung, obwohl die Fertilitätsrate im Iran bei nur 1,9 Kindern liegt, in Südkorea sogar nur bei 1,1 und damit niedriger, als es langfristig für eine gleich bleibende Bevölkerungszahl notwendig wäre.

Bei grundsätzlich positiven Entwicklungen gibt es noch einen anderen Effekt, der genau entgegenwirkt, nämlich das Gefühl, dass auf eine gute Phase immer auch eine schlechte folgen muss.[43]

Auch das ist ein sehr sinnvoller Impuls. Denn die sogenannte Regression zum Mittelwert ist tatsächlich ein wichtiger Effekt. Wenn ein Spieler bei Mensch-Ärgere-Dich-Nicht gerade eine Fünf gewürfelt hat, dann ist die Wahrscheinlichkeit groß, dass die nächste Zahl kleiner sein wird. Nicht weil, wie manchmal behauptet, jetzt eine kleine Zahl kommen muss, damit im langfristigen Schnitt der Erwartungswert von 3,5 erreicht wird.[1] Sondern schlicht, weil vier der sechs Zahlen auf dem Würfel kleiner sind als die fünf. Mit einer Wahrscheinlichkeit von zwei Dritteln ist die nächste Zahl also kleiner, nur in einem Sechstel gleich und einem weiteren Sechstel größer.

Das gilt auch für Ernten. Einem guten Jahr folgt mit hoher Wahrscheinlichkeit eines, das nicht genauso viel Ertrag bringt. Das heißt nicht, dass einem guten Jahr ein schlechtes folgen muss oder gar sieben guten Jahren sieben schlechte.[44] Es heißt nur, dass ein guter Bauer nach einem erfolgreichen Jahr nicht davon ausgehen sollte, dass das nächste genauso erfolgreich wird. Vielleicht wird es nur ein durchschnittliches Jahr.

Auch diese Denkweise ist also sinnvoll. Sie schadet uns aber auch oft. Beispielsweise sehen viele Deutsche pessimistisch in die Zukunft. So gut wie es uns aktuell geht, heißt es, kann es nicht bleiben. Sie übersehen dabei, dass der aktuelle Wohlstand nicht nur auf Glück beruht, sondern auch auf technischem Fortschritt (was nicht heißt, dass wir uns zu sicher sein sollten, dass es ewig so gut bleibt, wie uns nicht zuletzt die Covid19-Pandemie vor Augen geführt hat).

---

[1] Tatsächlich bedeuten selbst zehn Sechser hintereinander nicht, dass jetzt öfter eine Eins oder Zwei fallen muss. Zwar beträgt langfristig der Durchschnitt aller Würfe fast immer 3,5 (1+2+3+4+5+6 geteilt durch 6). Das liegt aber nicht daran, dass auf zehn Sechser zehn Einser folgen. Fallen im Anschluss bei den nächsten 120 Würfen alle Zahlen genau gleich oft, also jeweils 20 Mal, dann liegt der Mittelwert alle Würfe nur noch bei 3,7 und damit schon recht nah am Erwartungswert von 3,5. Ohnehin sind zehn Sechser hintereinander sehr unwahrscheinlich, die Wahrscheinlichkeit beträgt 0,000002 Prozent.

Grundsätzlich sind sowohl die Technik der Trendfortschreibung als auch die Berücksichtigung der Tendenz zur Mitte brauchbare Vorgehensweisen, um Prognosen zu erstellen. Allerdings passen beide Herangehensweisen nicht in allen Situationen.

Meistens sehen wir die Dinge zu negativ. Dabei ist der negative Blick auf die Zukunft nicht nur eine Folge unserer Ängste, sondern auch eines zu positiven Blicks auf die Vergangenheit. Das zeigt ein Experiment mit einer Gruppe von US-Amerikanern, die einen Ausflug nach Europa unternommen hatte. Man befragte die Teilnehmer während der Reise wie gut es ihnen gefällt. Dann wurde die gleiche Gruppe nach der Rückkehr mit einigem Abstand noch einmal befragt – und siehe da, in der Rückschau wurde der Urlaub deutlich besser bewertet als es während der Reise der Fall war.

Die unangenehmen Seiten, der Streit, die Strapazen, waren plötzlich vergessen. In Erinnerung blieben die schönen Stunden. Das kennt jeder bei etwas gründlicherem Nachdenken von sich selbst. Ich selbst bin im Alter von 18 Jahren mit dem Rucksack über die Alpen von Deutschland nach Italien gelaufen. Noch immer denke ich an schöne Erlebnisse dabei zurück. Wenn ich genau nachdenke, fallen mir aber auch jene Stunden ein, die alles andere als schön waren. Der Auf- oder Abstieg in großer Hitze, der schwere Rucksack und so weiter.

Nun mag in diesem Beispiel auch noch die Freude darüber hinzukommen, dass man es geschafft hat. Aber auch das gilt für viele Dinge, die wir im Nachhinein positiv einschätzen. Wenn die Nachkriegsjahre mit ihren sehr einfachen Verhältnissen, mit der Trauer, der Schuld und der Armut oft als „eigentlich ganz schön" beschrieben werden, dann mag auch da die Freude darüber eine Rolle spielen, dass man es durchgestanden hat.

Und so erscheint uns die Vergangenheit viel besser, als sie jemals war. Es gibt heute weniger Hunger, weniger Krieg und mehr Demokratie als noch 1970.[45] Und in Westeuropa sogar weniger Terrorismus, weil RAF, Rote Brigaden und vor allem die IRA weitaus mehr Menschen töteten als heute sterben (zumindest bis zu dem Zeitpunkt, als dieses Buch entstanden ist – prognostizieren lässt sich die Entwicklung des Terrors ziemlich schlecht).[46]

Auch die Zahl der Unterernährten sinkt in der langfristigen Tendenz, seit 1990 um rund 200 Millionen von 1 Milliarde auf 800 Millionen. Und das bei steigender Weltbevölkerung. Der Anteil der Unterernährten fiel damit von über 90 Prozent in alten Zeiten auf fast 20 Prozent im Jahr 1990 und noch rund zehn Prozent an der Schwelle zum dritten Jahrzehnt des 21. Jahrhunderts.[47]

Selbst der Anteil der Menschen in Demokratien liegt höher als noch vor 30 Jahren. 2014 lebten nach der Definition von Polity IV 1,4-mal mehr Menschen in Demokratien als in Autokratien (Diktaturen) oder Anokratien (Mischform aus Autokratie und Demokratie).[48] Das sind zwar etwas weniger als noch am Anfang des Jahrtausends, aber viel mehr als im 20. Jahrhundert oder gar in den Jahrhunderten und Jahrtausenden zuvor.

Trotzdem geben die Menschen bei vielen Befragungen an, dass die Welt früher eine bessere gewesen wäre. Und sie erwarten überwiegend, dass die Zukunft schlechter sein wird als die Gegenwart.

Nicht, dass es nicht auch Veränderungen zum Schlechten gegeben hätte, unter anderem die seit den 1970er-Jahren wieder zunehmende soziale Ungleichheit. Auch bei der Bekämpfung des Hungers dürfen wir uns unserer Erfolge nicht zu sicher sein. Ich wage aber schon mal eine Prognose: In 40 Jahren werden sich viele Menschen voller Wehmut an diese Zeit zurückerinnern. „Ja, es gab damals viele Konflikte und das Land war innerlich zerrissen. Aber die Welt war noch nicht so voller Technik wie heute, im Jahr 2062. Sogar gedruckte Zeitungen gab es noch."

Problem 2: Unser Gehirn ist faul

Wir mögen Rockmusik? Also wird der Nichte eine CD von Queen gefallen. Wir schließen also von uns auf andere. Die aber mag womöglich eine ganze andere Musikrichtung – oder zumindest eine aktuellere Rock-Band. Mal ganz abgesehen von der Frage, ob sie noch CDs hört oder ihre Musik nicht streamt.

Nicht immer ist dieser Instinkt falsch. Ich mag nicht gerne geschlagen werden und liege sicher richtig mit der Vermutung, dass es die meisten anderen Menschen auch nicht mögen. Und viele erfolgreiche Unternehmer schwören darauf, das Rezept ihres Erfolges sei, dass sie ein Restaurant, ein Hotel oder eine Website so erstellt hätten, dass das Produkt ihnen selbst gefällt. Aber oft funktioniert dieser Instinkt eben auch nicht, weshalb große Firmen viel Geld für professionelle Marktforschung ausgeben.

Wer auf dem Land lebt, kann vielleicht zu dem Schluss kommen, das Wichtigste für ein Dorf sei eine gute Straßenanbindung. Einem Stadtbewohner ist dagegen ein gut ausgebautes ÖPNV- und Radwegenetz wichtiger.

Letztlich dienen diese Techniken dazu, Komplexität zu reduzieren. Unser Alltag ist hoch kompliziert, Entscheidungen müssen aber schnell getroffen werden. Heuristiken vereinfachen die komplizierte Welt etwas.

Deshalb blenden wir insbesondere scheinbar nicht notwendige Informationen aus. Das bereits erwähnte Buch „Der unsichtbare Gorilla" hat seinen Namen von einem Experiment, das die Autoren gemacht haben. Dabei wurde verschiedenen Probanden das Video eines nachgespielten Basketballspiels gezeigt. Sie wurden aufgefordert zu zählen, wie oft sich eine der Mannschaften den Ball zupasst. Zur gleichen Zeit läuft ein als Gorilla verkleideter Mann übers Spielfeld. Die Hälfte der Teilnehmer bemerkte ihn nicht, obwohl der Affe sogar auf dem Spielfeld stehen blieb und sich auf die Brust trommelte. Sie konzentrierten sich zu sehr auf ihre Aufgabe.

Dass das keine graue Theorie ist, zeigen die Autoren am Beispiel eines Bostoner Polizisten. Während er einen Kriminellen verfolgt, wurde wenige Meter von ihm ein Kollege zusammengeschlagen. Er bemerkte das nicht, weil er sich ganz auf seine Aufgabe konzentrierte.

Solche Nachteile hat die Evolution vermutlich bewusst in Kauf genommen.[1] Wenn wir eine wichtige Aufgabe haben, müssen

---

[1] Ich schreibe „vermutlich", weil solche Schlüsse auf den evolutionären Hintergrund einer Handlungsweise nicht ganz einfach sind. Jonathan Haidt etwa weist darauf hin, dass heutige Auswirkungen einer evolutionären Anpassung nicht unbedingt der ursprünglichen Intention entsprechen müssen.

wir uns ganz auf sie konzentrieren. Dazu blenden wir viele aus, was gerade nicht wichtig ist und konzentrieren uns auf das scheinbar Wichtigste. Kinder verhalten sich oft anders, sie können sich minutenlang mit einer Ameise am Straßenrand befassen und vergessen darüber mitunter sogar, was sie (nach dem Willen der Eltern) eigentlich tun sollten.

Tatsächlich kann man die Prozesse im Gehirn sogar gut nachvollziehen, die zu diesem Effekt führen und dafür sorgen, dass wir unter Stress oft Dinge verengt wahrnehmen.[49]

Besonders wichtig sind für uns oft der erste und der letzte Eindruck. Der erste, weil wir versuchen uns möglichst schnell ein Bild zu machen. An diesem halten wir oft auch dann fest, wenn neue Informationen diesem widersprechen. Stellen wir uns vor, wir verreisen mit Freunden. Ein Freund hat eine neue Partnerin, die wir jetzt erst kennenlernen. Unser erster Eindruck ist positiv.

Eine Stunde später erleben wir die gleiche Person sehr aggressiv. Werden wir jetzt unser Bild ändern? Vielleicht, wahrscheinlich werden wir aber vermuten, dass die Person schon ein Grund haben wird. Hätte sich die Person gleich am Anfang so verhalten, dann hätten wir sie vermutlich in eine negative Schublade einsortiert. So aber bleibt unser Bild positiv, denn unser erster Eindruck war positiv. Schließlich können wir unser Bild nicht ständig ändern. Unser Gehirn ist faul und regelmäßige Strategieänderungen sind auch gar nicht sinnvoll.

Es gibt allerdings auch genau das gegensätzliche Problem, nämlich das des letzten Eindrucks. Die Woche ist fast um, die neue Freundin unseres Freundes verhält sich ausgesprochen freundlich, hilft bei der Endreinigung und dem Einpacken, spendiert allen noch eine Portion Eis.

Vielleicht ist unser Bild vor ihr schon so verfestigt, dass wir sie ohnehin mochten oder aber sie nichts mehr richtig machen kann. Wenn nicht, wird uns dieser letzte Eindruck besonders in Erinnerung blieben. Das ist teilweise auch sinnvoll, denn Dinge ändern sich und das letzte Bild ist nun mal das aktuelle. Aber es gibt auch Schwankungen im Verhalten oder in der Tagesform. Vor allem, wenn es, wie in diesem Beispiel, um einen sehr kurzen Zeitraum geht, ist der Eindruck am letzten Tag meist nicht aussagekräftiger als der am zweiten, dritten, vierten, fünften oder sechsten. Trotzdem wird er, neben dem ersten Eindruck, bei uns besonders im Gedächtnis bleiben.

Ein sehr großes Problem ist auch: Wir nehmen Extreme besonders häufig wahr. Die aber sind nur bedingt aussagekräftig. Als Susan Pinker ein Buch über die Frage schrieb, warum Jungs zwar in der Schule schlechter abschneiden als Mädchen, im Berufsleben aber erfolgreicher sind,[1] wollte sie diese Frage beantworten, indem sie die Extreme verglich.[50] Also Männer, die statistische bei Männern häufiger vorkommende Merkmale besonders stark verkörpern und Frauen, die bei Frauen überproportional oft vorkommende Wesenszüge aufweisen. Beispielsweise einen auf Dominanz und Machterwerb ausgerichteten Mann und eine familienorientierte Frau.

Diese Herangehensweise mag unter erzählerischen Gesichtspunkten naheliegend sein, aufgrund der Tendenz zur Verallgemeinerung ist sie aber höchst fragwürdig. Denn so werden Unterschiede zwischen Bevölkerungsgruppen überzeichnet.

Die ausschließliche Betrachtung von Extremwerten hat sogar noch einen zweiten Nachteil. Kleine Unterschiede im Mittelwert bedeuten oft große Unterschiede in den Extremen. Stellen wir uns zwei Gruppen mit genau zehn Menschen vor. Die Mitglieder von Gruppe A sind 170 bis 179 cm groß – und zwar der erste genau 170 cm, der zweite 171 und so weiter. In der zweiten Gruppe sind die Mitglieder 171 bis 180 cm groß und auch hier ist die Größe über die

---

[1] Der größere Erfolg im Beruf gilt nur für die Einkommen, von Arbeitslosigkeit sind Männer sowohl in den USA als auch in Deutschland stärker betroffen. Auch, weil bei gleicher Qualifikation Frauen deutlich bevorzugt eingestellt werden. In den USA, wo Susan Pinker lebt, kommt noch hinzu, dass mehr als 60 Prozent der College-Absolventen weiblich sind. Damit liegt die Geschlechterungleichheit wieder etwa auf dem Niveau der späten 1960er-Jahre, nur mit umgekehrten Vorzeichen. Vgl. Veit, Susanne; Arnu, Hannah; Di Stasio, Valentina; Yemane, Ruta und Coenders, Marcel: The "Big Two" in Hiring Discrimination: Evidence From a Cross-National Field Experiment, o.O. 2021 und Farrell, Warren: The Boy Crises, New York 2018

gesamte Spannbreite gleich verteilt. Betrachten wir jetzt die Personen, die mindestens 180 groß sind. Es gibt nur eine Person und die ist aus Gruppe B. Also stammen 100 Prozent aus Gruppe B. Suchen wir alle Personen, die mindestens 179 cm groß, entfallen immer noch zwei Drittel (nämlich zwei von drei) auf Gruppe B. In den Extremwerten ist Gruppe B also deutlich überrepräsentiert, obwohl der Unterschied im Mittelwert sehr gering ist. Auch deshalb ist der Ansatzpunkt von Susan Pinker nicht besonders glücklich.

Problem 3: Unser Gruppendenken

Um bei Susan Pinkers Thema zu bleiben, hier ein paar weitere Vorurteile: Mädchen können besser lesen, Jungs sind dagegen besser in räumlichem Denken. Tatsächlich stimmt diese Aussagen – im Durchschnitt. Trotzdem gibt es Jungs, die gut lesen und Mädchen, die ein gutes räumliches Denken haben. Immerhin 40 Prozent der Jungen lesen besser als das Durchschnittsmädchen, wie Lise Eliot in ihrem Buch „Wie verschieden sind Sie" schreibt.[51] Für räumliches Denken gilt umgekehrt das Gleiche.[I]

Man könnte noch tausende Beispiele für solche Verallgemeinerungen finden. Nicht alle Bayern mögen Bier und nicht alle Norddeutschen Fisch.

Hier kommen zwei Tendenzen zusammen. Wir blenden Unterschiede innerhalb einer Gruppe aus und tun schnell so, als wären Frauen, Männer, Bayern, Norddeutsche, Beamte oder Ausländer homogene Gruppen, die sich untereinander sehr ähnlich sind.

Gleichzeitig werden die Unterschiede zwischen den Gruppen größer dargestellt, als sie sind. Diese Vorstellung ist ziemlich resistent gegenüber Beobachtungen, die dem widersprechen. Abweichungen von unseren Erwartungen werden dann schnell als Ausnahmen von der Regel einsortiert.

[I] Für Statistik-Interessierte: Die Effektstärke, gemessen mit Cohens d, beträgt 0,6. Das ist ein mittler Wert, der bedeutet, dass der Abstand zwischen dem Mittelwert für Jungen und dem für Mädchen nur 60 Prozent der Standardabweichung beträgt.

Kenan Malik beschreibt in seinem Buch „Das Unbehagen in den Kulturen" wie liberale Muslime sogar von der politischen Linken oft als „nicht authentisch" und „verwestlicht" beschrieben werden, um Abweichungen zwischen Beobachtung und Vorstellung zu rechtfertigen, in diesem Fall zwischen der erwarteten religiösen Strenge und dem tatsächlich beobachteten Lebensstil. So bezweifelt Malik, selbst ein indischstämmiger Muslim, dass die Mehrheit der Muslime so radikal denkt, wie es den Anschein hat.[52]

Doch für „Sozialisten, Liberale, Nationalisten, Anarchisten oder von allem ein bisschen oder etwas ganz anders sind, aber keine Muslime, auch keine ‚säkularen' Muslime, ist in dieser Wahrnehmung kein Platz mehr", schreibt der türkeistämmige Journalist Deniz Yücel in der Zeitung taz.[53]

Ohne Zweifel, Religion spielt in traditionell muslimischen Kulturen und auch bei muslimischen Einwanderern in Europa im Durchschnitt (!) eine größere Rolle als für (ehemals) christliche Europäer. Aber nur eine Minderheit der muslimischen Frauen in Deutschland trägt ein Kopftuch und noch weniger besuchen jeden Freitag die Moschee.[54]

Wir Menschen neigen also dazu, Unterschiede zwischen Gruppen zu überschätzen. Hans Rosling nennt noch ein anderes Beispiel für das, was er als „Instinkt der Kluft" bezeichnet, nämlich die Vorstellung, es gäbe eine reiche und eine arme Welt. Hier die Industrienationen, dort die Dritte Welt. Die zweite Welt, der Ostblock, ist ja untergegangen.

Tatsächlich sah die weltweite Einkommensverteilung noch in den 1980er-Jahren aus wie ein Kamel (genauer gesagt ein Trampeltier). Es gab zwei „Höcker", einmal die armen und einmal die reichen Länder. Heute aber leben mehr als fünf von fast acht Milliarden Menschen in der „Mitte". Sie leben auf Stufe 2 oder 3, nur jeweils etwas über eine Milliarde lebt auf Stufe 1 (die ärmste Milliarde, wie es Paul Collier in seinem gleichnamigen Buch nennt) und auf Stufe 4 (das reichste Siebtel). Auf Stufe 2 können sich die Menschen ein Fahrrad leisten und mit Gas kochen, das Essen ist abwechslungsreich. Auf Stufe 3 reicht es sogar zu einem Motorrad und meistens gibt es fließendes Wasser.[55]

Hier ist es also eine Mischung aus veraltetem Wissen und dem Instinkt der Kluft, die einem realistischen Blick im Wege steht.

Dass Menschen sich als Teil einer Gruppe sehen, ist gut und schlecht zugleich. Kleine Kinder können sehr großzügig sein und teilen oft erstaunlich bereitwillig, allerdings nicht mit fremden Kindern. Wobei „fremd" sich hier nicht an der Hautfarbe oder der Nationalität festmacht, sondern an der Bekanntheit. Etwa der Frage, ob das andere Kind in der gleichen Kindergartengruppe ist oder unter Umständen sogar einen ganz anderen Kindergarten besucht, wie Robert Sapolsky in seinem Buch „Gewalt und Mitgefühl beschreibt".[56]

Robert Sapolsky befasst sich in seinem Buch nicht nur mit Kindern, sondern auch mit Erwachsenen. Er beschreibt, wie bei „weißen" Menschen, denen das Bild eines „schwarzen" gezeigt wurde, jene Hirnregionen aktiviert werden, die für Gefahr zuständig sind. Umgekehrt gilt das gleiche, das Bild eines „weißen" wird von „schwarzen" Menschen intuitiv als bedrohlicher wahrgenommen.[I]

Umgekehrt empfinden wir mehr Mitleid mit Menschen, die uns ähnlicher sehen, bewerten diese positiver und vertrauen diesen auch stärker, der sogenannte Ähnlichkeitsfehler. Es gibt allerdings auch Ausnahmen. So bringen sowohl Männer als auch Frauen mehr Empathie für Frauen auf. Allerdings gibt es auch hier eine Verzerrung zugunsten der eigenen Gruppe, der Unterschied in der Empathie ist bei Männern deutlich geringer als bei Frauen.[57]

Der Wunsch nach Homogenität zeigt sich aber noch auf andere Weise. Menschen neigen dazu, ihre Meinung der Mehrheit anzupassen oder der von Personen, die in der Gruppenhierarchie über uns stehen. Das gilt sogar, wenn die „Gruppe" nur aus zwei Personen besteht, nämlich uns und unserem Gegenüber.

[I] Hier geht es nur um intuitive Wahrnehmung. Sie spielt vor allem bei schnellen Reaktionen eine Rolle, beispielsweise wenn Polizisten in sehr kurzer Zeit entscheiden müssen, ob sie zur Waffe greifen oder nicht. Doch solche intuitiven Reflexe spielen eine große Rolle und können über Leben oder Tod entscheiden.

In den vergangenen Jahren wurde viel darüber diskutiert, ob nicht eine neue „Weltgesellschaft" im Entstehen sei, in der gruppenbezogenes Denken immer seltener werde. Tatsächlich stellt Aladin El-Mafaalani die These auf, dass wir deshalb mehr über Diskriminierung reden, weil sie seltener wird. Leider aber scheint es nicht so, dass wir insgesamt weniger gruppenbezogen denken.

Die Kritik an der eigenen Kultur und Nation gehört zwar zumindest im sogenannten „Westen" heute zum guten Ton. Paul Collier weist in seinem Buch „Sozialer Kapitalismus" aber darauf hin, dass die sogenannten WEIRD, (von englisch western, educated, industrial, rich, democratic – manchmal auch developed) stattdessen eigene, neue Abgrenzungen pflegen.[58] Man definiert sich dort eben nicht mehr über die Zugehörigkeit zu einer Nation, einem Kulturraum oder seiner Hautfarbe, sondern beispielsweise über den Beruf.

Paul Collier sieht ein wesentliches Problem unserer Zeit darin, dass sich die besser gebildeten zunehmend mit ihrem Beruf oder ihrer Ausbildung identifizieren, die beruflich weniger erfolgreichen dagegen weiterhin mit den Nationen, wofür sie dann von den Gebildeten als rückständig und nationalistisch verachtet werden.

Wie lebendig unser Denken in Gruppen ist, konnte man ausgezeichnet im Wahlkampf zur Bundestagswahl 2021 beobachten. Während Angriffe auf Menschen der eigenen Gruppe schnell als Hassrede, Cancel Culture oder Hetzkampagne gebrandmarkt wurden, wurde gegen die anderen Gruppen nicht weniger heftig ausgeteilt. Das war in den meisten Fällen kein Kalkül, die Politikerinnen, Journalisten oder auch Parteimitglieder waren tatsächlich empört über den Angriff auf die eigene Gruppe und einverstanden mit den Attacken auf den Gegner. Denn diese Art zu denken ist so tief in uns eingebrannt, dass sie ganz unbewusst geschieht und so stark, dass der Verstand dagegen nur selten ankommt.

Wir haben also das Stammesdenken noch lange nicht hinter uns gelassen. Und das hat Auswirkungen auf unsere Wahrnehmung von Fakten, genauer gesagt der Unterscheidung in Fakten und Alternative Fakten.

So finden Menschen Fehler und Schwachstellen in einer Argumentation schneller, wenn diese ihrer Meinung widerspricht oder eine Gruppe angreift, mit der wir uns identifizieren. Das funktioniert sogar, wenn man Vergleichsgruppen die jeweils gleiche Studie vorlegt, aber einen anderen Schluss daraus zieht. Sollen wir eine Studie zum Thema Schusswaffenkriminalität beurteilen, macht es einen Unterschied, ob behauptet wird, diese Untersuchung beweise, dass Schusswaffen stärker reguliert oder zur Selbstverteidigung leichter verfügbar gemacht werden müssten. Sind wir Befürworter einer Einschränkung des Schusswaffenbesitzes, werden wir in einer Studie mehr Schwachstellen finden, wenn die Studienleitung uns zuvor erzählt hat, diese Untersuchung beweise den Nutzen frei verfügbarer Schusswaffen. Sind wir Anhänger freien Schusswaffenbesitzes, ist es umgekehrt.

Problem 4: Wir sind nicht für die Welt von Statistiken und Überschallflugzeugen geschaffen

Vielleicht wäre das Problem nicht ganz so gravierend, wenn wir Menschen besser mit Zahlen und insbesondere mit Statistiken umgehen könnten. Tatsächlich tun wir das aber insgesamt eher schlecht.

Kein Wunder, über Tausende und Zehntausende von Jahren war statistische Datenanalyse nicht gerade die Disziplin, die uns das Überleben sicherte. Vor allem Wahrscheinlichkeiten können Menschen schlecht abschätzen. Wer mit dem Auto von Hamburg nach München fährt, hat ein größeres Risiko zu sterben als derjenige, der die Strecke mit dem Flugzeug zurücklegt. Trotzdem fühlen wir uns im Auto sicherer.

Das hat mehrere Gründe. Der eine dürfte sein, dass viele Menschen Höhenangst haben, ein begründeter Impuls. Wo es steil heruntergeht, müssen wir aufpassen, egal ob wir uns auf einem Baum oder einem Berg befinden.

Wenn wir selbst am Steuer sitzen, kommt aber auch unsere Selbstüberschätzung mit ins Spiel. Ein Freund erklärte mir einmal, warum er immer mit dem Auto und nicht mit dem Zug unterwegs ist. Im Auto, so seine Begründung, könne er immer noch selbst einen Unfall vermeiden. Komme ihm ein Geisterfahrer entgegen, dann könne er immer noch ausweichen und das Fahrzeug in den Acker lenken oder zwischen zwei Bäumen hindurch. Dass er auch selbst einen Fehler machen könne, kam ihm nicht in den Sinn.

Vor allem aber bleiben uns Flugzeugabstürze besser in Erinnerung, weil über sie ausführlicher berichtet wird und es oft viele Tote gibt. Daher überschätzen wir die Wahrscheinlichkeit für dieses Ereignis.

Mitunter machen wir aber auch genau den gegensätzlichen Fehler, wir unterschätzen die Gefahr von Ereignissen, die sehr unwahrscheinlich sind. Die Verantwortlichen für das Kernkraftwerk Fukushima schrieben im Notfallplan den verhängnisvollen Satz: „Die Wahrscheinlichkeit eines schweren Unfalls ist so gering, dass er unter technischen Gesichtspunkten praktisch undenkbar ist."[59] Wohl deshalb erfüllte das Kernkraftwerk nicht die in Deutschland üblichen Sicherheitsvorkehrungen. Mit der in der Bundesrepublik üblichen Technik hätte der Unfall wahrscheinlich vermieden werden können.[I]

Das macht die Diskussion besonders komplex: Das Berücksichtigen seltener Ereignisse ist völlig richtig, seine Vernachlässigung kann schreckliche Folgen haben. Gleichzeitig dürfen wir sie aber auch nicht überbewerten, nur weil häufiger über sie berichtet wird. Hier ist unsere Intuition leider oft nicht besonders zuverlässig.

Manchmal kann die Statistik hier helfen, etwa bei der Frage, ob der Flug nach Hamburg oder die Fahrt mit dem Auto sicherer ist. Wir multiplizieren dafür einfach den Erwartungswert mit der Zahl der Opfer. Ein Ereignis, das mit einer Wahrscheinlichkeit von 1:100 Millionen 1.000 Opfer fordert, ist dann genauso zu bewerten wie ein anders, dass mit einer Wahrscheinlichkeit von 1:100.000 ein Opfer fordert.

[I] Wenngleich ich erwähnen will, dass – anders als in deutschen Medien oft behauptet – keineswegs tausende von Menschen bei dem Reaktorunglück starben. Die Todesfälle wurden fast ausschließlich durch den Tsunami verursacht.

Oft rechnet man anders, man geht von den tatsächlichen Opferzahlen aus und rechnet sie auf eine gleiche Basis um. Bei der Frage, ob wir lieber fliegen oder Auto fahren sollen, rechnen wir also die Zahl der Opfer pro zurückgelegte Kilometer aus.[1]

Bei nur sehr selten auftretenden Ereignissen ist aber auch die Statistik überfordert, sie lassen sich kaum kalkulieren.

Nicht immer ist unser Bauchgefühl deshalb ein schlechter Ratgeber, auch das muss man festhalten. Ob unser Bauchgefühl oder die Intuition uns besser führen, hängt auch davon ab, wie schnell wir entscheiden müssen, was wir entscheiden müssen, und welche Informationen wir haben.

Gerne zitiert wird in diesem Zusammenhang eine Untersuchung des Verhaltensökonomens Richard Thaler. Er untersuchte die Teilnehmer eines Börsenspiels. Dort wurde – in Zeitraffer – ein Zeitraum von mehreren Jahren an der Börse simuliert. Einige Spieler erhielten jeden (Spiel-) Monat Informationen zu den Wertpapieren, andere jedes (Spiel-) Jahr. Die Händler, die nur jedes fiktive Jahr mit Informationen versorgt worden waren, machten am Ende mehr Gewinn. Hier haben zu viel Information den Teilnehmenden anscheinend geschadet.

Allerdings kann man argumentieren, dass die informierte Gruppe nicht zu viele, sondern schlicht die falschen Informationen hatte. Nach der Effizienzmarkthypothese werden Informationen über die weitere Entwicklung eines Unternehmens sofort in den Kurs eingepreist. Hat ein Unternehmen offenbar goldene Jahre vor sich, ist das Papier auch entsprechend teuer. Ob ein Papier sich über- oder unterdurchschnittlich gut entwickelt, ist somit vom Zufall und von noch unbekannten Informationen abhängig. Beides aber steht nicht in den Wirtschaftsnachrichten. Selbst die meisten

---

[1] In der Praxis ist das bei dieser Frage noch etwas schwieriger, weil die meisten Unfälle bei Starts und Landungen passieren. Man müsste daher entweder gezielt Flüge von ähnlicher Entfernung betrachten oder die Unfallwahrscheinlichkeit aus Teilwahrscheinlichkeiten für Start, Landung und Flug berechnen. Idealerweise müsste man das auch für die Autofahrt tun, denn im Stadtverkehr, auf der Landstraße und auf der Autobahn gibt es unterschiedliche Wahrscheinlichkeiten für einen tödlichen Unfall.

Fondsmanager schaffen es deshalb nicht, ihren Vergleichsindex zu übertreffen.

Zwar ist umstritten, ob die Märkte wirklich so gut funktionieren, aber die meisten Finanzmarktexperten gehen heute davon aus, dass eine aktive Aktienauswahl nur in seltenen Fällen sinnvoll ist. Diese Information hätten die Teilnehmer des Spiels gebraucht, wenngleich die meisten sie vermutlich nicht genutzt hätten. Sie wären davon ausgegangen, dass sie gewiefter sind als der Durchschnitt und deshalb zu jener Minderheit gehören, die erfolgreich ist. Aber das ist ein anderes Thema.

Für uns bleibt die Erkenntnis, dass unsere Intuition zwar manchmal sehr brauchbar ist, aber oft auch nicht. Und dass es gar nicht so einfach ist zu sagen, wann wir mit unserem Bauchgefühl daneben liegen und wann wir ihm vertrauen sollten. Der Psychologe Gerd Gigerenzer bringt es auf die Formel, dass Intuition immer dann überlegen sei, wenn eine Fragestellung so komplex ist, dass man sie nicht berechnen könne. In Anlehnung an Niklas Luhmanns Unterscheidung von kalkulierbarem und (teilweise) beeinflussbarem Risiko und unkalkulierbarer Gefahr unterscheidet er Risiko und Ungewissheit. Bei Risiken sei die statistische Prognose überlegen, bei Ungewissheit die Intuition. Aber wann haben wir es mit Risiko zu tun und wann mit Ungewissheit? Das ist eines der wesentlichen Probleme. In jedem Fall aber können wir feststellen, dass wir nicht nur auf unser Bauchgefühl hören dürfen, wir brauchen auch die Empirie, obwohl unsere Intuition oft nützlich ist.

Sollen wir auf die Wissenschaft hören?

Bevor wir die Frage „Dürfen wir der Wissenschaft glauben" beantworten können, müssen wir zunächst fragen, was Wissenschaft eigentlich ist.

Was ist Wissenschaft?

Der Wissenschaftsphilosoph Karl Popper schreibt über die wissenschaftliche Methode:

> So kam ich, gegen Ende des Jahres 1919, zu dem Schluss, dass die wissenschaftliche Haltung die kritische war; eine Haltung, die nicht auf „Verifikation" ausging, sondern kritische Überprüfung suchte; Überprüfungen, die die Theorie widerlegen konnten, nie aber als wahr erweisen.
>
> Karl Popper[60]

Diese Ansicht ist aber keineswegs eine allgemeine akzeptierte Definition, dessen ist sich auch Karl Popper bewusst. Er selbst berichtet, dass er seinen Studierenden am Anfang jeder Lehrveranstaltung zur wissenschaftlichen Methode erst einmal erklärt habe, die eine wissenschaftliche Methode gäbe es gar nicht.[61]

Die von Karl Popper beschriebene kritische, oft empirische Überprüfung von Fakten erscheint uns als typisch für wissenschaftliches Arbeiten. Doch dem würden viele Wissenschaftlerinnen und Wissenschaftler widersprechen. Für die antiken Philosophen waren Logik und Theorie meist wichtiger als die Empirie. Aristoteles stellte, trotz seiner zahlreichen biologischen Beobachtungen, die logische Schlussfolgerung in den Mittelpunkt. Bekanntestes Beispiel seiner syllogistischen Methode ist die Argumentation: Alle Menschen sind sterblich. Alle Griechen sind Menschen. Also sind alle Griechen sterblich.

Vor allem im europäischen Mittelalter spielten oft kirchliche Dogmen, aber auch historische Autoritäten eine große Rolle. Sie durften nicht hinterfragt werden und waren oft Ausgangspunkt der Argumentation. Das wurde schon früh kritisiert, etwa von dem englischen Franziskanermönch Roger Bacon.

Es war aber vor allem sein Namensvetter Francis Bacon, der im frühen 17. Jahrhundert eine stärker auf Beobachtungen gestützte Herangehensweise populär machte. Bacon beobachtete und erfasste die Ergebnisse mit einem Tabellensystem. In einer „Tabelle der Anwesenheit" listet Bacon beispielsweise alle Phänomene auf, die mit Wärme in Verbindung gebracht werden. Dazu gehörten die „Strahlen der Sonne" oder „Blitze, die Feuer entfachen". Diese vergleicht er mit einer „Tabelle der Abwesenheit" – ähnlichen Phänomenen, die keine Wärme erzeugen, wie „die Strahlen des Mondes" und „Blitze, die Licht geben, aber nicht brennen". Eine dritte Tabelle untersucht, wie sich die Phänomene ändern, wenn bestimmte Rahmenbedingungen geändert werden.

Er gilt damit als Wegbereiter des sogenannten Empirismus, der vor allem in Großbritannien verbreitet war, während in Deutschland und Frankreich der an die antike Vorgehensweise angelehnte Rationalismus vorherrschend blieb.

Das induktive Vorgehen des Empirismus, also der Schluss von einer Beobachtung auf eine Theorie, wurde schon im 18. Jahrhundert von David Hume kritisiert. Denn es ist anfällig für Fehlinterpretationen. Außer von Hume wurde die Induktion besonders vom eingangs zitierten Karl Popper angegriffen, der deshalb an den Beginn des wissenschaftlichen Prozesses die Theorie setzt. Allerdings fordert er, dass sie – wenn möglich – empirisch überprüft werden sollte. Zu diesem sogenannten kritischen Rationalismus kommen wir später noch zurück.

Umgangssprachlich definieren wir Wissenschaft ohnehin meist sehr viel einfacher: „Wissenschaft ist das, was Wissenschaftler als Wissenschaft betrachten". Das ist auf den ersten Blick ein Zirkelschluss. Wissenschaftler sind nämlich jene, die Wissenschaft betreiben. Und Wissenschaft ist wieder das, was Wissenschaftler als Wissenschaft betreiben.

Allerdings wollen wir kein neues System „Wissenschaft" gründen, sondern es gibt bereits eine Gruppe von Menschen, die sich als Wissenschaftler bezeichnet und die von der Mehrheit der Bevölkerung auch als solche gesehen wird. Auch wenn nicht alle Menschen das, was Wissenschaftler tun, für glaubwürdig oder gut halten, so gibt es doch einen gewissen Konsens darüber, wer als Wissenschaftler gilt.

Das sind vor allem Menschen, die als Professorinnen oder wissenschaftliche Mitarbeiter an Universitäten arbeiten. Aber nicht alles ist wissenschaftlich, nur weil es von einem Professor veröffentlicht wurde.

Umgekehrt hat Albert Einstein viele bahnbrechende Arbeiten verfasst, als er noch Beamter beim Patentamt war. Trotzdem würde kaum jemand diesen Theorien die Wissenschaftlichkeit absprechen. Und auch heute gibt es hin und wieder Privatgelehrte, deren Arbeit wertvoller ist als die manches Professors.

Schließlich gibt es da noch die Forschungsabteilungen von Unternehmen oder Institutionen, zu denen auch die sogenannten Denkfabriken oder Think-Tanks gehören. Sie werden von einigen als Teil der Wissenschaft gesehen, von anderen nicht.

Es ist also eine Art zweistufiges Verfahren. Die Gesellschaft entscheidet, wer dem System Wissenschaft zugerechnet wird. Und diese Wissenschaftler können dann wiederum eigene Regeln aufstellen, wen sie in ihr System aufnehmen oder daraus entfernen.

Die Definition „Wissenschaft ist das, was die Mehrheit der im Wissenschaftssektor arbeitenden Menschen als Wissenschaft sieht" ist keine sehr befriedigende Antwort auf die Frage „Was ist Wissenschaft", aber sie beschreibt am besten, was wir meinen, wenn wir von Wissenschaft reden. Qualitätskriterien für wissenschaftliches Arbeiten gelten nämlich immer nur für bestimmte Herangehensweisen.

Oft wird auch nicht von „der Wissenschaft", sondern von „den Wissenschaften" gesprochen. Natur-, Geistes- und Sozialwissenschaften arbeiten teilweise unterschiedlich. Und auch innerhalb einzelner Fachdisziplinen gibt es große Unterschiede.

Theoretische Herangehensweisen

Wie schon mehrfach erwähnt gaben und geben viele Wissenschaftler dem abstrakten Denken den Vorzug gegenüber dem empirischen Arbeiten, beispielsweise Max Horkheimer, einer der Vertreter der sogenannten Frankfurter Schule.

Allerdings kommt die Logik schnell an ihre Grenzen. In den Wirtschaftswissenschaften gibt es klassischerweise zwei große Schulen. Eine, die Neoklassik, sieht vereinfacht gesagt das Angebot als entscheidend für das Wirtschaftswachstum. Wesentliches Steuerungsmerkmal der Wirtschaft ist der Preis. Gibt es Arbeitslosigkeit, muss demnach der Preis für Arbeit sinken, damit die Nachfrage (nach Arbeitskräften) wieder steigt.

Demgegenüber erklären die Keynesianer, dass die Nachfrage der entscheidende Faktor sei. Gibt es Arbeitslosigkeit, muss nach dieser Theorie dafür gesorgt werden, dass die Menschen mehr kaufen, damit die Firmen mehr produzieren, mehr Menschen einstellen und damit die Arbeitslosigkeit sinkt. Höhere Löhne können demnach sogar gut für den Arbeitsmarkt sein, weil dann die Verbraucher mehr Geld haben, um einzukaufen. Arbeitnehmer geben nämlich üblicherweise einen höheren Teil ihres Einkommens aus, als das die Firmenbesitzer tun.

Beide Ansichten sind logisch, weiterhelfen kann hier nur der Abgleich mit der Realität. Tatsächlich gehen viele Ökonomen sogar davon aus, dass beide Ansätze zutreffen. Sind die Löhne für bestimmte Gruppen, etwa gering qualifizierte Mitarbeiter, so hoch, dass ihre Beschäftigung mehr kostet als sie bringt, wird diese Menschen auch bei steigender Nachfrage niemand einstellen. Diese sogenannte strukturelle Arbeitslosigkeit kann man daher nur bekämpfen, wenn Löhne oder Lohnnebenkosten sinken. Deshalb verhinderte beispielsweise 2017 die als eher links geltende Bürgermeisterin der US-Stadt Baltimore ein Gesetz, das einen Mindestlohn von 15,- US-Dollar eingeführt hätte.

Umgekehrt gibt es nach Meinung vieler Ökonomen aber auch konjunkturelle Arbeitslosigkeit, die beispielsweise entsteht, wenn die Menschen aus Angst vor der Zukunft weniger einkaufen. Hier könnte tatsächlich mehr Kaufkraft helfen, weshalb die Zentralbanken in Krisenzeiten auch gerne die Zinsen senken und angesichts der Finanzkrise 2008 gezielt die Nachfrage gefördert wurde, beispielsweise durch eine Abwrackprämie.[1]

Keynesianische und neoklassische Ansätze sind grundsätzlich logisch und daher nur empirisch zu bewerten. Allerdings ist auch Empirie nicht gleich Empirie.

Meist werden zwei Ansätze unterschieden, nämlich die sogenannte

---

[1] Daneben gibt es laut der (meisten) Lehrbücher noch eine friktionelle Arbeitslosigkeit. Sie entsteht nur kurzfristig, beispielsweise weil eine Firma insolvent wird und es Zeit benötigt, bis die Mitarbeiter neue Jobs gefunden haben. Oder, weil im Winter die Baufirmen und im Sommer die Tretbootverleiher Menschen entlassen. In meiner Zeit bei der Bundesagentur für Arbeit sah ich den Lebenslauf einer Frau, die in der Mensa eines Studentenwerks arbeitete und immer während der Semesterferien entlassen wurde. Anzumerken ist noch, dass diese sogenannte saisonale Arbeitslosigkeit manchmal auch als vierte Art der Arbeitslosigkeit betrachtet, meist jedoch der friktionellen zugeschlagen wird.

- qualitative und die
- quantitative Forschung.

Empirisches Vorgehen: Qualitative Verfahren
Qualitative Verfahren gibt es vor allem in den Sozial-, kaum aber in den Naturwissenschaften. Sie betonen Grundsätze wie Offenheit und Kommunikation. Ein qualitatives Interview kann beispielsweise so aussehen, dass jemand einem Forscher oder einer Forscherin die eigene Lebensgeschichte erzählt, etwa eine erfolgreiche Managerin. Der Wissenschaftler analysiert das Interview später. Er versucht wiederkehrende Themen und „rote Fäden" zu finden, Verbindungen zwischen einzelnen Themen herzustellen, etwa Ursache-Wirkungs-Zusammenhänge und feste Muster, und baut darauf eine Interpretation auf.

Natürlich ist das eine stark vereinfachte Darstellung. So gibt es in den qualitativen Sozialwissenschaften verschiedene Methoden zur Datenerhebung, etwa Beobachtungen, Gruppendiskussionen oder die Dokumentenanalyse. Aber auch Interviews müssen nicht, wie oben beschrieben, als narratives Interview ausgeführt sein. Wichtig ist aber, dass im Gegensatz zu quantitativen Erhebungen meist offene Fragen gestellt werden, die man nicht nur mit „ja" oder „nein" oder durch das Ankreuzen einer Möglichkeit beantwortet.

Diese Verfahren sollen es erlauben, auch Hintergründe für ein Verhalten, ein Empfinden oder eine Lebenssituation zu beleuchten. Beispielsweise nicht nur zu fragen: „Wen würden Sie am nächsten Sonntag wählen", sondern auch „Warum würden Sie so wählen" und „Welche Erfahrungen in ihrer Biografie haben vielleicht ihre Entscheidung beeinflusst."

Ein anschauliches Beispiel für eine qualitative Herangehensweise bietet die Studie „Die Arbeitslosen von Marienthal" von Marie Jahoda, Paul F. Lazarsfeld und Hans Zeisel. Sie stammt zwar aus einer Zeit, als der Begriff der qualitativen Sozialforschung noch nicht bekannt war, viele Instrumente dieser Feldstudie aus den 1930er-Jahren würde man heute aber so bezeichnen (während andere Elemente heute als quantitativ bezeichnet würden).[62]

Damals war nahezu die gesamte Bewohnerschaft des Dorfes Marienthal bei Wien arbeitslos geworden, denn fast alle arbeiteten bei einem einzigen Textilunternehmen. Die Forscher zogen in das Dorf und führten lange Interviews, in denen sie die Menschen nach ihrer persönlichen Situation fragten und frei erzählen ließen. Sie stellten auch Beobachtungen an und notierten ihre Eindrücke, beispielsweise ob Menschen anfingen sich nachlässig zu kleiden oder ihre Kinder zu vernachlässigen.

Jahoda, Lazarsfeld und Zeisel ordneten die Arbeitslosen aufgrund dieser Beobachtungen bestimmten Gruppen zu, etwa den Ungebrochenen oder den Resignierten. Das geschah vor allem nach Kriterien, die wir heute qualitativ nennen würden. Urteile wie „Kinder werden vernachlässigt" basierten eben nicht auf Messungen, etwa der pro Tag mit dem Kind verbrachten Zeit in Minuten, sondern auf Beobachtungen und Interpretation.

Natürlich sind diese qualitativen Herangehensweisen kein Widerspruch zu quantitativen, also auf Zahlen beruhenden. Auch in Marienthal wurden die Beobachtungen und Interviews mit Daten ergänzt. So stoppten das Forscherteam die Geschwindigkeit, mit der die Menschen die Straße entlangspazierten – und stellten eine Verlangsamung mit zunehmender Arbeitslosigkeit fest. Außerdem werteten sie die Ausleihstatistik der Dorfbibliothek aus. Obwohl die Dorfbewohner mehr Zeit hatten als zuvor, lasen sie weniger Bücher.

Heute gibt es zahlreiche unterschiedliche qualitative Verfahren, unter anderem die Grounded Theory (gegenstandsbezogene Theorie) oder die Qualitative Inhaltsanalyse von Philipp A. E. Mayring. Die Auswertung funktioniert aber meist ähnlich. Erst wird der Text immer weiter um unwichtige Stellen bereinigt und auf Kernaussagen reduziert, die dann in Beziehung zueinander gestellt und interpretiert werden.

Bei der qualitativen Inhaltsanalyse nach Philipp Mayring heißen die Arbeitsschritte Paraphrasierung, Reduktion und Generalisierung. Der Text wird zunächst in eigene Worte gefasst und so gekürzt (Paraphrasierung), dann werden unwichtige und doppelte

Bestandteile gestrichen (1. Reduktion), ähnliche Bestandteile zusammengefasst (2. Reduktion) und schließlich allgemeine Aussagen getroffen (Generalisierung). Andere Verfahren nutzen andere Begrifflichkeiten, funktionieren aber oft ähnlich.

Diese Herangehensweisen haben ihre Stärker vor allem dort, wo es um die Bildung neuer Theorien, die Vorbereitung quantitativer Studien oder Hintergrundinformationen geht. Auch zur Erforschung sehr kleiner Gruppen sind sie gut geeignet. Stellen wir uns einen Wissenschaftler vor, der das Erstarken radikaler Parteien und Ideologien in Europa untersuchen will. Natürlich lassen sich Fragen stellen wie „Wie sehr stimmen Sie auf einer Skala von 1 (gar nicht) bis 10 (sehr stark) der Aussage zu: ‚Alle Politiker sind korrupt'". Auch Daten zum Einkommen oder zur Arbeitslosigkeit lassen sich leicht erheben, weshalb diese Faktoren auch immer wieder gerne als Erklärung genannt werden.

Andere Eigenschaften sind schwerer statistisch zu quantifizieren, etwa das Gefühl subjektiver Benachteiligung oder mangelnder Anerkennung. Hinzu kommt, dass solche Fragebögen nur Auskunft über Sachverhalte geben, nach denen auch gefragt wurde.

Hier können narrative Interviews helfen, bei denen der oder die Befragte einfach erzählt und vom Forscher nur in Ausnahmesituationen unterbrochen wird. Oder, in der Praxis meist einfacher umzusetzen, episodische Interviews, bei denen sich Erzählteile und Fragen abwechseln.

Allerdings hat das Verfahren auch Nachteile. Die Aussagen lassen sich nur eingeschränkt verallgemeinern, weil wegen des hohen Arbeitsaufwandes nur wenige Menschen befragt werden können. Vieles ist Interpretationssache und die Studien lassen sich nicht wiederholen, um sie zu überprüfen. Auch ist es schwer, später neue Analysen zu machen, um eine Entwicklung zu beschreiben.

Oft werden qualitative Verfahren deshalb mit quantitativen kombiniert. In unserem Beispiel könnten wir die Ergebnisse der qualitativen Befragung verwenden, um darauf aufbauend einen Fragebogen zu entwickeln, der dann einer größeren Zahl von Menschen vorgelegt wird.

Empirisches Vorgehen: Quantitative Verfahren

Wenn wir über Wissenschaft sprechen, denken wir meistens an Naturwissenschaften. Naturgesetze lassen sich oft durch Experimente und mithilfe quantitativer statistischer Verfahren ergründen. Quantitativ bedeutet, dass Dinge zahlenmäßig erfasst werden. Beispielsweise lässt sich die Population von Kaninchen in einem bestimmten Gebiet zählen und über die Jahre verfolgen.

Diese Herangehensweise ist auch in den Sozialwissenschaften oft nützlich. Was sich in der Theorie so einfach anhört, wird in der Praxis aber etwas komplizierter, vor allem wenn wir uns auf das Gebiet der Human- und der Sozialwissenschaften bewegen, also jenen Disziplinen, die sich mit dem Menschen und den von ihm geschaffenen gesellschaftlichen Strukturen befassen. Die genaue Abgrenzung der einzelnen Wissenschaftsteile wie Sozial- oder Naturwissenschaften ist umstritten und führt uns in meinen Augen auch nicht weiter. So streiten Ärzte beispielsweise darüber, ob die Medizin eine Naturwissenschaft ist oder nicht.[63]

Bei quantitativen Verfahren sind Experimente der Goldstandard. In den Naturwissenschaften sind ein beliebter und gängiger Weg, aber auch in den Human- und Sozialwissenschaften können sie zum Einsatz kommen.

Soll etwa ein neues Medikament getestet werden, werden die Probanden in zwei Gruppen geteilt. Die eine erhält ein Medikament, die zweite stattdessen ein Placebo. Die Beteiligten werden zufällig auf beide Gruppen verteilt und wissen nicht, was sie bekommen haben.

Üblicherweise wissen auch die behandelnden Ärzte und Ärztinnen nicht, zu welcher Gruppe die Person gehört. Diese Information ist nur der Studienleitung bekannt. Das soll verhindern, dass sie die Studie (meist ohne es zu wollen) verfälschen, weil ihre Erwartungen ihr Urteil beeinflussen. Wie wir bereits gesehen haben, nehmen Menschen oft das wahr, was sie erwarten. Lautet die Erwartung „Diese Person hat ein Medikament bekommen, es geht ihr jetzt wahrscheinlich besser", neigen wir auch dazu, eine Verbesserung im Gesundheitszustand wahrzunehmen. Deshalb wissen auch die untersuchenden Ärzte nicht, wer ein Medikament bekam und wer ein Placebo.

Die Ergebnisse der beiden Gruppen werden dann verglichen. Hat sich der Gesundheitszustand besser entwickelt, wenn ein Medikament eingenommen wurde? Oder hat das Placebo die gleiche Wirkung?

Solche Studien sind sehr aussagekräftig, aber auch nicht ohne Probleme. Idealerweise müsste unsere Untersuchungsgruppe vom Aufbau der Bevölkerung entsprechen, also was die Verteilung von Männern und Frauen, Alten und Jungen und auch verschiedenen Ethnien angeht.

Auch in den klassischen Sozialwissenschaften lassen sich Experimente durchführen. In der Verhaltensforschung werden zwei Gruppen unterschiedlichen Einflüssen ausgesetzt und dann wird die Reaktion verglichen. Der Psychologe Dan Ariely ließ beispielsweise Studierende einen Test schreiben. Für jede richtige Antwort bekamen sie eine Belohnung, die sie sich selbst auszahlen durften. Niemand kontrollierte, ob sie sich korrekt verhielten.

Eine Gruppe bekam die Belohnung in Geld ausgezahlt, die andere in Sachwerten, etwa Gutscheinen für die Mensa. Das Experiment wurde mehrfach mit unterschiedlichen Studierenden wiederholt. Fast immer meldete die Gruppe, die Sachwerte erhielt, bei der Versuchsleitung höhere Punktzahlen. Weil es unwahrscheinlich ist, dass sie tatsächlich bessere Ergebnisse erzielten, schloss Dan Ariely daraus, dass in dieser Gruppe offenbar mehr Menschen zu hohe Punktzahlen angaben, um die Belohnung zu erhalten. Offenbar betrügen Menschen bereitwilliger, wenn es um Sachwerte geht als bei Geld.[64]

Solche Experimente müssen nicht im Labor stattfinden. Als mehrere Forscherinnen und ein Forscher die Auswirkung der Herkunft und des Geschlechts auf die Chancen zu einem Vorstellungsgespräch eingeladen zu werden untersuchen wollten, verschickten sie fiktive Lebensläufe. Mal wurde die Person als Mann beschrieben, mal als Frau. Außerdem erhielten einige der fiktiven Bewerberinnen und Bewerber einen Migrationshintergrund, andere nicht.

Für die Chance eingeladen zu werden sind also nicht unterschiedliche Qualifikationen oder unterschiedlich gute Noten im Zeugnis verantwortlich, sondern Unterschiede bedeuten eine Diskriminierung aufgrund der Herkunft oder des Geschlechts.

Tatsächlich stellte sich heraus, dass Herkunft und Geschlecht eine Rolle spielten. Inländische Frauen wurden am häufigsten eingeladen, Männer und Menschen mit Migrationshintergrund deutlich seltener. Vor allem eine Herkunft aus Afrika, der Türkei oder dem Nahen und Mittleren Osten machten eine Einladung zum Vorstellungsgespräch unwahrscheinlicher, vor allem wenn sie noch mit dem Merkmal „männlich" kombiniert war.[65]

Doch oft sind solche auf einer zufälligen Verteilung basierenden Experimente mit gut vergleichbaren Gruppen nicht möglich. Wollen wir die Auswirkungen des Rauchens untersuchen, können wir nicht eine Gruppe zum Rauchen zwingen. Wir können stattdessen die Lebenserwartung von Raucherinnen und Nichtraucherinnen vergleichen. Doch darauf können wir nicht zwangsläufig auf den gesundheitlichen Einfluss des Rauchens schließen. Denn Raucherinnen und Nichtraucherinnen unterscheiden sich nicht nur in diesem Merkmal, sondern auch in anderen wie dem Einkommen. Tatsächlich war das auch ein Vorwurf, der den ersten Studien zur gesundheitsschädlichen Wirkung des Rauchens gemacht wurde. Mittlerweile gilt dieser Umstand aber als belegt.

Bei anderen Fragen dauert die Klärung etwas länger. So sterben Hühnerhalter früher als Menschen, die sich keine Hühner halten. Liegt das am Geflügel oder spielen hier ganz andere Einflussfaktoren eine Rolle?

Hier gibt es verschiedene statistische Verfahren, mit denen berechnet werden soll, welchen Einfluss welcher Faktor hat. Beispielsweise werden sogenannte „statistische Zwillinge" gesucht. Zu jedem Hühnerhalter wird dabei eine Person bestimmt, die in möglichst vielen Faktoren wie Alter, Geschlecht, Einkommen, Beruf und so weiter gleich ist, allerdings keine Hühner hält.

Andere Verfahren erheben ebenfalls weitere Variablen, suchen aber keine ähnlichen Fälle, sondern basieren auf Modellen.

Dann wird beispielsweise unterstellt, dass das Krebsrisiko das Ergebnis einer Formel ist, in die auch das Einkommen, das Alter oder der Alkoholkonsum eingehen.

Von der Aussagekraft kommen sie aber nicht an ein gut gemachtes Zufallsexperiment heran. Die „Hühnerfrage" wurde mittlerweile übrigens geklärt. Hühnerhalter sterben früher, weil sie oft auch Raucher sind.

Nicht immer lassen sich Fragen so einfach klären. Quantitativ belegte Informationen verdienen dennoch am ehesten das Prädikat „Fakten", aber auch sie sind, wie gesehen, nicht ohne Probleme. Diese sind wichtig, wenn wir verstehen wollen, inwieweit wir empirische Ergebnisse als Fakten und ihnen widersprechende Aussagen als Alternative Fakten bezeichnen sollen.

Probleme der empirischen Wissenschaften

Problem 1: Datenmanipulation und Fehler

Natürlich kann man mit Zahlen lügen. Die einfachste und einfallslose Variante ist das Fälschen von Daten. Man denke an die Wahlergebnisse in der DDR oder der Sowjetunion. Aber auch Wissenschaftler haben sich schon hinreißen lassen und Zahlen einfach erfunden.

Häufiger geschieht die Einflussnahme auf etwas subtilere Art und Weise. Dann werden beispielsweise von staatlicher Seite Definitionen festgeschrieben, die aus wissenschaftlicher Sicht fragwürdig sind. Oder Wissenschaftler selbst nehmen solche fragwürdigen Festlegungen vor.

Ein Beispiel dafür ist die Arbeitslosenquote. Nun muss man sagen, dass diese Zahl trotz aller berechtigter Kritik ein guter Indikator für den Arbeitsmarkt ist. Es gibt auch zahlreiche unberechtigte Vorwürfe, beispielsweise wenn die Süddeutsche Zeitung vorrechnet, die Arbeitslosigkeit sei eigentlich doppelt so hoch, weil die Zahl der Empfänger von Arbeitslosengeld nach dem SGB III plus die von Arbeitslosengeld II nach dem SGB II („Hartz IV") doppelt so hoch sei, wie die Zahl der Arbeitslosen. Das ist aber Unsinn, denn das „Arbeitslosengeld II" ist eigentlich eine Sozialhilfe, die man auch beziehen kann, wenn man gerade keine Arbeit sucht, sondern beispielsweise zur Schule geht, Kinder erzieht oder arbeitet, aber nicht genug verdient. Natürlich dürfen auch diese Fälle nicht verschwiegen werden, doch das werden sie auch nicht, sie stehen aber berechtigterweise nicht in der Arbeitslosenstatistik, sondern in der Leistungsempfängerstatistik.

Allerdings ist nicht alle Kritik falsch. Zunächst ist es ungewöhnlich, dass die Definition von Arbeitslosigkeit vom Parlament beschlossen wird (sie ist im SGB III geregelt). Außerdem haben wechselnde Regierungen immer wieder Sonderregeln geschaffen und festgelegt, wer nicht als arbeitslos gezählt wird, obwohl er Arbeit sucht und aktuell keine hat. Besonders skurril ist die Tatsache, dass über 58-Jährige nicht als arbeitslos gezählt werden, wenn sie länger als ein Jahr ohne Arbeit sind. Das darf man schon als Versuch verstehen, die Statistik schöner aussehen zu lassen als sie ist.

Die Bundesagentur für Arbeit veröffentlicht deshalb eine zusätzliche Statistik, die eine weitergehende Definition von Arbeitslosigkeit verwendet, zur Abgrenzung von den offiziellen Zahlen Unterbeschäftigung genannt. Demnach waren im September 2021 rund 2,46 Millionen Menschen offiziell arbeitslos gemeldet, aber rund 3,23 Millionen Menschen unterbeschäftigt (ohne Kurzarbeitende). Rund 166.000 Menschen waren ältere Langzeitarbeitslose und 584.000 waren nicht offiziell arbeitslos, weil sie an arbeitsmarktpolitischen Maßnahmen wie Weiterbildungen teilnahmen. Die Statistik zählt sogar rund 18.000 geförderte Selbstständige mit.

Das Beispiel zeigt, dass man solche Einflussnahme gut erkennen kann, wenn man sich genauer mit den Daten beschäftigt. Aber natürlich ist das nicht immer der Fall, vor allem wenn solche Statistiken in Zeitungen landen. „Was die Deutschen verdienen: von drei Euro bis 9,8 Millionen", lautete eine andere Schlagzeile der Süddeutschen Zeitung.

Beim genaueren Lesen wurde klar, dass hier Stundenlöhne von Auszubildenden mit Jahresgehältern verglichen wurden. Natürlich ist der Unterschied zwischen dem Friseur-Azubi und dem DAX-Chef auch auf Jahresbasis noch riesig, aber deutlich kleiner als bei dem schiefen Vergleich der Zeitung. Auch hier zeigte also ein genauerer Blick in die Daten schnell den Manipulationsversuch.[66]

Das „Lügen mit Statistik" ist keineswegs das größte Problem, zumal man mit Sprache noch weitaus einfacher die Unwahrheit sagen kann als mit Zahlen.

Problem 2: Die Messbarkeit
Schon das Problem Arbeitslosigkeit zeigt aber, dass sich viele Dinge nicht so einfach messen lassen. Auch wenn man sich ehrlich und mit besten Absichten dem Problem nähert, so sind doch immer mehr oder weniger willkürliche Festlegungen nötig. Beispielsweise definiert die deutsche Arbeitslosenstatistik jede und jeden als arbeitslos, die oder der weniger als 15 Stunden arbeitet, aber mehr arbeiten möchte, sich bei einer Agentur für Arbeit, einem Jobcenter oder einem kommunalen Sozialhilfeträger gemeldet hat und „verfügbar ist". Die letzte Einschränkung ist die offizielle Begründung dafür, warum Teilnehmer an Weiterbildungsmaßnahmen nicht als arbeitslos gelten.

Einige dieser Kriterien sind weitgehend unstrittig, beispielsweise, dass die Person tatsächlich arbeiten möchte. Andere sind unter praktischen Gesichtspunkten verständlich, etwa die Meldung bei einer offiziellen Stelle. Aber diese Festlegung hat zur Folge, dass wer zwar Arbeit sucht, sich aber nicht arbeitslos meldet, nicht erfasst wird. Umgekehrt werden Menschen als arbeitslos gezählt, die keine Arbeit suchen, sich aber arbeitslos melden müssen, um Leistungen oder Anwartschaftszeiten für die Rentenversicherung zu erhalten.

Wieder andere Annahmen sind zwar nachvollziehbar, aber etwas willkürlich. Warum liegt die Grenze bei genau 15 Stunden und nicht bei 10 oder 20?

Es gibt in Deutschland noch eine zweite Arbeitslosenstatistik. Sie wird vom Statistischen Bundesamt nach international standardisierten Kriterien der International Labour Organisation (ILO) erhoben und heißt offiziell Erwerbslosenstatistik.

Hier gilt aber nur als erwerbslos, wer tatsächlich gar nicht arbeitet, also weniger als eine Stunde pro Woche. Umgekehrt werden aber auch schon Menschen als erwerbslos gezählt, die weniger als 15 Stunden arbeiten möchten, sofern sie mindestens eine Stunde pro Woche bereit sind zu arbeiten. Eine Meldung bei der Agentur ist nicht nötig, auch die Beteiligung an einer Weiterbildungsmaßnahme ist kein Problem, solange die Person trotzdem innerhalb von zwei Wochen eine Arbeit aufnehmen könnte. Allerdings gelten nur Personen als erwerbslos, die tatsächlich an einer Arbeit interessiert sind und in den vergangenen vier Wochen aktiv nach einer Stelle gesucht haben.

Nach den Kriterien der ILO waren im September 2021 nicht 2,46 Millionen arbeitslos (beziehungsweise 3,23 unterbeschäftigt), sondern nur 1,57 Millionen. Welche Definition ist die bessere? Das lässt sich so nicht beantworten. Und wie wir beim Fallbeispiel Armutsmessung sehen werden, gibt es noch weit schwierigere Fragen.

Wenn schon so etwas scheinbar einfaches, wie Arbeitslosigkeit sich nur schwer messen lässt, wie sieht es dann mit Glück, Intoleranz, Liebe oder anderen schwer quantifizierbaren Begriffen aus?

Nun gibt es ein vergleichsweise einfaches und etabliertes Verfahren für solche Fragen: Man befragt die Menschen nach ihrem subjektiven Befinden. Glück wird oft mithilfe einer Cantril Skala oder Cantril'schen Leiter gemessen. Sie ist benannt nach Hadley Cantril. Dabei bittet man die Befragten, einen Zustand, etwa Glück, auf einer Skala von 1 bis 10 anzugeben, wobei 1 meist der niedrigste und 10 der höchste Wert ist.

Bei komplexeren Fragen, beispielsweise zur Toleranz gegenüber Menschen anderer Hautfarbe, Kultur, Nationalität oder Weltanschauung wird oft eine sogenannte Likert Skala verwendet, benannt nach dem Sozialforscher Rensis Likert. Auch hier müssen die Befragten ihre Antwort auf einer Skala angeben, wobei Likert selbst meist Skalen mit fünf Antwortmöglichkeiten verwendete.[1]

Das Gesamtergebnis wird aber nicht aus einer einzigen Antwort gebildet, sondern aus mehreren. Dafür erhält jede Antwortmöglichkeit einen Punktwert, bei fünf Antwortmöglichkeiten von „stimme stark zu" bis „stimme überhaupt nicht zu" etwa einen

---

[1] Üblicherweise rät man von einer ungeraden Zahl von Optionen wie drei oder fünf ab, weil sich viele Befragte dann in der Mitte verorten. Vor allem bei drei Antwortmöglichkeiten tritt diese „Tendenz zur Mitte" auf, aber Rensis Likert sah das offenbar anders.

Punkt für „stimme stark zu", zwei für „stimme etwas zu" und so weiter.

Am Ende wird das ungewichtete Mittel aller Antworten berechnet. Ungewichtet bedeutet, dass jede Antwort im gleichen Maße berücksichtigt wird.

So verwendet Arno Tausch für eine Untersuchung zur religiösen Toleranz fünf verschiedene Fragen, beispielsweise „die einzige akzeptable Religion ist meine" oder „auch Menschen mit anderen Religionen als der eigenen können moralisch sein". Die Befragten sollten Ablehnung oder Zustimmung bekunden, wobei das von Tausch verwendete World Value Survey nicht fünf, sondern vier Antwortmöglichkeiten bietet, die von Tausch zu zweien zusammengefasst wurden. Bei der Frage „die einzige Religion ist meine spricht eine Ablehnung für hohe Toleranz, bei den übrigen Fragen eine Zustimmung. Das galt es ebenfalls zu berücksichtigen.[67]

Es gibt also gute und etablierte Verfahren, um auch komplexere Fragen zu beantworten, aber perfekt sind diese Methoden nie, denn vieles lässt sich eben nicht direkt messen. Idealerweise werden verschiedene Ansätze verwendet, kommen sie alle zum gleichen Ergebnis, ist es vermutlich zutreffend. Aber selbst das ist nicht zu 100 Prozent sicher.

Problem 3: Korrelation bedeutet nicht Kausalität
In der öffentlichen Diskussion wird oft über kausale Zusammenhänge diskutiert. Dass Menschen mit niedrigem Einkommen früher sterben, ist gut dokumentiert.[68] Bei den Frauen beträgt der Unterschied in der Lebenserwartung zwischen einer armutsgefährdeten Frau (weniger als 60 Prozent des medianen Nettoäquivalenzeinkommens) und einer wohlhabenden (mehr als 150 Prozent) 4,4 Jahren. Bei Männern ist der Unterschied mit 8,6 Jahren sogar fast doppelt so hoch. Macht Armut krank oder ist es vielmehr die Krankheit, die Menschen arm macht?

Wer ein niedriges Einkommen hat ist gezwungen gefährlichere und gesundheitsgefährdende Arbeiten anzunehmen. Das Wohnumfeld ist ebenfalls oft schlechter, die Wahrscheinlichkeit an einer viel befahrenen Straße zu wohnen ist für Geringverdienende deutlich höher. Hinzu kommt, dass ein niedriges Einkommen meistens mit einem niedrigen sozioökonomischen Status einhergeht. Der wiederum bedeutet Stress, vorwiegend für Männer, die von der Gesellschaft stark nach ihrem Einkommen und ihrem Einfluss bewertet werden. Das passt gut zu unseren Daten, nach denen der Einfluss des Einkommens auf die Lebenserwartung bei Männern deutlich größer ist.[1]

Aber auch der umgekehrte Fall ist denkbar. Wer chronisch krank ist, hat es auf dem Arbeitsmarkt schwerer und verdient deshalb weniger – dann macht nicht die Armut krank, sondern die Krankheit arm. Stellen wir uns jemanden vor, der seit Jahren unter einer schweren Depression leidet und deshalb nur eingeschränkt arbeitsfähig ist. Diese Person verdient vermutlich unterdurchschnittlich. Mit 58 Jahren bringt sie sich um – und ist damit überdurchschnittlich früh gestorben. Auch diese Theorie passt zu unseren Daten.

Aber es gibt noch eine weitere Variante, nämlich dass eine dritte Variable eine Rolle spielt. Sehr disziplinierte Menschen leben gesünder (und damit länger) und verdienen auch mehr. Natürlich nur im Durchschnitt, nicht in jedem Einzelfall.

Um es noch komplizierter zu machen, sei darauf hingewiesen, dass mangelnde Selbstdisziplin und Impulskontrolle neueren Studien zufolge ein Ergebnis von belastenden Erfahrungen in der Kindheit sein können, etwa Gewalterfahrung oder Armut.[69] Vielleicht ist unsere Person auch in einem armen oder armutsgefährdeten Haushalt aufgewachsen (was wahrscheinlich ist, weil die Kinder aus armen Familien oft selbst arm sind). Dann wäre die niedrige Impulskontrolle wiederum eine Folge von Armut, der Zusammenhang „Armut macht krank" also doch wieder richtig.

---

[1] Anzumerken ist dabei, dass die Untersuchung Haushaltseinkommen betrachtet, die mit Hilfe sogenannter Äquivalenzskalen vergleichbar gemacht werden. Somit kann der Partner oder die Partnerin den eigenen Einkommensverlust unter Umständen auffangen. Auch das ist ein Grund, warum die Korrelation zwischen Lebenserwartung und (Haushalts-) Einkommen bei Männern größer ist. Sie sind oft die Haupteinkommensbezieher, werden sie krank, sinkt dann auch das Haushaltseinkommen stark.

Es ist also gar nicht so einfach, von einer Korrelation auf einen ursächlichen Zusammenhang zu schließen. In unserem Fall dürften alle drei Faktoren eine Rolle spielen. Die Möglichkeit, dass es verschiedene Wirkungsmechanismen gibt, wird leider bei der Interpretation oft vergessen. Manchmal können hier ausführliche Untersuchungen helfen, beispielsweise Panelstudien, bei denen Personen mehrfach befragt werden. Aber auch dieses Verfahren hat Grenzen.

Problem 4: Der Zufall
Ein oft unterschätztes Problem ist der Zufall, vor allem wenn er auf ein schlechtes Studiendesign trifft. Allerdings sind auch gute gemachte Untersuchungen nicht vor ihm sicher. Selbst wer 100.000 Menschen zufällig auswählt und befragt, kann das Pech haben, dass sich in seiner Stichprobe überproportional viele Anhänger einer bestimmten Partei befinden – und seine Wahlprognose dann deren Stimmenanteil überschätzt.

Die meisten empirischen Studien werden deshalb um einen sogenannten Signifikanztest ergänzt. Dabei wird berechnet, wie hoch die Wahrscheinlichkeit ist, dass das gemessene Ergebnis durch Zufall zustande gekommen ist. Wenn beispielsweise von 100 Befragten 60 lieber Schokoladeneis mögen, 40 aber Erdbeereis, kann mithilfe des Signifikanztests geschätzt werden, mit welcher Wahrscheinlichkeit das Ergebnis rein zufällig zustande kam, obwohl Schokoladeneis in der Gesamtbevölkerung gar nicht beliebter ist als Erdbeereis.

Üblicherweise gilt ein Ergebnis nur dann als signifikant, wenn die Wahrscheinlichkeit für ein zufälliges Zustandekommen bei maximal 5,0 Prozent liegt. Liegt die sogar unter 1,0 Prozent, wird das meist entsprechend angegeben, man liest dann das Ergebnis sei signifikant auf dem 99 %-Niveau oder es sei hochsignifikant.

Ein signifikantes Ergebnis muss aber nicht zwangsläufig auch zutreffend sein. Zunächst einmal ist es nicht so einfach zu schätzen, wie groß die Wahrscheinlichkeit ist, dass ein Ergebnis zufällig ist. Dafür muss man nämlich wissen, wie die Verteilung der Grundgesamtheit aussieht, also der Menge, für die ich eine Aussage treffen will.

Viele Merkmale, etwa Intelligenz oder Körpergröße, sind normalverteilt. Die meisten Menschen liegen in der Mitte und je weiter man sich von der Mitte wegbewegt, desto weniger Fälle trifft man. Die meisten haben also einen Intelligenzquotienten von etwa 100, deutlich weniger einen von 110 oder 90 und noch weniger einen von 80 oder 120 und so weiter, wobei ein IQ von 110 und einer von 90 etwa gleich häufig auftreten. Rund zwei Drittel der Menschen liegen in einem Bereich von einer Standardabweichung[1] rund um den Mittelwert.

Deshalb kann man gut schätzen, wie groß die Wahrscheinlichkeit ist, dass in einer zufällig gezogenen Gruppe der IQ im Schnitt bei 107 statt bei 100 liegt. Aber das ist nicht immer so einfach. Oft ist die Verteilung in der Grundgesamtheit unbekannt. Zwar gibt es auch Signifikanztests für solche Fälle, doch die sind weniger zuverlässig.

Auch, wenn eine Normalverteilung vorliegt, ist ein signifikantes Ergebnis aber noch nicht zwangsläufig wahr. Der Signifikanztest sagt nur, wie hoch die Wahrscheinlichkeit für ein zufälliges Zustandekommen ist. Haben die Befragten bei einer Umfrage die Unwahrheit gesagt, dann kann das Ergebnis signifikant sein, aber trotzdem falsch. Denn für den beobachteten Unterschied ist ja nicht der Zufall verantwortlich, aber auch kein „echter Effekt", sondern falsche Antworten.

Beispielsweise haben bei einer Befragung unter Jugendlichen und jungen Erwachsenen deutlich mehr männliche als weibliche Interviewte angegeben, regelmäßig Geschlechtsverkehr zu haben.[70] War das Ergebnis signifikant? Ja, denn es beruht nicht auf Zufall. Spiegelt es aber die Realität? Nein, die Befragten haben einfach die Unwahrheit gesagt, denn noch immer haben Frauen eher ein hohes Ansehen, wenn sie wenig Sexualkontakte haben, Männer dagegen, wenn sie viele haben.

---

[1] Ein Maß für die Streuung, bei dem für jeden Wert zunächst die Abweichung vom arithmetischen Mittel bestimmt wird. Die Summe dieser quadrierten Abweichungen wird dann durch die Zahl der Fälle geteilt, bei Stichproben teilweise auch durch die Zahl der Fälle – 1 (n-1). Daraus wird dann die Quadratwurzel gezogen. Das Ergebnis ist die Standardabweichung.

Außerdem kann auch ein signifikantes Ergebnis zufällig sein. Bei einem Signifikanzniveau von 95,0 Prozent liegt die Wahrscheinlichkeit dafür zwei bei weniger als 5,0 Prozent, aber eben nicht bei null. Wer die Wirksamkeit eines Produktes oder einer Maßnahme beweisen will, kann deshalb seine Untersuchung einfach wiederholen, bis ein signifikantes Ergebnis herauskommt. Bei Medikamententests müssen Untersuchungen deshalb vor Beginn registriert werden. Die Ergebnisse müssen auch dann veröffentlicht werden, wenn sie nicht das gewünschte Ergebnis gebracht haben.

Und in der öffentlichen Diskussion nehmen wir ohnehin primär die Ergebnisse wahr, die in unser Weltbild passen. Wer den Klimawandel oder den Einfluss des Menschen als dessen Ursache abstreitet, der wird eine der wenigen Studien zitieren, nach der es sich um ein natürliches Phänomen handelt. Und Impfgegner berufen sich immer auf eine einzige britische Studie, nach der Dreifachimpfungen Autismus auslösen, obwohl hunderte von Folgeuntersuchungen zu einem anderen Ergebnis kommen. Auch Glysophat scheint nach vielen Studien kaum krebserregend zu sein, dessen Gegner zitieren aber die einzige Untersuchung, die das Gegenteil behauptet.

Umgekehrt gilt, dass ein Ergebnis nicht signifikant, aber trotzdem zutreffend sein kann. Liegt die Wahrscheinlichkeit dafür, dass es rein zufällig zustande kam bei 5,1 Prozent, ist es nicht signifikant. Aber das bedeutet ja keineswegs, dass es zufällig sein muss.

Problem 5: Die Interpretation
Der aber der wichtigste Grund, warum auch empirische Forschungen niemals völlig objektiv sind, liegt in der Notwendigkeit einer Interpretation. Der deutsche Sozialwissenschaftler Philipp Mayring postuliert, dass der „Untersuchungsgegenstand der Humanwissenschaften […] nie völlig offen [liegt], er muss immer auch durch Interpretation erschlossen werden." (3. Postulat). Er ergänzt im 5. Postulat: „Die Verallgemeinerbarkeit der Ergebnisse humanwissenschaftlicher Forschung stellt sich nicht automatisch über bestimmte Verfahren her; sie muss im Einzelfall schrittweise begründet werden."[71]

Mayrings Postulate befassen sich zwar in erster Linie mit den qualitativen Methoden, bei beiden Regeln schließt er aber explizit die quantitativen mit ein. Und das zu Recht, denn die beschriebenen Probleme bestehen dort auch. Obwohl sich seine Ausführungen explizit auf die Humanwissenschaften beziehen, gilt das Problem teilweise auch für die Naturwissenschaften.

Stellen wir uns vor, es soll geklärt werden, ob die sogenannten Hartz-Reformen der Regierung Schröder (1998 bis 2005) die Arbeitslosigkeit wie geplant gesenkt haben. Wie oben beschrieben, stellt uns schon die Messung der Arbeitslosigkeit vor Probleme. Allerdings sprechen die Daten eine relativ eindeutige Sprache, die Arbeitslosigkeit scheint tatsächlich gesunken zu sein.

Das belegt aber noch keine Kausalität. Vielleicht wäre der beobachtete Rückgang auch ohne Hartz-Reformen gekommen. Und ist umgekehrt die seit 2005 trotz guter Arbeitsmarktentwicklung stagnierende Zahl der armutsgefährdeten Menschen eine Folge von Hartz IV oder wäre die Armut ohne die Reformen sogar gestiegen? Diese Fragen beantwortet uns ein Blick auf Armutsgefährdungs- und Arbeitslosenquote noch nicht.

Wir können weitere Daten sammeln, beispielsweise aus anderen Ländern oder der Vergangenheit. Aber am Ende haben wir trotzdem kein perfektes Modell. Wir müssen bestimmte Wirkungszusammenhänge unterstellen, Annahmen treffen und theoretische Ansätze heranziehen. Und da wird es dann subjektiv.

Warum wir den Wissenschaften nicht blind vertrauen dürfen, sie uns aber helfen kann

Blinde Wissenschaftsgläubigkeit kann also keine Alternative zum blinden Vertrauen auf unser Erfahrungswissen sein. Es ist nicht nur die Politik, die wissenschaftliche Ergebnisse für ihre Zwecke verwendet. Wir alle tun das und auch Wissenschaftlerinnen und Wissenschaftler stellen sich gerne in den Dienst von Unternehmen und vor allem Ideen.

Da sind nicht nur Denkfabriken, englisch auch Thinktanks, wie die Initiative Neue Soziale Marktwirtschaft (INSM), die eine klare politische Agenda haben. Arbeitgeber und Gewerkschaften unterhalten auch eigene Forschungsinstitute, etwa das Institut der

Deutschen Wirtschaft in Köln oder das gewerkschaftsnahe Wirtschafts- und Sozialwissenschaftliche Institut. Selbst staatlich geförderte Institut sind nicht neutral. Einige vertreten sogar sehr offensiv bestimmte politische Sichtweisen, etwa das Deutsche Institut für Wirtschaftsforschung (DIW) in Berlin, das als „links" gilt und sich regelmäßig mit dem Institut der Deutschen Wirtschaft (iw Köln) streitet.[72]

Der Statatistik-Professor Walter Krämer dokumentierte für die Fachzeitschrift Wirtschafts- und sozialstatistisches Archiv beispielsweise, wie das DIW ungeprüft fragwürdige Statistiken der DDR als Fakten ausgab und sich seiner Meinung nach damit „als Sprachrohr der SED missbrauchen ließ."[73]

Die damalige Referatsleiterin Doris Cornelsen hielt auch nach ihrer Pensionierung Referate zum Thema DDR, die etwa fragten ob bei dem schlechten Urteil über den Zustand der DDR-Wirtschaft nach 1990 nur eine „gigantische Verschwörung am Werk" gewesen sei.[74]

Und dann sind da noch die großen Unternehmen, die Milliarden in die Forschung investieren. Da müssen Wissenschaftler schon sehr stark sein, um sich nicht vom sanften Druck ihrer Geldgeber beeinflussen zu lassen, beispielsweise wenn eine Medikamentenstudie nicht das gewünschte Ergebnis bringt.

Damit will ich nicht behaupten, dass Wissenschaftlerinnen und Wissenschaftler Betrüger wären. Im Regelfall wollen sie nicht manipulieren. Sie sind einfach nur Menschen und stehen vor dem gleichen Problem, wie wir alle: Sie können sich von ihren eigenen Vorerfahrungen und -urteilen nur schwer lösen und finden oft das, was sie finden wollten. Nicht zuletzt deshalb, weil wir etwas, wonach wir nicht suchen, oft auch gar nicht finden können.

Für Karl Popper gehörte es zum Wesen des Wissenschaftlers, dass er bestehende Theorien umstürzen und widerlegen will. Die Krise, so wie die Krise der Physik am Anfang des 20. Jahrhunderts, ist für ihn der Normalzustand. Auch heute ist ständig von wissenschaftlichen Krisen die Rede. In der Psychologie ist oft die Rede von einer Replikationskrise, weil Studien bei der Wiederholung zu anderen Ergebnissen kommen als bei der ersten Durchführung. Auch in den Ernährungswissenschaften wird beklagt, dass viele Studien nicht gängigen statistischen Standards entsprächen.

Aber ist Karl Poppers Bild vom ständigen Infragestellen bestehende Theorien zutreffend? Sein Schüler Thomas S. Kuhn stellte den revolutionären Abschnitten die „Normalwissenschaft" gegenüber, Zeiten, in denen bestehende Theorien nicht infrage gestellt, sondern nur ausgebaut und ergänzt wurden.

Das ist grundsätzlich nicht so verwerflich, wie Karl Popper das zunächst sah. Auch das Verfeinern und Weiterentwickeln von Theorien ist eine wichtige Aufgabe. Allerdings besteht die Gefahr, dass die Grundannahmen irgendwann nicht mehr hinterfragt werden. Kuhn zeigte bereits in den 1960er-Jahren, dass die meisten Wissenschaftler es kaum akzeptieren können, wenn eine Annahme, auf die sie lange vertraut haben, widerlegt wurde.[75] Wobei ich auch dieses Festhalten nicht zu negativ sehen würde. Ein gesundes Misstrauen gegenüber sensationellen Ergebnissen, die alles auf den Kopf stellen wollen, ist zunächst einmal angebracht. Aber natürlich sollte man auch loslassen können, wenn die neuen Erkenntnisse zu erdrückend sind.

Verwerflicher als solche menschliche Schwäche ist die bewusste Manipulation von Ergebnissen. Dabei macht es in meinen Augen keinen Unterschied, ob der Glaube an eine bestimmte Idee oder schnöder Mammon der Antrieb ist. Möglichkeiten zur Verfälschung gibt es auch in den empirisch fundierten Wissenschaften. Mitunter wird eine Studie einfach mehrfach wiederholt, bis sie dann – per Zufall – das gewünschte Ergebnis liefert. Die Autorin und Medizinerin Yael Adler beschreibt das Vorgehen bei vielen medizinischen Studien so: „Mal etwas mehr Druck bei einer Messung, dezentes Auf- oder Abrunden von Mengen – und schon kommen wir dem gewünschten Ergebnis gleich viel näher."[76]

Wissenschaftler sind eben auch nur Menschen. Eine ausgefeilte Methodik soll sie davor schützen, zu sehr ihren subjektiven Vorurteilen zu verfallen. Ganz gelingt das aber nie, Menschen sind eben Subjekte. Ohnehin wird der Anspruch der Objektivität nicht von allen Wissenschaftlern geteilt, wie wir am Beispiel der Postmodernisten gesehen haben.

Erschwert wird das dadurch, dass Wissenschaftler oft aus bestimmten Milieus kommen. Meistens waren schon ihre Eltern Akademiker, ihre Welt unterscheidet sich deutlich von der eines Bauarbeiters.

Aber auch innerhalb des Milieus rekrutieren sich Wissenschaftlerinnen und Wissenschaftler oft aus Menschen mit ähnlichem Hintergrund. Stellen wir uns zwei Schwestern vor, von denen eine der CDU (oder CSU) nahesteht, die andere den Grünen. Welche wird eher eine Karriere in einem Großunternehmen einschlagen und welche eher an eine Universität gehen?

Tatsächlich zeigt eine Untersuchung für juristische Fakultäten in den USA eine hohe ideologische Konformität. Die Autoren hatten die Parteispenden der Professorenschaft von 50 juristischen Lehrstühlen in den USA untersucht und die Spenderinnen und Spender in die Kategorien „Liberal", „Modest Liberal", „Modest Conservative" und „Conservative" eingeteilt, wobei das US-amerikanische „Liberal" in Deutschland eher mit „links" oder „linksliberal" gleichzusetzen ist.

Lediglich die staatliche Georg Mason University in West Virginia ist klar konservativ geprägt, die kirchliche Brigham Young University (Universität der Kirche Jesu Christi der Heiligen der letzten Tage, bekannter als Mormonen) leicht. Bei der privaten Pepperdine University sind beide Seiten annähernd gleich vertreten, alle anderen 47 Universitäten sind klar von „Liberals" geprägt. An einigen Universitäten gibt es keine konservativen Professoren (zumindest keine, die für politische Arbeit spenden) und nur wenige moderat konservative.[77]

Das mag vielen erfreulich erscheinen, wirft aber Fragen auf. Der Wissenschaft blind zu vertrauen würde bedeuten, einem Milieu und einer politischen Richtung eine Macht zu verleihen, die ihr nicht zusteht. Vor allem, weil die bereits zitierten Ergebnisse der „Grivience Studies Affair" zeigen, dass einige Teile der Wissenschaft auch gar nicht um Objektivität bemüht sind.

Alle wissenschaftlichen Erkenntnisse aus diesem Grund abzulehnen wäre aber auch falsch. Es gibt Ergebnisse, die immer wieder bestätigt worden sind, etwa der Nutzen von Impfungen. Und um es noch einmal zu wiederholen: Unsere eigenen Vorstellungen sind auch nicht objektiv, sondern von Vorannahmen und Vorurteilen beeinflusst.

Zu naiv dürfen wir also auch wissenschaftlichen Ergebnissen nicht glauben, wir sollten sie aber auch nicht sofort verwerfen. Aber was dann?

Was sind Alternative Fakten – und was sollen wir glauben

Der Wissenschaftsphilosoph Karl Popper, von dem wir bereits gehört haben, interessierte sich Zeit seines Lebens nicht nur für die Sozialwissenschaften, sondern auch für die Physik. Dort aber wurden, wie wir bereits im Kapitel zum Aufkommen der Postmoderne gesehen haben, in den ersten 30 Jahren des 20. Jahrhunderts zahlreiche Gewissheiten über den Haufen geworfen. Die Wellentheorie des Lichts erwies sich als unvollständig und die Erkenntnisse der Quantenmechanik waren selbst für viele Physiker kaum zu glauben.

Popper mochte trotzdem die Hoffnung nicht aufgeben, dass es so etwas wie Wahrheit geben könnte. Allerdings glaubte er nicht mehr an den großen Wurf, die eine Theorie, die für immer bestehen bleibt. Auch nicht an geschichtliche Gesetze, wie sie Marxistinnen verkündeten und nicht an die Verifikation von wissenschaftlichen Thesen, wie sie die Positivisten erhofften.[1]

Stattdessen besteht wissenschaftliche Erkenntnis für ihn aus einem langsamen Herantasten an die Wahrheit. Ich möchte hier den in meinen Augen geeignetsten Ansatz zur Unterscheidung von Fakten und Alternativen Fakten vorstellen, muss aber betonen, dass diese Sichtweise keineswegs allgemeiner Konsens ist.

---

[1] Karl Popper wird in Deutschland oft als Positivist gesehen. Das geht zurück auf mehrere von Adorno und Habermas veröffentlichte Beiträge in der „Kölner Zeitschrift für Soziologie und Sozialpsychologie" sowie Adornos Buchveröffentlichung „Der Positivismusstreit in der deutschen Soziologie" von 1969. Wie Manfred Geier feststellte, griffen sie dabei „dialektisch alles Mögliche an[...], nur nicht Poppers Wissenschaftstheorie und Sozialphilosophie." Vgl. dazu Geier, Manfred: Karl Popper, Hamburg 2019, Seiten 111 bis 116

Was wir glauben sollten

Karl Poppers Verständnis von Fakten ist in meinen Augen immer noch aktuell. Der vielleicht wichtigste Grundsatz ist, dass es praktisch unmöglich ist, eine Theorie zu beweisen. Sie ist immer nur vorübergehend wahr, bis neue Erkenntnisse zeigen, dass sie falsch oder zumindest unvollständig ist.

Deshalb dürfen Wissenschaftler Karl Popper zufolge auch nicht nach Beweisen für ihre Theorie suchen („verifizieren"), sondern sie sollen versuchen, sie zu widerlegen („falsifizieren"). Leider ist ein solches Vorgehen keineswegs selbstverständlich. Zumal man für Widerlegung einer selbst aufgestellten Theorie kaum Anerkennung bekommen wird, ja sogar Schwierigkeiten haben wird, diese Untersuchung in einem Fachblatt zu publizieren.

Eine weitere Vorgabe von Poppers kritischem Rationalismus ist die Deduktion. Forscher sollten nicht von einer Beobachtung auf eine Theorie schließen („Induktion"), sondern basierend auf einer Theorie eine Prognose anstellen und diese dann empirisch überprüfen.[78] Das unterscheidet den kritischen Rationalismus vom Empirismus oder auch vom mit diesem verwandten Positivismus. Popper argumentiert, dass die Induktion zu fehleranfällig sei. Beobachte ich, dass es im Umkreis von Kirchen viele Krebsfälle gibt, darf ich daraus nicht schließen, dass Kirchen Krebs auslösen. Der Zusammenhang von Krebserkrankungen und Nähe zu einer Kirche wurde tatsächlich nachgewiesen, liegt aber daran, dass Kirchen vorwiegend in Innenstädten zu finden sind, wo die Feinstaubbelastung höher ist als am Stadtrand.

Die Ablehnung von Induktionsschlüssen sollte man aber nicht zu dogmatisch sehen. Der qualitative Zweig der empirischen Sozialforschung kennt eine Vielzahl von guten Methoden, um Annahmen für neue Theorien zu gewinnen. Die bereits erwähnte Grounded Theory hat vor allem die empirisch fundierte Theoriebildung zum Ziel. Der Name wird deshalb teilweise auch mit Forschungsstil zur Erarbeitung von in empirischen Daten begründeten Theorien übersetzt. Allerdings soll diese datengestützte Theoriebildung nicht die empirische Überprüfung mittels geeigneter Verfahren ersetzen, sondern nur die vorangehende Theoriebildung unterstützen.

Wie erwähnt können aber auch empirisch überprüfte Theorien falsch sein. Vielleicht gibt es noch einen unbeobachteten Faktor, die entscheidende Schwachstelle wurde noch nicht entdeckt oder die Forscher hatten einfach Pech und der Zufall macht ihnen einen Strich durch die Rechnung Außerdem gibt es, wie erwähnt, keine ideologiefreie[1] Wissenschaft. Oft widersprechen sich einzelne Forschungsergebnisse. Wem also glauben wir?

Hier können Metaanalysen helfen. Sie werten Studien aus und untersuchen, zu welchem Ergebnis die meisten Analysen kommen. Die Idee ist, dass ein Ergebnis wohl richtig sein wird, wenn die meisten Studien zum gleichen Ergebnis kommen.

---

[1] Der Begriff Ideologie meint zunächst einmal einfach Ideenlehre, von griechisch idéa (Idee) und -logie (für Lehre von Logos, das Wort). Geprägt wurde der Begriff von dem französischen Philosophen A. L. C. Destutt de Tracy (1754–1836). Erst später kam die negative Konnotation hinzu.

	Narrativer Review	Systematische Übersichtsarbeit	Metaanalyse publizierter Daten	Gepoolte Reanalyse	Prospektiv geplante Metaanalyse
Erstellung eines detaillierten Studienprotokolls und Auswertungsplanes	Nein	Ja	Ja	Ja	Ja
Literaturrecherche geeigneter Studien	Nein	Ja	Ja	Ja	Ja
Quantitative Zusammenfassung der Ergebnisse	Nein	Nein	Ja	Ja	Ja
Analyse von Individualdaten	Nein	Nein	Nein	Ja	Ja
Im Vorfeld geplante Auswertung mit gemeinsamem Studienprotokoll	Nein	Nein	Nein	Nein	Ja

Übersicht verschiedener Formen der Zusammenfassung von Einzelstudien nach Ressing et al.[79]

Das ist aber nicht ganz so einfach, wie es sich anhört. Denn zunächst einmal können nur Studien untersucht werden, die auch publiziert wurden. Hier kommt der Publication Bias ins Spiel, die Tatsache, dass vor allem Studien publiziert werden, die eine These bestätigen, nicht solche, die sie ablehnen.

Methoden wie funnel plots sollen deshalb helfen, einen Publication Bias zu erkennen. Dabei wird die Streuung der Forschungsergebnisse untersucht. Etwa der Effekt eines Medikaments auf den Blutdruck. Die Werte sollten einigermaßen symmetrisch um einen Mittelwert schwanken und die Streuung mit zunehmender Zahl der untersuchten Fälle kleiner werden. Die meisten Ergebnisse sollten nahe am Mittelwert liegen und je größer die Entfernung zum Mittelwert wird, desto seltener sollten Ergebnisse vorkommen. Ist das nicht der Fall, wirkt die grafische Darstellung der Ergebnisse beispielsweise in eine Richtung abgeschnitten, liegt vermutlich eine Verzerrung vor.

Funnel Plots und andere Verfahren können einen Publication Bias aber nicht nachweisen, sondern nur zeigen, dass die Daten vermutlich in eine bestimmte Richtung verzerrt sind.

Dafür kann es aber verschiedene Gründe geben, zumal nicht alle Studien das genau identische Studiendesign verwenden. Beispielsweise kann eine Studie einfach auf Studierende der Hochschule als „Versuchskaninchen" zurückgegriffen haben, die zweite dagegen bildet die Grundgesamtheit exakt in Bezug auf Geschlecht, Alter und Bildungshintergrund ab. Die Unterschiede zwischen beiden Studien sind dann nicht rein zufällig. Außerdem ist die zweite Herangehensweise die bessere, was die Metastudie zunächst ebenfalls nicht berücksichtigt.

Außerdem können Fehler beim Zusammenstellen der einbezogenen Studie passieren – oder es kann sogar geschummelt werden. Wer eine Datenbank mit dem Suchbegriff „Zunahme von Aggression" füttert, wird vielleicht tatsächlich viele Ergebnisse finden, die diese These stützen. Denn Studien mit dem Titel „Abnahme von Aggression" werden seltener gefunden.

Und schließlich kommen die meisten Forscher, wie erwähnt, aus einem zumindest ähnlichen sozialen Umfeld. Sie stammen oft aus Europa, den USA und Ostasien oder haben zumindest länger dort gelebt. Vor allem aber sind die meist wohlhabend, nicht selten waren das schon ihre Eltern. Selbst im Vergleich zu anderen gut verdienenden Bevölkerungsschichten, beispielsweise Investmentbankern, haben sie oft einen anderen kulturellen Hintergrund. Zumal der Konformitätsdruck jeder sozialen Organisation dazu führt, dass auch Menschen, die aus anderen Milieus oder Kulturkreisen stammen, sich mit der Zeit oft anpassen. In einigen Fachbereichen kommt auch noch eine Geschlechterdifferenz hinzu, es gibt nur wenig Frauen in der Robotikforschung und fast keine Männer in der Genderforschung. Solche Verzerrungen kann auch eine Metastudie nicht ausgleichen.

Deshalb ist die Tatsache, dass eine Metastudie etwas behauptet, zwar noch lange kein Beweis, allerdings sollte man seine Position noch mal kritisch überdenken, wenn die Mehrheit der Forschenden zu einem anderen Ergebnis kommt.

Ist das Ergebnis so überwältigend, wie beim menschengemachten Klimawandel, bei der Wirkungslosigkeit von Homöopathie oder der Frage, ob Impfen Autismus verursacht, dann sollte man seine alten Theorien ruhig über den Haufen werfen. Aber verdient dann eine abweichende Meinung schon das Prädikat „Alternative Fakten"?

Wie erwähnt wies Karl Popper darauf hin, dass wir nie absolute Wahrheiten finden werden, sondern jede These zwar widerlegt (falsifiziert), aber nicht bewiesen (verifiziert) werden kann. Stützen die Daten unserer Erhebung unserer These, dann ist sie potentiell wahr, bis sie irgendwann eventuell doch widerlegt oder zumindest genauer gefasst wird, so wie die Wellentheorie des Lichts.

Ein anderer Ansatz teilt Theorien nicht in ein duales (potentiell) wahr/falsch ein, sondern legt Wahrscheinlichkeiten fest, mit denen eine bestimmte Option wahr ist. Diese werden nachjustiert, wenn neue Erkenntnisse hinzukommen.

Das ist der Kerngedanke der Bayes'schen Statistik. Thomas Bayes (* um 1701 in London; † 7. April 1761 in Tunbridge Wells) ist neben Karl Popper die vielleicht wichtigste Person in diesem Buch, denn sein „Lernen aus Erfahrung" ist eine sehr geeignete Methode für eine Herangehensweise, die sich einerseits der Unsicherheit aller Aussagen bewusst ist, andererseits aber auch nicht in völliger Beliebigkeit versinkt.

Den Satz von Bayes zu erläutern, würde an dieser Stelle vermutlich zu weit führen. Im Grunde geht es – wie erwähnt – darum, dass Ereignisse hier nicht als wahr oder falsch klassifiziert, sondern mit einer Wahrscheinlichkeit versehen werden. Am Ende wird eine Hypothese nicht abgelehnt oder (vorläufig) angenommen, sondern es wird beschrieben, mit welcher Wahrscheinlichkeit sie wahr ist.[80]

Diese Denkweise erscheint mir sehr sinnvoll. Gute Prognosen tun das auch heute schon, etwa die des Weltklimarates. Sie beschreiben verschiedene Szenarien, die mit einer unterschiedlich hohen Eintrittswahrscheinlichkeit versehen werden. Sie reichen von einer leichten Verbesserung der Lebensumstände auf der Welt durch die Klimaerwärmung bis hin zu einer gravierenden Verschlechterung mit katastrophalen Folgen. Wie so oft liegt das wahrscheinlichste Szenario in der Mitte.[81]

Diese Vorgehensweise ist auch die ehrlichste. Natürlich ist damit nicht jeder Streit aus der Welt, es wird dann eben über die Eintrittswahrscheinlichkeiten gestritten. Jene, die keine verbindlichen Vereinbarungen zur Reduzierung des CO_2-Ausstoßes wollen, werden argumentieren, der Weltklimarat unterschätze die Wahrscheinlichkeit für eine Verbesserung und überschätze jene für eine katastrophale Verschlechterung.

Aber vielleicht wären die Auseinandersetzungen etwas weniger verbissen, wenn wir tatsächlich über Wahrscheinlichkeiten reden als wenn sich zwei Szenarien gegenüberstehen, die beide die absolute Wahrheit beanspruchen. Nicht sehr viel weniger, aber zumindest ein wenig.

Wir sollten also wissenschaftliche Ergebnisse nicht kritiklos glauben, aber es gibt keine bessere Orientierung als auf vielen Studien basierende Metaanalysen. Eine völlig andere Frage ist, ob wir die Empfehlungen der Wissenschaftlerinnen und Wissenschaftler deshalb auch übernehmen müssen.

Kommen mehrere Studien zu dem Hinweis, dass Maßnahmen zur Regulierung der großen Internetkonzerne das Tempo der technologischen Innovation bremsen können, müssen wir nicht gegen eine Regulierung sein. Wir können auch einfach sagen: Uns egal, das nehmen wir in Kauf, weil unsere Demokratie uns wichtiger ist.

Was also sind Alternative Fakten?
Heißt das aber, dass alle Meinungen, die zu einem anderen Ergebnis kommen als das Gros der Wissenschaftler Alternative Fakten sind? Verbreitet Alternative Fakten, wer behauptet, der Klimawandel sei nicht menschengemacht, Homöopathie wirke oder Impfen fördere Autismus?

Zwar widerspricht das alles der Meinung der allermeisten Experten. Allerdings lügen diese Menschen nicht bewusst, zumindest meistens nicht. Es sei denn, es handelt sich um den Anwalt eines Erdölkonzerns, einen Hersteller homöopathischer Arzneimittel oder eine Familie, die ein Pharmaunternehmen für den Autismus ihres Kindes verantwortlich macht (und selbst dann ist es gut möglich, dass die Betreffenden die These wirklich glauben). Meistens glauben die Personen die Aussagen wirklich.

Tatsächlich haben Wissenschaftler sich immer wieder geirrt – und auch die wissenschaftliche Mehrheitsmeinung lag oft falsch. Ohnehin gibt es nur bei wenigen Fragen Einigkeit, bei den meisten zerfleischen sich die verschiedenen Lager an Wissenschaftlern mit unglaublicher Leidenschaft.

Allerdings begnügen sich viele Impfgegner, Verfechterinnen von Homöopathie und jene, die glauben, es gäbe keinen menschengemachten Klimawandel, nicht mit dem Hinweis, dass eine kleine Chance besteht, dass auch die wissenschaftliche Mehrheitsmeinung falsch sein können. Stattdessen wird die eigene Meinung als garantiert richtig gesehen.

Oft geht das noch weiter und es wird auch gleich eine Erklärung mitgeliefert, warum die eigene Meinung kaum geteilt wird. Schuld sind dann meist Verschwörungen, sei es der Pharmaindustrie oder der Chinesen, um Europa und die USA zu deindustrialisieren. Nicht selten verfechten Personen in der einen Frage vehement die Wissenschaftlichkeit, in der anderen lehnen sie diese Ergebnisse genauso entschieden ab. Dann ist für mich die Grenze zu Alternativen Fakten überschritten.[82]

Aber was ist mit jenen, die weniger radikal argumentieren? Vielleicht müssen wir uns einfach von der Vorstellung verabschieden, dass es eine klare Grenze zwischen Alternativen Fakten und begründeter Meinung gibt. Eher gibt es einen großen Graubereich.

Fallbeispiele: Impfen und Klimawandel
Impfungen haben vielen Menschen das Leben gerettet und mit den Pocken sogar eine Seuche ganz ausgerottet (wobei einige Viren immer noch in Laboren liegen, man kann nur hoffen, dass niemand auf dumme Gedanken kommt).

Trotzdem gibt es nach wie vor eine beachtliche Zahl von Impfverweigerern. Deren Zahl steigt zwar nicht so stark, wie manchmal behauptet, stagniert aber auf hohem Niveau. Die Impfquoten verändern sich ebenfalls nur geringfügig, vor allem bei neu empfohlenen Impfungen steigen sie leicht an, bei vielen wie Diphtherie und Tetanus lagen sie 2018 (die Daten liegen erst mit Verzögerung vor) dagegen mit knapp über 90 Prozent etwa zwei bis drei Prozentpunkte niedriger als zehn Jahre zuvor.[83]

Gehört die Behauptung, Impfen schade mehr als es nützt, in die Schublade „Alternative Fakten"? Einerseits sind die Hinweise auf die Nützlichkeit des Impfens tatsächlich überwältigend. Andererseits wird die Medizin in den nächsten 20 Jahren vermutlich neue Erkenntnisse gewinnen, die wir heute nicht erwarten. Ich muss gestehen, dass es mir schwerfällt sich ein Szenario vorzustellen, an dessen Ende stehen wird, dass Impfungen mehr schaden als nutzen, aber zu 100 Prozent ausschließen lässt es sich nicht. Wir erinnern uns, auch die Wellentheorie des Lichts galt als „nach menschlichem Ermessen Gewissheit".

Oft wird aber die angebliche Schädigung durch Impfungen als Gewissheit hingestellt. Angereichert wird das dann oft durch Verschwörungstheorien, nach denen Wissenschaft und Politik ausnahmslos von der Pharmaindustrie gekauft sind. Lobbyismus ist eine Tatsache, doch eine solche komplexe Verschwörung ist praktisch unmöglich durchzuführen. Spätestens hier wird dann die Grenze zu Alternativen Fakten überschritten.

Das gilt auch für frei erfundene Geschichten, die die eigene Position angeblich belegen. Der Fall eines Kindes, das angeblich an einer Impfung gestorben ist, das aber nie existiert hat oder an etwas ganz anderem gestorben ist (wobei es tatsächlich Impfkomplikationen gibt, wenngleich selten).

Ähnlich verhält es sich mit dem Klimawandel. Die Erwärmung der Erde ist gut dokumentiert, auch der Zusammenhang mit dem Ausstoß von Treibhausgasen ist sehr wahrscheinlich. Ist er sicher? Ich bin kein Klimaforscher, nach allem was ich bisher gelesen habe, spricht aber fast alles für die Richtigkeit dieser These. Dennoch orientiere ich mich an Karl Popper, der feststellte, dass Wissenschaft nie endgültige Wahrheiten verkünden könne. Jede Theorie ist nur so lange (potenziell) richtig, bis sie widerlegt wurde.

Tatsächlich gibt es innerhalb der Opposition gegen den Umbau der Wirtschaft in Richtung CO2-Freiheit ein breites Spektrum. Es beginnt bei jenen, die weder den Klimawandel und den menschlichen Einfluss darauf noch dessen Schädlichkeit bestreiten, sondern andere Themen für wichtiger halten. Diese Argumentation lautet etwa so, dass die Kosten für eine Anpassung an das wärmere Klima niedriger lägen als die für den Verzicht auf fossile Energieträger. Oder dass es schlicht wichtigere Themen gäbe wie die Bekämpfung der Armut oder die Entwicklung neuer Medikamente. Ich teile diese Einschätzung nicht, doch sie als Alternative Fakten zu bezeichnen ist Unsinn. Hier wird der Begriff zur Delegitimierung Andersdenkender missbraucht.

Andere gehen weiter und erklären, es gäbe einen menschengemachten Klimawandel, doch der erkläre nur einen Teil der Erwärmung und sei daher schwächer als gedacht. Oder er habe gar keine negativen, sondern positive Folgen. Diese Aussage widerspricht der Mehrheitsmeinung der Klimaforschung. Bewegen wir uns also jetzt schon im Bereich der Alternativen Fakten? Dazu muss man wissen, dass der Weltklimarat selbst diese Option nicht ausschließt, er hält sie aber für unwahrscheinlich. Stattdessen erwartet er mehr negative als positive Effekte, im wahrscheinlichsten Szenario aber auch keine Katastrophe von biblischem Ausmaß.

Wie aber sieht es aus, wenn der menschliche Einfluss auf das Klima bestritten wird? Ähnlich wie beim Impfen würde ich die Grenze zu den Alternativen Fakten als überschritten sehen, wenn behauptet wird, die Theorie vom menschengemachten Klimawandel sei widerlegt oder wenn Verschwörungstheorien ins Spiel kommen. Erst recht dann, wenn nachweislich falsche Behauptungen aufgestellt werden, etwa dass es in den vergangenen 100 Jahren keine Erwärmung gegeben habe. Oder die im US-Talkradio oft verbreitete und auch in Deutschland teilweise zitierte Behauptung, die Erwärmung habe eine Pause eingelegt, die die Modelle der Klimaforscher nicht erklären könne. Diese Aussage ist schlicht falsch.[84]

Die Grenze zu Alternativen Fakten ist schwammig

Alternative Fakten sind also eindeutig widerlegbare Aussagen sowie Behauptungen, die als sicher oder wahrscheinlich dargestellte werden, obwohl nicht für sie oder sogar vieles gegen sie spricht.

Auch Verschwörungsmythen würde ich pauschal ins Reich der Alternativen Fakten verbannen. Vor allem die sogenannten „Superverschwörungen", deren bekannteste die „jüdische Weltverschwörung" ist. Sie sind in der Praxis undurchführbar.

Beim Ziehen einer Grenze zwischen Alternativen Fakten und tatsächlichen Fakten spielt natürlich immer auch die eigene Meinung eine Rolle. Meinungen, die dem wissenschaftlichen Konsens und meiner Meinung widersprechen, werde ich eher als Alternative Fakten bezeichnen. Mehr Leserinnen und Leser werden die Behauptung, die These von der Klimaerwärmung sei widerlegt, eher als Alternative Fakten brandmarken als die, dass der Nutzen von Homöopathie erwiesen sei. Dabei widersprechen beide Thesen fast allen Ergebnissen empirisch fundierter Studien.

Dasselbe gilt für die Thesen, dass der Klimawandel nachweislich positive Effekte habe und jener, dass er erwiesenermaßen katastrophale Folgen habe, die die Existenz der Menschheit bedrohen. Vermutlich werden die meisten eher die erste Behauptung als Alternative Fakten einordnen, die zweite nicht. Zieht man die Einschätzungen des Weltklimarates aber hinzu, werden beide Szenarien als möglich, jedoch unwahrscheinlich bezeichnet, die Wahrscheinlichkeit eines Anstiegs von mehr als 6 Grad liegt demnach bei 5 Prozent.[85]

Wobei hier das Wort „erwiesenermaßen" wichtig ist. Es gibt gute Gründe, die Wahrscheinlichkeit von 5 Prozent einer katastrophalen Veränderung nicht außer Acht zu lassen, denn deren Folgen wären, nun ja, katastrophal.

Wo die Grenze zu Alternativen Fakten gezogen wird, hängt also auch davon ab, ob die Behauptung uns gefällt oder nicht. Dieser Fehler lässt sich nicht vermeiden. Michael Butter schreibt in seinem insgesamt hervorragenden Buch zu Verschwörungstheorien mit dem Titel „Nichts ist wie es scheint",[86] dass der Begriff der Verschwörungstheorie auch zur Delegitimierung anderer Meinungen eingesetzt werde. Gleichzeitig bezeichnet er Georg Walker Bushs These, Saddam Hussein würde die Terrororganisation Al-Qaida unterstützten, als moderne Verschwörungstheorie. Dabei gab und gibt es immer wieder Staaten, die Terroristen oder Rebellen finanzieren, auch die USA selbst haben das schon getan. Die Tatsache, dass die Behauptung vermutlich falsch war, macht sie noch nicht zur Verschwörungstheorie. Butter tut also das, was er selbst kritisiert hat, er verwendet den Begriff gegen den politischen Gegner.

Auch in diesem Buch werden kritische Leserinnen und Leser hin und wieder meine persönliche Sicht erkennen, auch wenn ich versuche mich von ihr beim Schreiben des Buches nicht zu sehr leiten zu lassen.

Vielleicht sollten wir deshalb den Begriff der Alternativen Fakten für den weiteren Verlauf des Buches über Bord werfen und stattdessen einen neuen Begriff einführen, nämlich den der **postfaktischen Gesellschaft**. Noch treffender wäre es zu fragen, ob wir in einer postempirischen Gesellschaft leben. Sie würde sich dadurch auszeichnen, dass nach wissenschaftlichen Standards erhobene empirische Daten eine sinkende Rolle spiele und stattdessen auf Bauchgefühl und Erfahrungswissen gesetzt wird.

Wenn wir über die postfaktische Gesellschaft sprechen, reden wir über zweierlei. Einmal darüber, wie leicht sich Lügen verbreiten lassen. Und dann davon, wie viele Menschen ihnen glauben. Dass das Internet jedem und jeder die Möglichkeit gibt, Falschnachrichten für alle lesbar zu veröffentlichen, heißt nicht, dass sie erstens gelesen und zweiten geglaubt werden.

Dabei geht es vor allem um die Frage, inwieweit Menschen bereit sind, sich von empirisch fundierten wissenschaftlichen Ergebnissen überzeugen zu lassen oder ob sie an ihrer Meinung verharren, egal wie sehr die Daten ihr widersprechen. Aber auch darum, wem sie im Zweifelsfall Glauben schenken. Wissenschaftlern, Politikerinnen oder Freunden?

Leben wir in postfaktischen Zeiten?

Alternative Fakten und Fake News sind in aller Munde – leben wir also in postfaktischen oder zumindest postempirischen Zeiten?

Wir haben bereits gesehen, dass wir überwiegend nicht rational urteilen. Doch die Vorsilbe „Post" deutet außerdem an, dass es früher eine faktische Gesellschaft gegeben habe. Stimmt das?

Der deutsche Begriff ist eine Übersetzung der englischen Begriffe post-truth und post-factual. Schon 1999 veröffentlichte der Kommunikationswissenschaftler Carl Bybee einen Aufsatz mit dem Thema „Can Democracy Survive in the Post-Factual Age?", also „Kann die Demokratie das postfaktische Zeitalter überleben". Viel Beachtung fand der Begriff damals aber noch nicht.

Als eigentliche Quelle des Begriffs gilt deshalb das fünf Jahre später erschienene Buch „The Post-Truth Era: Dishonesty and Deception in Contemporary Life" des Sachbuchautors und Vortragsredners Ralph Keyes. Er behauptet darin, dass das Lügen in allen Gesellschaftsbereichen stark zugenommen habe und beruft sich auf eine Studie von Noelie Rodriguez und Alan Ryave aus dem Jahr 1990 sowie eine weitere von Robert S. Feldman von 2002. Beide kommen zu dem Ergebnis, dass jeder Mensch in normalen Gesprächen häufig lüge.

Die Studien sprechen allerdings nicht von einer Zunahme des Lügens. Denn ältere Untersuchungen zu dem Thema wurden nicht als Vergleiche herangezogen. Trotzdem schreibt Keyes, es wachse der Verdacht, dass mehr Lügen als jemals zuvor erzählt würden.[87] Eine „schwindel-freundliche Zeit" nannte er das erste Jahrzehnt des neuen Jahrtausends. Der Startpunkt für das postfaktische Zeitalter ist für ihn konkret die Jahrtausendwende. Zuvor, so die These des Autors, hätten Lügner mit ernsthaften Konsequenzen zu leben gehabt, im 21. Jahrhundert dagegen käme man aufgrund des Niedergangs ethischer Standards glimpflich davon.

Wie er auf diese Idee kommt, bleibt offen. Als weitere Belege führt er nur eine Studie an, nach der viele Menschen den Eindruck haben, es würde mehr gelogen als früher. Das aber ist wenig verwunderlich. Bei den meisten Befragungen geben Menschen zu Protokoll, dass es mit Werten und Moral abwärts gehen (wobei zuletzt die Klagen über eine Moralisierung zugenommen haben, wir kommen darauf zurück). Ein französischer Beamter beklagte sich in einem Brief, überall fordere man „sofortige Befriedigung der Gelüste", es herrsche „Sucht nach Vergnügen" und „monströser Egoismus". Das aber war nicht nach der Jahrtausendwende, sondern bereits 1845.[88]

Vielleicht waren es einfach kommerzielle Gründe, die den Autor zu dem Schluss bewegten. Keyes war kein Wissenschaftler, sondern lebte vom Schreiben von Sachbüchern und dem Halten von Vorträgen. Und er traf den Nerv der Zeit. Ebenfalls 2004 war mit „The cheating culture" ein Werk mit einem ähnlichen Grundton veröffentlicht worden, auch wenn dessen Autor David Callahan die Schuld nicht im Niedergang der Werte, sondern im Kapitalismus suchte. Und ein Jahr später schuf der Satiriker Stephen Colbert das Wort „truthiness". Am ehesten könnte man es vielleicht als „Wahrlichkeit" übersetzen. Im Deutschen benutzt man allerdings meist zwei Wörter, um den Sachverhalt zu beschreiben und spricht von „gefühlter Wahrheit". Gemeint ist damit eine Aussage, die nicht unbedingt wahr ist, sich aber wahr anhört, weil sie zu unseren Gefühlen passt. Der Begriff wurde noch im selben Jahr von der American Dialect Society zum „Wort des Jahres" gekürt.

Allerdings wurde Keyes Buch „The post-truth era" nie ins Deutsche übersetzt. Seine Karriere verdankt das Wort „postfaktisch" nicht zuletzt der ehemaligen Bundeskanzlerin Angela Merkel. Die CDU-Politikerin war nicht die Erste, die den Begriff verwendete, doch dass sie ihn im September 2016 in einer Rede nutzte, gab ihm deutlichen Aufschwung.

> „Es heißt ja neuerdings, wir lebten in postfaktischen Zeiten."
> Angela Merkel im September 2016

Mit dem Ausspruch wollte sie das für damalige Verhältnisse schlechte Abschneiden der CDU bei den Wahlen in Mecklenburg-Vorpommern und Berlin erklären.[89]

Überall herrscht das Gefühl, dass es mit der Wahrheit bergab geht, spätestens seit dem Aufkommen des Internets und vor allem der sozialen Medien wie Facebook, Twitter oder Instagram. Und seit dem Wahlsieg Donald Trumps scheint es (trotz dessen Abwahl) endgültig sicher: Wir leben in postfaktischen Zeiten.

Das bedeutet natürlich, dass es irgendwann einmal ein faktisches Zeitalter gegeben haben muss. Denn postfaktisch behauptet ja, dass unsere Zeit nach dem faktischen Zeitalter kommt, in dem Fakten tatsächlich eine größere Rolle gespielt haben.

Laut dem französischen Philosophen August Comte befanden wir uns schon seit dem 19. Jahrhundert im „faktischen Zeitalter". Das jedenfalls legt sein 3-Stadien-Gesetz nahe.[90]

Darin unterscheidet Comte drei verschiedene Stadien, die hintereinander durchlaufen werden, nämlich

- das theologische oder fiktive Stadium,
- das metaphysische oder abstrakte Stadium und
- das wissenschaftliche oder positive Stadium.

Die drei Stadien setzt er mit der Entwicklung eines Mannes gleich, von der Kindheit (Theologie) über die Pubertät (Metaphysik) bis hin zum erwachsenen Mann (Wissenschaft).

Im „Kindesalter" erklären sich die Menschen Naturphänomene zunächst theologisch, also magisch (Fetischismus), mit der Existenz von Göttern (Polytheismus) oder eines Gottes (Monotheismus).

Es folgt das metaphysische Stadium, bei dem natürliche Phänomene jetzt nicht mehr mit Göttern erklärt werden, sondern Theorien über das Wesen der Welt aufgestellt werden. Allerdings basieren diese auf abstrakten Ideen. Warum sich ein Fluggeschoss auch ohne Einwirkung einer Kraft bewegt, wird mit einer angeblichen gespeicherten Energie, dem Impetus erklärt. Und die Ausbreitung von Wellen im luftleeren Raum mit einem dort angeblich vorzufindenden Medium, dem Äther.

Es folgt das wissenschaftliche Stadium, bei dem jetzt empirisch fundiert argumentiert und geforscht wird.

Und nun, so könnte man argumentieren, sind wir in einem vierten Stadium angelangt, dem postfaktischen, in dem „gefühlte Wahrheiten" über die Empirie triumphieren.

Aber Comtes Theorie war von Anfang an umstritten. Der Übergang vom Impetus, der gespeicherten Kraft, zur lex prima, dem ersten Newtonschen Gesetz[1], ist weniger Folge einer grundsätzlich anderen Herangehensweise, sondern vor allem die eines Wissenszuwachses. Auch heute erklären Physiker manche bisher nicht ausreichend erforschte Phänomene „metaphysisch", beispielsweise mit der berühmten dunklen Materie. Sie wurde bisher, wie seinerzeit der Äther oder der Impetus, nicht direkt beobachtet. Weil die Bewegung der Himmelskörper aber nicht zur beobachteten Masse (und der damit einher gehenden Gravitation) passt, wurde die dunkle Materie eingeführt. Womöglich wird man eines Tages feststellen, dass es auch sie nicht gibt, sondern unser bisheriges Wissen einfach nur unvollständig ist.

Auch sonst spricht viel dagegen, dass wir einmal in einem faktischen Zeitalter gelebt haben. Der deutsche Arzt Rudolf Virchow widerlegte schon 1886 die Behauptung, dass es bedeutende physiologische Unterschiede zwischen Juden und nicht-jüdischen Deutschen gäbe. In einer groß angelegten Untersuchung vermaß er die Schädel von Schulkindern und erfasste jedes Mal, ob es sich um ein jüdisches oder nicht-jüdisches Kind handele. Außerdem stellte er fest, dass nicht einmal ein Drittel der Deutschen blond und blauäugig war, darunter viele Juden.

---

[1] Für alle, deren Physikunterricht schon lange her ist: Newton postulierte in seinem Gesetz, dass ein Körper seine Bewegung nur ändert, wenn eine Kraft auf ihn wirkt. Ein fliegender Ball fliegt also nicht deshalb, weil eine in ihm gespeicherte Kraft („Impetus") wirkt. Die Kraft, die hier aktiv ist, ist vielmehr die Schwerkraft, die ihn zu Boden fallen lässt. Ohne diese würde er sich unendlich weiterbewegen – was im Weltraum auch tatsächlich (annähernd) der Fall ist. Deshalb gibt es auch streng genommen keine Fliehkraft oder Zentrifugalkraft, die uns im Karussell oder einer engen Kurve nach außen zieht. Vielmehr will sich unser Körper nur weiter geradeaus bewegen, wird aber von der Zentripetalkraft oder Radialkraft in die Kurve gezogen. Ist die Zentripetalkraft zu schwach, beispielsweise weil die Straße vereist ist, fliegt das Auto deshalb aus der Kurve.

Genutzt hat es nichts, das Ergebnis wurde nicht nur ignoriert, seine Gegner reagierten auch mit „Fake News": Sie behaupteten, Virchow habe die Daten erfunden, weil er selbst Jude sei, was nicht stimmte. Empirische Ergebnisse zählten auch damals schon nicht viel, wenn sie der gefühlten oder gewünschten „Wahrheit" im Wege standen.

Nun sind Virchows Zeiten schon lange her, aber die Liste lässt sich beliebig fortsetzen. 1973 hielten elf Prozent der Bundesbürger Hexen zumindest für möglich, davon gaben zwei Prozent an, deren Existenz sei sicher.[91]

Warum haben trotzdem so viele Menschen das Gefühl, in postfaktischen Zeiten zu leben und postulieren eine sinkende Bedeutung von empirischer Evidenz und Fakten? In Büchern oder Artikeln werden meistens vier verschiedene Entwicklungen angeführt, die zum Niedergang der Wahrheit geführt haben sollen.

1. Veränderung der Medienlandschaft, vor allem der Siegeszug des Internets.
2. Die wirtschaftliche und gesellschaftliche Spaltung, die zu eine zunehmenden Gruppendenken führt.
3. Veränderungen der Moral, zunächst wurde deren Niedergang als Begründung geliefert, heute umgekehrt eine Priorisierung der Moral gegenüber den Fakten.
4. Postmoderne und die neue Gegenaufklärung.

Ich möchte im Folgenden erklären, was damit gemeint ist, warum diese Entwicklungen eine faktenbasierte Diskussion erschweren können und wie plausibel sie in meinen Augen sind. Natürlich hängen alle auch miteinander zusammen. Die gesellschaftliche Spaltung wird oft als Folge von „Filterblasen" in den sozialen Medien gesehen oder als Ergebnis der Moralisierung. Trotzdem werde ich im Folgenden die vier Punkte einen nach dem anderen durchgehen.

Anschließend werde ich einige empirische Untersuchungen zu dem Thema zitieren und dann eine eigene Hypothese aufstellen.

Wie glaubwürdig sind die Medien?

Wenn es um Alternative Fakten und die postfaktische Gesellschaft geht, steht an erster Stelle der Verdächtigen immer das Internet. Dort kann jeder frei veröffentlichen, es gibt keine Chefredaktion, keine Faktenprüfer und keine Redaktionskonferenz.

Der Vollständigkeit halber muss ergänzt werden, dass in der jüngsten Vergangenheit gerade in den sozialen Medien zunehmend Beiträge gelöscht oder anderweitig bestraft werden, wenn sie tatsächlich oder vermeintlich den Fakten oder auch bestimmten Standards widersprechen. Allerdings ist das noch eine relativ junge Entwicklung, außerdem ist das Meinungsspektrum im Internet nach wie vor breiter als beispielsweise im Fernsehen.

Gleichzeitig stehen aber auch die etablierten Medien in der Kritik, weil deren Berichterstattung zunehmend einseitig geworden ist. Deshalb müssen wir etwas grundsätzlicher beginnen. Wir müssen Veränderungen in den bestehenden Medien und die Bedeutung der Neuen Medien betrachten.

Die „klassischen Medien": Zeitung und Rundfunk

Auch in Deutschland wird den Massenmedien immer häufiger Einseitigkeit vorgeworfen. Der Dramaturg Bernd Stegemann schreibt etwa, der öffentlich-rechtliche Rundfunk biete eine politische Monokultur und sei zum Spartensender des alternativen Milieus geworden, Kommentar und Meinung würden immer mehr verschwimmen.[92]

Kritik an den Massenmedien ist allerdings nicht neu. Mithilfe manipulativer Massenmedien, so schrieb der linke US-Soziologe Charles Wright Mills schon vor rund 60 Jahren, würden die Machthaber in den westlichen Staaten die Unterdrückung verschleiern. Wenn Mills dann auch noch den Mangel an politischen Alternativen beklagt, kommt einem das seltsam bekannt vor.[93]

Allerdings verkürzt man die Frage nach der Glaubwürdigkeit professioneller Medien unzulässig, wenn wir sie nur auf politische Präferenzen reduziert.

Zunächst einmal müssen wir feststellen, dass auch Journalistinnen und Journalisten Menschen sind, mit allen entsprechenden

Stärken und Schwächen. Das bedeutet, dass auch sie Vorurteile und Ängste haben, in Kategorien wie „wir gegen die" denken oder einfach Fehler machen.

Immerhin haben sich in den meisten Redaktionen bestimmte Routinen etabliert, die grobe Fehler vermeiden sollen. Gute Zeitungen verlangen von ihren Autorinnen, dass sie Behauptungen belegen. Bei vielen Verlagen müssen alle Faktenangaben mit einer Quelle belegt werden. Die Angaben im Text und die Quelle werden dann von der Dokumentations-Abteilung abgeglichen. Das gilt sogar für den Online-Bereich. Als professionelle Berichterstatter haben Journalisten außerdem oft mehr Erfahrungen im Umgang mit allen möglichen Verführungen. Der Fall des betrügerischen Spiegel-Reports Relotius zeigt nicht, dass diese Verfahren nutzlos sind, sondern nur, dass sie keinen 100-prozentigen Schutz bieten können.

Klassischerweise sind Journalisten angehalten, Meinung und Meldung zu trennen. Meinungen werden in den Kommentaren veröffentlicht, die Berichte sollten dagegen weitgehend neutral sein. Natürlich gelingt das nicht immer, denn wie bereits mehrfach erwähnt sind auch Journalisten nur Menschen. Wie wir später sehen werden, gibt es außerdem eine Abwendung vom Ziel der Neutralität. Allerdings sind große Zeitungen mit Sicherheit noch immer deutlich neutraler als Facebook-Posts oder Twitter-Nachrichten.

Ein anschauliches Beispiel dafür ist auch die Berichterstattung des konservativen US-Fernsehsenders Fox News während der Wahl. Noch vor dem den Demokraten nahestehenden Konkurrenten CNN stellte Fox News den Sieg des demokratischen Kandidaten Joe Biden über den republikanischen Amtsinhaber fest. Was den Sender später aber nicht davon abhielt, Gerüchten Raum zu geben, nach denen die Wahl gestohlen wurde. Trotzdem bleibt ein klarer Unterschied zu Meldungen in sozialen Netzwerken.

Journalisten lieben das Negative

Der objektiven Information entgegen steht der Anspruch, interessante Nachrichten zu machen. All das, was wir im Kapitel I.3 über die Anfälligkeit unserer Sinne für Denkfehler gelesen haben, gilt für Journalisten einerseits weniger, weil sie professioneller im Umgang mit diesen Täuschungen sind. Andererseits gilt es für sie im besonderen Maße, weil sie die Erwartungen ihrer Leserinnen bedienen müssen.

Die Nachricht „Heute wurde in unserer Stadt niemand ermordet" würde in Deutschland wenig Leser finden. Zum Glück muss man sagen, denn es gibt auf der Welt Städte und Länder, wo ein Tag ohne Mord und Totschlag eine Nachricht wert ist.

Deshalb führt die Berichterstattung über Gewalttaten in die Irre. Die Gefahr einer zum Opfer zu fallen ist relativ klein – und am gefährlichsten lebt man in den eigenen vier Wänden, denn viele schwere Gewalttaten gehen auf das Konto von engen Verwandten, allen voran des Ehepartners oder der Ehepartnerin.[94] Wobei für diese Fehleinschätzung nicht nur die Medien verantwortlich sind. Viele Fälle von häuslicher Gewalt kommen nicht in die Zeitung, weil sie gar nicht gemeldet werden.

Insgesamt ist das in den Nachrichten gezeichnete Bild unserer Welt deutlich zu negativ. Die Medienwissenschaftlerin Maren Urner hat dem Thema ein ganzes Buch gewidmet, in dem man unter anderem nachlesen kann, dass in Deutschland weitaus mehr Menschen durch das Verschlucken von Kugelschreiberteilen zu Tode kommen als durch Terror. Ihrer Einschätzung nach erleben Zeitungsleser – und noch deutlich stärker Fernsehzuschauer – Terroranschläge sogar als schlimmer als diejenigen, die sich in unmittelbarer Nähe des Anschlagsortes befanden (abgesehen natürlich von den Opfern).[95]

Aber die Menschen scheinen süchtig nach schlechten Nachrichten und deshalb sind Zeitungen und Nachrichtensender voll davon. Dabei gibt es viele positive Entwicklungen. Die Zahl der in absoluter Armut lebenden Menschen geht zurück, es gibt weniger Hunger, was angesichts der steigenden Weltbevölkerung fast eine Sensation ist und die Lebenserwartung steigt, auch und gerade in den armen Ländern. Doch in den Massenmedien kommen vorwiegend die negativen Entwicklungen vor, beispielsweise steigende Ungleichheit, mehr Menschen mit Übergewicht und eine angebliche „Überalterung".

Journalisten sind auch nur Menschen
Diese negative Sichtweise ist nicht nur Folge einer Tendenz zum Negativen, sondern auch unserer moralischen Wertungen und unseres Bemühens die Welt in Gut und Böse einzuteilen. So schreibt Greg Easterbrook in seinem Buch „Warum die Welt nicht untergeht": „Etwas, das eigentlich eine großartige Nachricht hätte sein können – dass nämlich die Welt mehr als genug Nahrung hat -, wird dargestellt als Geschäftemacherei von bösen Agrobusiness-Konzernen." Und der sinkende Flächenverbrauch der Landwirtschaft, der dazu führt, dass in vielen Industrieländern die Waldfläche nach Jahrhunderten des Rückgangs wieder steigt, wird zum „Farmsterben", wie Easterbrook weiter ausführt.[96]

Mit anderen Worten, jene Probleme, die Wahrnehmungsfehler, die wir bereits besprochen haben, spiegeln sich in den Medien. Teilweise wirken gute Journalisten ihnen entgegen, weil sie um die Probleme Bescheid wissen. Eine gute Zeitung hat Spezialisten für bestimmte Themengebiete, beispielsweise Datenjournalisten für die Interpretation von Zahlen. Hier gelingt es den Medien den beschriebenen Wahrnehmungsfehlern durch Professionalisierung entgegenzutreten. Andere Probleme treten dagegen sogar noch deutlicher hervor, insbesondere unsere Ängste, weil negative Beiträge häufiger gelesen und gesehen werden. Aber was ist mit den üblichen Vorwürfen, dass sie einseitig berichten würden?

Journalismuskritik ist „in!"
Viele Bücher über Journalisten sind mit Verschwörungstheorien von links und rechts gefüllt. „Gekaufte Journalisten" lautet ein Titel des Bestseller-Autors Udo Ulfkotte über den modernen Medienbetrieb, „Volkspädagogen: Wie uns die Massenmedien politisch korrekt erziehen wollen" ein zweiter.[97]

Nicht weniger deutlich ist die Kritik von Jens Wernicke. In seinem Buch „Lügen die Medien? Propaganda, Rudeljournalismus und der Kampf um die öffentliche Meinung" sieht er die Medien als Marionetten der Hochfinanz.

Nun sind beide keine seriösen Wissenschaftler, auch keine seriösen Journalisten. Die Bücher des mittlerweile verstorbenen Udo

Ulfkotte sind im Kopp Verlag erschienen, den die Frankfurter Allgemeine Zeitung einst als „Heimatplanet für rechtsextreme Ufologen" bezeichnete.[98] Er hatte weitere Bücher veröffentlicht, die beispielsweise von der geheimen Eroberung Europas berichten[99] und wird oft als „Verschwörungstheoretiker" bezeichnet.[100]

Nicht seriöser ist der Autor Jens Wernicke. Weitere Titel befassen sich mit dem „Tiefen Staat", der „Fassadendemokratie" oder dem „medial-politischen Komplex". Als dazu passend empfiehlt ein großer Online-Buchhändler Titel zu verdeckten Kriegen oder der geheimen Eroberung Europas durch die Vereinigten Staaten von Amerika.

Der Feindliche-Medien-Effekt

Aber auch seriösere Stimmen kritisieren eine Einseitigkeit der modernen Medien. Der damalige Außenminister und spätere Bundespräsident Frank-Walter Steinmeier beklagte beispielsweise: „Der Meinungskorridor war schon mal breiter. Es gibt eine erstaunliche Homogenität in deutschen Redaktionen, wenn sie Informationen gewichten und einordnen".[101]

Bei der genauen Bewertung der medialen Einseitigkeit gibt es aber deutliche Unterschiede. Während Rainer Zitelmann in seinem Buch *Kapitalismus ist nicht das Problem, sondern die Lösung* den Massenmedien eine Voreingenommenheit gegenüber der Marktwirtschaft vorwirft, kommt Uwe Krüger in *Mainstream* zu dem Ergebnis, dass die Berichterstattung in Fragen der Wirtschafts- und Sozialpolitik einseitig „neoliberal"[I] sei. Das ist auch die Binnenwahrnehmung vieler Journalisten, so argumentieren beispielsweise

---

[I] Der Begriff Neoliberalismus ist allerdings, so wie er als Kampfbegriff verwendet wird, ziemlicher Unsinn. Damit wird dort nämlich ein radikaler Liberalismus bezeichnet, der einem angeblich sozialeren alten Liberalismus gegenübergestellt wird. Allerdings waren die ersten Liberalen durchaus „neoliberal" in dem Sinne, dass sie den Staat weitgehend aus der Wirtschaft heraushalten wollen, während die neuen Liberalen nach dem Zweiten Weltkrieg einen Dritten Weg zwischen weitgehend unreguliertem Kapitalismus und staatlich gesteuerter Wirtschaft wie in Sozialismus und Faschismus finden wollten. Somit sind die staatsfreundlicheren Liberalen, etwa die Ordoliberalen, die eigentlichen Neoliberalen. So wurde der Begriff in der Vergangenheit auch verwendet. Die heutige Verwendung des Begriffs Neoliberalismus verdankt sein Entstehen vermutlich dem Umstand, dass

Petra Gerster und Christian Nürnberger in ihrem Buch *Die Meinungsmaschine*. Sie sehen die Verdrängung der 68er-Generation durch die angeblich unpolitische „Generation Golf" als wesentlichen Grund für die Probleme der Medienbranche.[102] Allerdings ist ihr Buch auch bereits fünf Jahre alt, ob sie heute noch zu dem Ergebnis kommen, dass die Redaktionen unpolitisch wären, ist zweifelhaft.

Dieser Widerspruch ist wenig verwunderlich. Denn grundsätzlich sind die meisten Menschen der Überzeugung, dass ihre Position in den Medien benachteiligt würde. Man bezeichnet dieses Phänomen auch als Hostile-Media-Effect, also Feindliche-Medien-Effekt.

Dieser wurde von US-Psychologen bereits in den 1980er-Jahren untersucht und bezeichnet die Tatsache, dass Berichte nur selten als zugunsten der eigenen Position verzerrt wahrgenommen werden. Wer glaubt, dass die Medien einseitig sind, sieht sie meist als Verbündete der Gegenseite.[103] Das gilt hauptsächlich dann, wenn Personen eine starke Meinung haben. So zeigten US-Psychologen College-Studenten Fernsehberichte zum israelisch-palästinensischen Konflikt. Proisraelische Studierende bewerteten viele Berichte als antiisraelisch, propalästinensische dagegen die gleichen Beiträge als antipalästinensisch.[104]

Stattdessen werden Berichte dann als neutral wahrgenommen, wenn sie zugunsten der eigenen Sichtweise verzerrt sind. Das zeigt sich besonders deutlich in den USA, wo Republikaner den Fernsehsender CNN und andere große Medien als parteiisch zugunsten der Demokraten beschreiben, konservative Medien wie Fox News dagegen als objektiv, während es Anhänger der Demokraten genau anders herum halten.

Einen nicht repräsentativen, aber dennoch interessanten Einblick in die Diskussion habe ich selbst erhalten, als ich in meinem Statistiker-Blog zwei Beiträge über Journalisten veröffentlichte. Im

---

„liberal" in den USA eher linksliberale bis linke Positionen bezeichnet und man die ab den 1980er Jahren wieder stärker werdenden marktfreundlichen Strömungen von dem vermeintlich „guten" Liberalismus abgrenzen wollte. In Deutschland dürfte bei der Verwendung des Begriffs eine Rolle gespielt haben, dass man hierzulande neuem oft nicht sehr aufgeschlossen ist.

ersten ging es um die soziale Herkunft von Journalisten,[105] im zweiten um deren politische Ausrichtung.[106]

Der erste Beitrag wurde nur einmal (extern) zitiert (soweit ich das mitbekommen habe), nämlich von einer der SPÖ (Sozialdemokratische Partei Österreichs) nahestehenden Internetseite, die ihn als Ursache für eine angeblich nicht ausreichend linke Ausrichtung der Massenmedien sah. Schließlich kommen die meisten Journalisten aus der Mittel- und Oberschicht.

Weil die Mehrzahl der Journalisten sich politisch trotzdem der SPD und vor allem den Grünen zuordnen, wurde der zweite Beitrag von den meisten Kommentatoren als Beleg für eine „linke" Schlagseite der großen Verlage und Rundfunkanstalten gesehen. Angemerkt wurde aber auch, dass „grün" nicht gleichbedeutend mit „links" sei.[107]

Grundsätzlich lässt sich der Vorwurf der Einseitigkeit schwer beweisen oder entkräften. Zwar gibt es einige Untersuchungen dazu, die insbesondere im Zuge der Flüchtlingspolitik von Angela Merkel den großen Medienhäusern und Rundfunkanstalten tatsächlich Einseitigkeit vorwerfen.[108] Aber die Definition von „Einseitigkeit" ist schwierig. Radiale Verfechter offener Grenzen können etwa der Meinung sein, dass die großen Zeitungen vielmehr „rechts" wären, weil sie in der Mehrheit keine völlige Abschaffung der Grenzen wollen.

Weil die eigene Meinung meist als „neutral" und „objektiv richtig" betrachtet wird, ist jede abweichende Position „ideologisch". Überhaupt ist der Begriff der Ideologie zum Kampfbegriff verkommen, ebenso wie derjenige der Lobby. Ein Bericht, der sich für eine Beschränkung des Automobilverkehrs ausspricht, ist dann „grüne Ideologie" und „wahrscheinlich gesponsort von der Öko-Lobby". Umgekehrt wäre dann eine Stellungnahme für das Automobil „rückwärtsgewandte Ideologie der Auto-Lobby".[I]

[I] Ich persönlich schlage mich in dieser Debatte eher auf die Seite der Autogegner. Nach meiner Auffassung war die Verkehrspolitik lange so sehr auf das Auto ausgerichtet, dass zugunsten von Fahrradfahrern und Fußgängerinnen Nachholbedarf besteht.

War es früher anders? Veränderungen im Mediensektor

Corona könnte den deutschen Medien geholfen haben. Beim Edelmann Trust Barometer nahm das Vertrauen in sie in Deutschland um 3 Prozentpunkt zu.[109] Trotzdem erleben die großen Zeitungen und Fernsehsender seit Längerem ein hohes Misstrauen. Bei einer Befragung für das Online-Portal ZEIT-Online gaben 47 Prozent der Deutschen an, sie hätten „den Eindruck, dass die Medien in Deutschland einseitig berichten und von der Politik gelenkt würden".[110] Vermutlich hätten noch deutlich mehr Menschen zugestimmt, wäre da nicht der zweite Halbsatz, also der Verweis auf eine staatliche Lenkung.

Für diesen Eindruck gibt es mehrere Gründe. Paradoxerweise könnte gerade der Rückzug der Ideologien ab den 1990er-Jahren die Redaktionen ideologischer gemacht habe. Vorher wachten die Parteien über die Verteilung der Posten. Entsprechend waren einige Sender wie der Bayerische Rundfunk eher „schwarz", andere wie WDR und NDR eher „rot". Und im ZDF gab es mit *Frontal* eine Fernsehsendung, in der sich ein CDU-naher und ein SPD-naher Moderator gegenübersaßen. Auch die Redaktion war hälftig besetzt.

Das Konzept kam gut an, *Frontal* wurde zur erfolgreichsten Magazin-Sendung im ZDF. Nachdem der SPD-nahe Ulrich Kienzle in Rente gegangen war, wurde die Sendung eingestellt, auch mit der Begründung, dass das rechts-links-Schema überholt sei.[111]

Dass die Parteien nun weniger über die Sender wachten, ist zunächst positiv, allerdings könnte es dazu beigetragen haben, dass die Sender immer homogener wurden. Denn Gruppen neigen oft zu einer Homogenisierung. Als niemand mehr für die Balance der unterschiedlichen Lager sorgte, gewann das eine die Oberhand.

Hinzu kommt, dass die Medien unter dem Druck fallender Leserzahlen mehr auf Köpfe und Emotionen setzten. Die politische Meinung tritt dabei deutlich stärker zutage als bei reinen Nachrichten.

Wenngleich festzuhalten ist, dass das Vertrauen vor allem in Tageszeitungen und den öffentlich-rechtlichen Rundfunk noch immer groß ist. Die Kritik, hauptsächlich jene von rechts, hat sogar dazu geführt, dass sich die Reihen hinter den Medien geschlossen haben und die Kritik jenseits der Extreme geringer geworden ist. Die Corona-Krise könnte das Vertrauen in die etablierten Medien in großen Teilen noch einmal gestärkt haben. Allerdings um den Preis, dass das andere Lager sie nun umso stärker ablehnt.

Trotzdem bleibt die Frage, ob die politische Meinungsvielfalt in den Massenmedien abgenommen hat. Die Frage scheint für unser Thema zunächst unnötig. Denn ob ein Journalist Fakten aus der einen oder aus der anderen politischen Richtung vernachlässigt, scheint ja gleichgültig zu sein, wenn es um die Rolle von Fakten und empirischer Evidenz für Journalisten geht. Aber bei genauerem Überlegen ist diese Frage für uns trotzdem wichtig.

Denn sowohl zu viel als auch zu wenig Polarisierung lassen uns nachlässig im Umgang mit Fakten werden. Im ersten Fall deshalb, weil wir unseren Ansichten nicht mehr selbstkritisch begegnen und sie zunehmend als Fakten wahrnehmen, im zweiten, weil wir glauben uns keine Objektivität leisten zu können. Ein Argument, dass im Kontext des Klimawandels tatsächlich oft fällt: „Damit wir die Klimaziele noch erreichen, müssen wir die Lage übertreiben, um die Menschen zu mobilisieren."

Außerdem führen beide Umstände dazu, dass wir andere Meinungen schneller als „Alternative Fakten" einordnen.

Hinzu kommt, dass Teile der Bevölkerung schlicht keine Zeitungen oder Nachrichtensendungen mehr konsumieren, weil sie sich in den großen Nachrichtenmedien nicht wiederfinden. Stattdessen weichen sie auf fragwürdige Quellen aus oder verlassen sich auf ihr Erfahrungswissen (wozu sie vom angewandten Postmodernismus auch ermutigt wurden). Das würde die Ausbreitung einer postfaktischen Gesellschaft zweifellos beschleunigt haben.

Ein kurzer historischer Rückblick
Zeitungen waren früher oft politisch und konfessionell gebunden. Seit Mitte des 19. Jahrhunderts bezeichneten sich in Deutschland viele Zeitungen dann als „Generalanzeiger". Sie wollten damit zum Ausdruck bringen, dass sie überparteilich und ohne Bindung an eine bestimmte Partei waren.[112] Viele Blätter trugen den Zusatz

„Überparteilich – überkonfessionell" im Namen. Natürlich konnte der Anspruch nicht immer eingehalten werden, aber zumindest das Ziel war jetzt da.

In der Weimarer Republik waren konfessionelle oder parteigebundene Zeitungen noch weitverbreitet. Vor allem die Sozialdemokratie und katholische Kreise unterhielten eigene Publikationen, weil sie sich in den großen Blättern nicht ausreichend wiederfanden. In Würzburg gab es zu Beginn der 1920er-Jahre neben dem Würzburger-Generalanzeiger noch die vom Bauernbund herausgegebene Bayerische Landeszeitung, das katholische Fränkische Volksblatt und den sozialdemokratischen Fränkischen Volksfreund.[113] Heute existiert davon praktisch nur noch die Main Post als Nachfolgerin des General-Anzeigers, das Volksblatt gibt es dem Namen nach, allerdings weitgehend als Kopfblatt (ich komme gleich darauf zurück).[I]

Was geschah mit der Zeitungsvielfalt? Viele Zeitungen wurden von den Nationalsozialisten verboten und nach dem Krieg entweder nicht wieder gegründet (wie im Falle Würzburgs der Fränkische Volksfreund) oder verschwanden, wie das Fränkische Volksblatt, aufgrund wirtschaftlicher Schwierigkeiten (die Zeitung des Bauernbundes hatte bereits zu Zeiten der Weimarer Republik aufgeben müssen).

Mit der geringeren Zahl an Zeitungen nahm auch der Anspruch zu, diese müssten ausgeglichen berichten. Niemand hätte zuvor von einer sozialdemokratischen Zeitung verlangt, neutral zu sein und verschiedenen Standpunkten Raum zu geben.

Aber auch wenn die meisten Zeitungen nach dem Krieg einen überparteilichen und überkonfessionellen Anspruch hatten, so waren politische Schwerpunkte weiterhin klar erkennbar. Vor allem die Blätter des Springer-Verlags galten als konservativ. In Deutschland machten deshalb in den 1960er-Jahren Parolen wie „Enteignet

---

[I] Daneben erscheint in Würzburg die Wochenzeitung „Die Tagespost" (https://www.die-tagespost.de). Sie ist insofern interessant, als sie einer der letzten Rest des katholischen Zeitungswesens ist und bis heute einen konservativ-katholischen Kurs verfolgt. Sie ist allerdings keine Lokalzeitung, sondern erscheint deutschlandweit. Außerdem erscheint sie, trotz des Namens, mittlerweile nur noch wöchentlich.

Springer" die Runde. Eine Reihe von Autoren unterschrieb den Aufruf „Wir schreiben nicht für Springer". Auch die Zeitschrift Quick und die Frankfurter Allgemeine Zeitung galten als konservativ. Der Bayerische Rundfunk war ebenfalls „schwarz" und mit Gerhard Löwenthal gab es beim ZDF einen Journalisten, den man nach heutigen Kriterien wohl als „rechtsradikal" bezeichnen würde.

Frankfurter Rundschau oder Süddeutsche Zeitungen, aber auch Zeit, Spiegel und Stern, galten in den 1970er und 1980er-Jahren dagegen als eher links, ebenso WDR und NDR. Weil aber selbst Frankfurter Rundschau und Süddeutsche Zeitungen vielen Aktivisten nicht als links genug erschien, gründeten sie Ende der 1970er Jahre ihre eigene Zeitung, die sich nur „die tageszeitung" nannte, kurz taz.

Diese Aufteilung kam nach 1990 ins Wanken. Der US-amerikanische Philosoph Francis Fukuyama rief das „Ende der Geschichte" aus. Liberalismus und Marktwirtschaft hatten sich scheinbar durchgesetzt und alle Konkurrenten aus dem Weg geräumt. Die Abgrenzung zwischen konservativen und „linken" Medien wurde weniger scharf, persönliche Netzwerke konnten jetzt leichter die Grenzen zwischen den Titeln überwinden. Die „taz" verkaufte Anfang 2022 zwar nur rund 45.000 Exemplare (einschließlich rund 20.000 E-Paper).[114] Allerdings findet man im Lebenslauf vieler Journalisten, von Spiegel, Süddeutsche Zeitung bis zu F.A.Z. und Die Welt den Hinweis, dass der oder die Betreffende einst bei der taz beschäftigt gewesen sei.

Der zunächst erfreuliche Rückgang ideologischer Gegensätze könnte aber ungewollt zu einer Angleichung der Meinungen geführt haben – und damit letztlich zu einer erneuten Verschärfung der ideologischen Konflikte. In der Vergangenheit wachten die Verlage – und beim öffentlich-rechtlichen Rundfunk die Parteien – über die Ausrichtung der Zeitungen und Rundfunksender. Wie ein ehemaliger Mitarbeiter des Bayerischen Rundfunks berichtet, arbeiteten zwar auch in den 1980er-Jahren viele Sozialdemokraten bei dem Sender, allerdings nicht in den meinungsstarken Ressorts, sondern im Sport oder der Unterhaltung.

Auch die Tageszeitung Die Welt war lange Zeit klar konservativ positioniert. „Im Flugzeug lasse sich die ‚Welt' liegen. Das ist für mich eine Frage des Anstands. Springer ist nicht satisfaktionsfähig", zitiert Tilman Jens in seiner Biographie über Axel Springer einen Alt68er.[115]

Hinzu kommt, dass die Krise der Tageszeitungen die Titelzahl reduzierte. So verschwand in meiner Würzburger Heimatregion die katholisch-konservative Zeitung *Volksblatt* nach und nach. In den 1970er-Jahren begann eine Kooperation mit dem (stärkeren) Konkurrenten *Main Post*. Zunächst wurden nur Vertrieb, Anzeigenverkauf und wenige Redaktionen wie das Magazin gemeinsam betrieben, dann immer mehr Lokalredaktionen, schließlich auch die Zentralredaktionen. Heute ist das *Volksblatt* in den meisten Regionen völlig identisch mit der *Main Post*, es steht nur ein anderer Name auf dem Titel (ein sogenanntes Kopfblatt). Lediglich die Lokalredaktionen für Würzburg Stadt und Land sind noch erhalten geblieben.

Es gibt also viele Hinweise darauf, dass die oft beklagte Verengung des Meinungsspektrums real ist – und dass sie Auswirkungen auf die Frage hat, welche Rolle Fakten in der Berichterstattung spielen. Denn mehr Einseitigkeit in den Redaktionen führt einerseits dazu, dass dort die eigenen Meinungen immer stärker als Fakten wahrgenommen werden und andererseits dazu, dass enttäuschte Leserinnen und Leser sich abwenden und ihre Meinung lieber aus dem Bekanntenkreis oder sozialen Medien beziehen.

Abbildung 1: Werbung der Süddeutschen Zeitung aus den frühen 1990er Jahren.

Soziale Herkunft und politische Ausrichtung von Journalisten

Was sagen die Daten zu diesem Eindruck, dass die Redaktionen homogener geworden sind? Tatsächlich stammt nur eine Minderheit von 9 Prozent der Journalistinnen und Journalisten aus Arbeiterhaushalten, wie eine Erhebung aus dem Jahr 2006 zeigt. Bei 43 Prozent war der Hauptverdiener im Elternhaushalt Angestellter, bei 24 Prozent Beamter und bei 23 Prozent selbstständig (darunter 5 Prozent Freiberufler).[116]

Nun sind längst nicht alle Selbstständigen, Angestellten oder Beamten wohlhabend. Uwe Krüger irrt also, wenn er schreibt, „zwei Dritte aller Journalisten [seien] in einem gut abgesicherten Angestellten- oder Beamtenhaushalt groß geworden".[117] Zwar stammen zwei Drittel aus Angestellten- und Beamtenhaushalten, ob diese gut abgesichert sind, wissen wir nicht. Umgekehrt gibt es Facharbeiter und Techniker, die selbst zur gehobenen Mittelschicht gezählt werden können.

Trotzdem sind diese Daten ein Hinweis darauf, dass Journalisten überwiegend aus ähnlichen Milieus stammen. Auch wenn wir es nicht wissen, liegt der Verdacht nahe, dass die Eltern der meisten Journalisten keine einfachen Angestellten im Supermarkt oder in einem Schnellimbiss waren. Und ein einfacher Beamter bei der Stadtverwaltung mag zwar weniger verdienen als ein Facharbeiter, subjektiv wird er sich aber eher der Mittelschicht zuordnen als ein Arbeiter. Außerdem wird in Beamten- und Angestelltenfamilien im Durchschnitt mehr gelesen. Insofern unterscheidet sich die Herkunft der Journalistinnen und Journalisten deutlich von derjenigen der Bevölkerungsmehrheit.

Außerdem werden in Haushalten mit höherem Bildungsabschluss der Eltern tendenziell mehr und anspruchsvollere Nachrichtenmedien konsumiert. Die Kinder kommen früher mit Büchern und damit auch mit dem Themengebiet Sprache in Berührung. Der hohe Anteil von Kindern aus Beamten- und Angestelltenhaushalten ist also nicht verwunderlich.

Der Journalistenberuf zieht immer noch viele junge Menschen an. Vielleicht auch, weil eine wachsende Gruppe über ihr Elternhaus so gut finanziell abgesichert ist, dass ein hoher Verdienst nicht mehr die ganz große Rolle bei der Berufswahl spielt.

Die Zugangshürden sind deshalb hoch, der sprichwörtliche gescheiterte Abiturient wird heute kein Volontariat mehr erhalten, selbst der gescheiterte Student nicht. Das erschwert den Zugang für Bewerber aus bildungsfernen Milieus. Gleichzeitig gibt es aber nur wenige gut bezahlte und sichere Jobs, sodass vor allem die „Überzeugungstäter" übrigbleiben. Dazu gehören leidenschaftliche Journalisten, aber auch jene, die eine klare Meinung haben und die auch gerne verkünden möchten. Ein Phänomen, dass es noch weit stärker bei all den unbezahlten Medienschaffenden gibt, also Bloggerinnen, Wikipedia-Autoren oder ähnlichen (weshalb vieles dafür spricht, dass wir auch in der Zukunft bezahlte Journalistinnen benötigen).

Obwohl die meisten Journalisten zumindest häufiger eher wohlhabenderen Familien kommen, wählen sie allerdings insgesamt primär SPD und Grüne. Die oben zitierte Erhebung hatte Journalisten auch nach ihrer Parteipräferenz gefragt. 23 Prozent gaben an, keine besondere Partei zu unterstützen. Bei den übrigen ist die Sache eindeutig. Mit 36 Prozent wäre Bündnis90/Die Grünen mit Abstand stärkste Partei, die SPD würde mit 25 Prozent auf Platz 2 landen. CDU und CSU kämen nur auf elf Prozent, die FDP auf sechs.

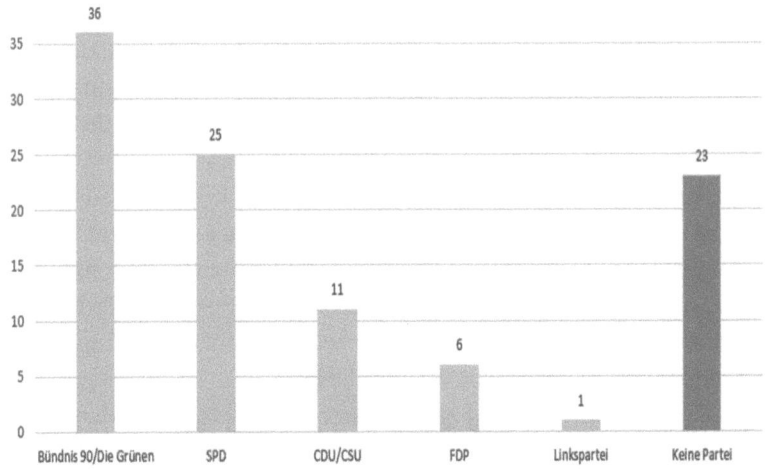

Abbildung 2: Parteipräferenzen von Journalisten im Jahr 2006
Quelle: Die Souffleure der Mediengesellschaft

Damit weicht die Parteienpräferenz der Journalisten tatsächlich deutlich von derjenigen der meisten Wähler ab. Ein Jahr zuvor war in Deutschland Bundestagswahl gewesen, damals kam „Rot/Grün" auf rund 42 Prozent, „Schwarz/Gelb" dagegen auf 45.

Natürlich lassen sich beide Zahlen nicht problemlos vergleichen. Erstens sind Parteienpräferenzen keine Wahlergebnisse. Hinzu kommt, dass die 23 Prozent, die nach eigenen Angaben keine bestimmte Partei bevorzugen, nicht alles Nichtwählende sind. Viele würden sich für eine Partei entscheiden, die Ergebnisse könnten sich dann noch etwas ändern.

Trotzdem kann man anhand der Daten behaupten, dass Bündnis90/Die Grünen unter den Journalisten deutlich mehr Anhänger hat als in der Gesamtbevölkerung. Anhänger von CDU und CSU, der FDP aber auch der Linkspartei waren zum Zeitpunkt der Umfrage in den Redaktionen dagegen seltener vertreten waren als in der Gesamtbevölkerung. Die Alternative für Deutschland gab es damals noch nicht.

Eine Umfrage der Berliner Professorin Margreth Lünendonk aus dem Jahr 2010 unter Politikjournalisten und -journalistinnen kommt zu ähnlichen Ergebnissen. Zwar ist darin der Anteil der Grünen-Wähler etwas geringer und derjenigen, die sich keiner Partei zuordnen wollen, etwas höher, das deutliche Übergewicht zugunsten von Rot-Grün bleibt aber auch hier.[118] Wobei Bündnis90/Die Grünen auch hier deutlich besser abschneidet als die SPD.

Der Trend ist nicht neu. Schon für die Wahl 1976 hatte Elisabeth Noelle-Neumann einen deutlichen Unterschied zwischen den Wahlabsichten von Journalisten und denen der Gesamtbevölkerung festgestellt. Damals wollten 49 Prozent der Wahlberechtigten die CDU oder CSU wählen, 42 die SPD, aber nur 21 Prozent der Journalisten die CDU oder CSU und 55 Prozent die SPD.[119]

Der Unterschied zwischen Gesamtbevölkerung und Journalisten scheint sogar größer geworden zu sein, zumal damals immerhin 24 Prozent der Journalisten die FDP wählen wollten (gegenüber 8 Prozent der Gesamtwähler). Wobei wir auch hier bedenken müssen, dass die beiden neueren Erhebungen Parteipräferenzen erheben, Noelle-Neumann dagegen Wahlabsichten.

Auch die beiden neueren Umfragen sind allerdings mehr als zehn Jahre alt. Seitdem haben sich die politischen Kräfte deutlich verschoben, in vielen Zeitungen gingen liberale oder konservative Journalisten in den Ruhestand. Der Unterschied dürfte also seitdem noch weitaus deutlicher geworden sein.

Darauf deutet auch eine Befragung von Volontärinnen und Volontären der ARD hin. Sie kam zu dem Ergebnis, dass 57,1 Prozent die Partei Bündnis90/Die Grünen wählen würden und 23,4 Prozent die Linkspartei. CDU und CSU kommen dagegen zusammen nur auf 2,6 Prozent, die FDP auf 1,3 Prozent.[120]

Ein geradezu drastischer Unterschied zur allgemeinen Wahlentscheidung. Das häufig subjektiv wahrgenommene Übergewicht zugunsten von Bündnis90/Die Grünen aber auch linken Parteien wie SPD und Linkspartei ist also keine Einbildung.

Daten aus anderen Ländern lassen vermuten, dass es auch dort eine große Kluft zwischen den Positionen der Journalistinnen und Journalisten und der Mehrheitsbevölkerung gibt. In den USA gingen im Jahr 2016 – je nach Erhebung – 94 bis 97 Prozent der Parteispenden von Journalisten an die demokratische Partei.[121] Nun stand in den USA damals Donald Trump zur Wahl, trotzdem zeigen die Daten einen deutlichen die Kluft zwischen den Ansichten der Journalisten und der Bevölkerung insgesamt.

Auch in den Film- und Fernsehstudios wird offenbar immer ähnlicher gedacht, Platz für unterschiedliche Sichtweisen gibt es weniger. Schon 2012 schrieb der Autor Jonathan Chait im New York Magazin, dass die Studios bei der Aufarbeitung der Weltwirtschaftskrise vorwiegend die linke (im Original: liberal) Sichtweise übernommen hätten, nach der die Gier der Banken schuld an dem Desaster sei. Die von konservativen Ökonomen und Politikern betonte Sicht, dass vor allem durch staatliche Regulierung erzwungene Vergabe von Immobilienkrediten an Menschen mit geringem Einkommen zu der Krise geführt habe, komme dagegen in den Filmen der großen Studios nicht vor.[122]

Woher kommt diese zunehmende Homogenität? Grundsätzlich zeigen alle Organisationen einen Hang zur Angleichung. „Wie andere soziale Milieus auch neigen Medienbranche und Kulturbetrieb zum Konformismus. Wer dazu gehören will, folgt bestimmten Codes, übernimmt die gängigen Prämissen und hütet sich, die angesagten Sichtweisen kritisch zu betrachten", schreibt der Publizist Michael Miersch.[123]

Außerdem mag der Journalistenberuf für manche politischen Lager attraktiver sein als für andere. Viele Grünen-Wähler mögen vor einer Karriere in einer Bank oder bei einem großen Konzern eher zurückschrecken als CDU-, CSU- oder FDP-Wähler. Entsprechend bleiben weniger Alternativen zum Journalistenberuf.

Festzustellen bleibt aber, dass klassische journalistische Nachrichtenquellen nach wie vor deutlich glaubhafter sind als Nachrichten in sozialen Netzwerken oder von dubiosen Blogs.

Abkehr vom Faktenjournalismus?

Für unsere Frage – nämlich nach der Bedeutung von Fakten – ist eine andere Frage viel wichtiger als die, ob Journalisten ähnlich denken. Nämlich die, ob sie sich trotzdem an die Fakten halten. Hat die Homogenität der Meinungen Folgen für die Berichterstattung?

Tatsächlich gibt es einige Hinweise darauf, zunächst einmal die Aussagen von Journalistinnen und Journalisten selbst. „Grundsätzlich glaube ich, dass Journalisten wieder über einen werteorientierten Journalismus nachdenken sollten", meint etwa Georg Restle, Moderator des Politmagazins Monitor. Und mit werteorientiert ist hier natürlich ein politischer Standpunkt gemeint. Auch Anja Reschke, Leiterin Innenpolitik beim NDR, sekundiert: „Diese fixe Idee neutraler Berichterstattung finde ich absurd."

Für Graham Majin, Dozent für Dokumentarjournalismus an der Bournemouth University in Großbritannien und ehemaliger Mitarbeiter der britischen BBC beginnt diese Abkehr von den Fakten in den 1960er Jahren mit dem kanadischen Philosophen Marshall McLuhan, der den klassischen Idealen des (angelsächsischen) Journalismus wie Objektivität, Trennung von Meinung und Fakten, sorgfältige Recherche ein stärker auf Emotionen und Gefühlen basierendes Modell von Journalismus entgegensetzte.[124]

> McLuhans Einfluss auf den Journalismus war erheblich. Seine Botschaft war, dass alle Techniken und Werte des viktorianischen liberalen Journalismus über Bord geworfen werden sollten. Die altmodische Suche nach der Wahrheit mit den Mitteln der Ausgewogenheit, Objektivität und Unparteilichkeit galt nicht mehr. Obwohl McLuhans Erkenntnis von älteren Journalisten mit Gleichgültigkeit oder Spott aufgenommen wurde, war sie für viele junge Autoren ein Damaskus-Moment.
> Graham Majin

Nach McLuhans Ansicht verschloss die Rationalität den Menschen die Augen für die „tiefere" Wahrheit. Nur wer die traditionellen Weisheiten ablehne, könne eine dauerhaft bessere Welt schaffen.

Ein Credo, dass dem des angewandten Postmodernismus ähnelt, mit dem wir uns später noch befassen.

Für McLuhan lag das Problem im Medium selbst. Gedruckte Bücher und Zeitungen waren für ihn „kühle Medien", die mündliche Überlieferung, aber auch das damals junge Medium Fernsehen dagegen „warme".

Man kann über diese esoterische Einschätzung lächeln, zumal McLuhan handgeschriebene Bücher als „warm" klassifizierte, gedruckte aber als „kühl".

Allerdings gibt es einige Ansätze, die bedenkenswert sind. Tatsächlich ist das Fernsehen ein sehr emotionales Medium, das zeigen viele Studien. Hinzu kommt, dass wir uns beim Fernsehen und Radio hören stärker „berieseln" lassen können. Beim Lesen müssen wir uns anstrengen. Das führt paradoxerweise nicht dazu, dass wir den Inhalt weniger kritisch aufnehmen, weil unser Gehirn mit lesen beschäftigt ist, sondern dazu, dass wir unseren Verstand aktivieren – oder wie Kahnemann es beschreibt, das „langsame Denken".[125] Dabei denken wir analytischer und hinterfragen stärker (allerdings gilt das noch mehr für handgeschriebene Bücher, weil uns das Lesen da schwerer fällt).

Im Internet wird zwar ebenfalls viel mit Schrift gearbeitet (auch wenn die Bedeutung von Videos und Bildern steigt), allerdings bevorzugen gerade Kommunikationsformen wie Twitter und Facebook kurze Texte, bei denen kein Platz für Argumentationen bleibt.

Laut Graham Majin beschrieb McLuhan aber nicht nur eine Entwicklung, er beförderte sie auch, weil er junge Journalistinnen und Journalisten ermutigte, emotionaler zu schreiben.

Ob sein Einfluss wirklich so groß war, sei dahingestellt. Denkbar ist auch, dass er einfach auf einen Zeitgeist traf, der mehr Emotionalität einforderte.

Lässt sich die Objektivität der Medien messen?

Idealerweise könnten wir die Abkehr von Fakten messen, egal ob sie durch neue Medien, Moden oder weniger Meinungsvielfalt ausgelöst wurden. Doch das ist gar nicht so einfach. Dem „Feindliche-

Medien-Effekt unterliegen auch Forscher, deshalb ist es schwer Einseitigkeit zu messen.

Allerdings ist es schwer sich vorzustellen, dass die eigene Meinung die Berichterstattung nicht im Sinne der unterstützten Partei beeinflusst. Wie wir gesehen haben, ist Objektivität nicht möglich. Elisabeth Noelle-Neumann schreibt deshalb über die Berichterstattung vor der Wahl 1976, bei der sich die Zeitungen überwiegend auf die Seite der SPD-FDP-Koalition stellten: „Die Journalisten haben nicht manipuliert, sie sahen es so."[126]

Immer wieder wurde versucht, trotzdem die Tendenz der Berichterstattung zu messen. Tatsächlich bietet insbesondere die qualitative Sozialforschung einige vielversprechende Ansätze die Frage zu beantworten, ohne natürlich selbst 100 Prozent Objektivität gewährleisten zu können. Sowenig es die im Journalismus gibt, so wenig können Demoskopinnen und Wissenschaftler zu 100 Prozent objektiv sein.

Elisabeth Noelle-Neumann untersuchte in ihrem bereits zitierten Buch "Die Schweigespirale" nicht nur Aussagen, sondern auch die Bildersprache und wertete aus, wie oft ein Kandidat aus der (vorteilhaften) Direktansicht oder aber aus der (unvorteilhaften) Frosch- oder Vogelperspektive gezeigt wird. Auch ob beim Applaus für einen Kandidaten nur wenige Menschen oder viele Menschen gezeigt wurden, wurde ausgewertet, ebenso ob sich der Moderator gegenüber einem Kanzlerkandidaten (damals Helmut Schmidt und Franz Josef Strauß) in seiner Körpersprache offensiv oder defensiv verhält.[127]

Trotzdem – oder gerade wegen der stark qualitativen und sehr ausführlichen Analyse – wurde die Erhebung häufig als nicht aussagekräftig kritisiert. Das zeigt die Grenzen einer solchen Analyse.

Ich habe daher nur wenig aktuelle Untersuchungen zur Objektivität der Berichterstattung gefunden. Der Kommunikationswissenschaftler Nikolaus Jakob kommt bei einer Untersuchung der Kommentare der Tagesthemen zu dem Urteil, dass tatsächlich überwiegend Positionen aus dem linken und alternativen Bereich vertreten werden.[128]

> Ich kann nachvollziehen, dass sich Zuschauer aus dem bürgerlich-konservativen Milieu [in den Kommentaren der Tagesthemen] manchmal nicht ausreichend repräsentiert fühlen.
> Nikolaus Jakob, Kommunikationswissenschaftler.

Dem Vorwurf widerspricht der Chefredakteur von Tagesschau und Tagesthemen. Die Redaktion achte stattdessen auf eine Gleichverteilung und behandele sogar die AfD wie alle anderen Parteien.

Beide Seiten haben wohl recht. Tatsächlich ist es weithin anerkannt, dass die Tagesschau und die Tagesthemen nach wie vor um eine objektive Berichterstattung bemüht sind. Und ein Kommentar ist eben ein Kommentar, er transportiert keine Fakten, sondern Meinungen.

Allerdings ist der Widerspruch des Chefredakteurs auch etwas naiv. Denn so sehr jemand auch um Objektivität bemüht ist, die eigene Meinung spielt immer eine Rolle.

Das beginnt bei der Frage, worüber man berichtet. Schafft es eine Studie in die Nachrichten, die sagt, dass Atomkraft ein wichtiger Baustein im Kampf gegen die Erderwärmung sein kann oder eine, die das Gegenteil behauptet? Berichtet man darüber, dass indische Bauern gegen Beschränkungen bei der Verwendung von mit Gentechnik gezüchteten Pflanzensorten protestieren oder über eine Demonstration gegen grüne Gentechnik? Und schafft es eine Pressemeldung der Grünen in die Nachrichten oder eine der bei der Bundestagswahl 2021 ähnlich starken FDP?

Tatsächlich habe auch ich mich schon gewundert, wie oft über Presseinformationen der Grünen berichtet wird. Dass man auf Infobildschirmen der U-Bahn oder im Radio eine Nachricht liest oder hört, die mit den Sätzen beginnt: „Die FDP fordert...", kommt dagegen kaum vor.

Christoph Schwennicke, ehemaliger Spiegel-Redakteur und heute Chefredakteur des Monatsmagazins Cicero, fordert 2019, Journalisten bräuchten wieder mehr Distanz zur damals „kleinsten Oppositionspartei".[129] Änderungsvorschläge der Partei zum Klimapaket der Bundesregierung seien an einem Samstag den ganzen Tag die Top-Nachricht gewesen, teilweise gefolgt von einer Meldung, dass die Grünen in Sachsen für eine Kenia-Koalition mit CDU und SPD bereit wären.

> Diese Sonderstellung, diese Privilegierung der Grünen im medialen Betrieb geht längst so weit, dass deren Spitzenpersonal schon gar nicht mehr gewohnt ist, mal härter angepackt zu werden, was bei einem Björn Höcke und einem Alexander Gauland und auch einem Christian Lindner immer selbstverständlich und zu Recht der Fall ist. So muss Journalismus sein. Er hält keine Steigbügel hin, sondern wirft Stöckchen zwischen die Beine. Und zwar zwischen die Beine aller.
> Christoph Schwennicke

Tatsächlich spricht einiges dafür, dass Schwennicke recht hat. Man denke an die mediale Aufregung über die Kritik an der Grünen-Kanzlerkandidatin Annalena Baerbock, während teils deutlich heftigere Angriffe auf Kandidaten anderer Parteien ohne Empörung blieben. Solche Beobachtungen fallen freilich ein Stück weit in die Kategorie der „anekdotischen Evidenz", decken sich aber mit unseren empirischen Beobachtungen.

Auch wenn man den Journalistinnen und Journalisten nur die besten Absichten unterstellt, natürlich wirken sich ihre Meinungen auf die Berichterstattung aus. Das zeigt etwa die auf Vorurteilen gründende Berichterstattung des Journalisten Hans Leyendecker im Bad Kleinen Skandal. In dem Beitrag wurde den Polizisten der Spezialeinheit GSG9 unterstellt, den Terroristen Wolfgang Grams hingerichtet zu haben. Die Behauptung beruhte zwar auf sehr schwachen Indizien, die aber passten gut zu Leyendeckers Erwartungen. Also wurden sie relativ ungeprüft übernommen. Auch hier gilt, dass Leyendecker vermutlich nicht manipulieren wollte, er glaubte die Schilderungen wohl wirklich.[130]

Zumal die starke Homogenität der Meinungen auch vergessen lässt, dass es sich bei der eigenen Meinung nur um eine Meinung handelt und nicht um eine objektive Wahrheit.

Diese Verzerrung aufgrund eigener Erfahrungen und Meinungen gilt selbstverständlich nicht nur für die Vorliebe vieler Journalisten für eine Partei. Auch bei der Themenwahl hat die soziale Herkunft Einfluss. Berichte über den Arbeitsalltag von Lehrern sind Legion, beispielsweise über neue Herausforderungen durch die hohe Zahl von Flüchtlingskindern nach 2015. Dass auch die Angestellten in den Jobcentern und Sozialämtern davon betroffen sind, wird seltener berichtet. Natürlich war praktisch jeder selbst mal in der Schule und kann die Probleme dort leichter nachvollziehen. Viele haben außerdem Kinder, die davon betroffen sind. Aber das allein erklärt die Diskrepanz nicht. Genauso wichtig ist, dass sich Lehrer und Journalistinnen aus einem ähnlichen Milieu rekrutieren. Der Alltag einer Lehrerin ist vielen Journalisten aus dem eigenen Bekanntenkreis oder sogar durch die eigene Ehepartnerin bekannt

Das ist keine Böswilligkeit von Journalisten. Es ist Folge der Tatsache, dass es Menschen mit einer bestimmten Prägung und bestimmten Ansichten sind. So gesehen ist es fast positiv, dass die kommerziellen Medien Auflage oder Einschaltquote im Blick haben müssen.

Die Studie der RAND Corporation zur rückläufigen Bedeutung von Fakten in der Berichterstattung

Die US-Denkfabrik RAND hat versucht, den qualitativ häufig beschrieben Wandel in der Medienwelt auch quantitativ, also statistisch, zu erfassen. „Facts versus Opinion" heißt die Analyse aus dem Jahr 2018, die für die USA eine steigende Subjektivität in der Berichterstattung feststellt.

Dafür wurde die Computer-Software RAND-Lex entwickelt, die maschinelles Lernen mit Textanalyse kombiniert, um Muster in der Wort- und Phrasenverwendung zu identifizieren. Sie betrachtet die Häufigkeit bestimmter Wörter, Phrasen oder Zeichen und ordnet dann einem von 121 linguistischen Maßen oder Merkmalen eine Punktzahl zu.

Damit können weit größere Datenmengen ausgewertet werden als mit klassischen qualitativen Verfahren. Die Analyse der RAND Corporation untersuchte insgesamt 27.000 Artikel mit 28 Millionen Wörtern.

In Sprache und Ton der Berichterstattung in New York Times, Washington Post und St. Louis Post gab es in den vergangenen 30 Jahren einige Veränderungen. So wurden weniger Hintergrundinformationen zu Positionen und Aufgaben von Personen geliefert, dafür Emotionen stärker betont als zuvor.

"So wurde in der Berichterstattung der drei Zeitungen vor dem Jahr 2000 eine Sprache verwendet, die stärker ereignis- und kontextbezogen war als in Geschichten, die nach dem Jahr 2000 geschrieben wurden; Geschichten vor dem Jahr 2000 enthielten auch mehr Verweise auf Zeit, offizielle Titel, Positionen und Institutionen und verwendeten mehr beschreibende, ausführliche Sprache, um Details der Geschichte zu liefern. Im Gegensatz dazu stellte das Team fest, dass in der Berichterstattung nach 2000 mehr Geschichten erzählt wurden und Interaktionen, persönliche Perspektiven und Emotionen stärker betont wurden als in den Geschichten vor 2000."

Übersetzung einer Feststellung aus dem Bericht „Facts versus Opinion" der RAND Corporation

Eine ähnliche Entwicklung gab es bei den großen Fernsehstationen, dem Broadcast Television, wie es im Text heißt. Auch hier gab es eine allmähliche Verschiebung in der Fernsehberichterstattung von einer eher sachlich-faktenorientierten Darstellung in der Zeit vor dem Jahr 2000, in der Nachrichtenberichte dazu tendierten, eine präzise und konkrete Sprache zu verwenden und sich häufig auf öffentliche Autoritätsquellen beriefen, zu einer eher subjektiven Berichterstattung nach dem Jahr 2000, in der Nachrichtenberichte mehr auf Meinungsäußerungen, Interviews und Argumente setzten.

Die Entwicklung bei den großen Fernsehsendern und den Zeitungen ist aber bei Weitem nicht so drastisch wie beim Kabelfernsehen.[1] Im Vergleich zur Nachrichtenpräsentation im Broadcasting TV fanden die Forscher im Kabelprogramm zur Hauptsendezeit eine ihrer Meinung nach geradezu dramatische Verschiebung hin

---

[1] In den USA gibt es keine Dualität von öffentlich-rechtlichem und privatem Rundfunk. Zwar gibt es den Public Broadcasting Service (PBS), der mit öffentlichen Mitteln gefördert wird. Allerdings finanziert der sich überwiegend aus Spenden, staatliche Zuschüsse machen nur einen kleinen Teil des Budgets aus. Stattdessen wird im Bericht der RAND Corporation zwischen Broadcast TV und Cable TV unterschieden, also zwischen Rundfunkfernsehen (das traditionell auch terrestrisch, also über Antenne verbreitet wird) und Kabelfernsehen. Zum Broadcast TV gehören vor allem die großen Networks wie ABC, NBC oder der Fox Broadcasting Corporation. Diese senden ein landesweites Programm, das von Lokalsendern mit regionalen Berichten ergänzt wird (daher der Begriff „Networks"). Durch diese Konstellation ist die Zielgruppe sehr groß. Dagegen sprechen die Kabelsender oft eine deutlich engere Zielgruppe an. Zu den Kabelsendern zählen auch die Nachrichtensender CNN und Fox News (nicht zu verwechseln mit der Fox Broadcasting Company, die zwar ebenfalls zur Fox Corporation gehört, aber ein eigener Sender ist).

zu subjektiver, direktiver und argumentativer Sprache. Der Inhalt basiere dabei mehr auf der Äußerung von Meinungen als auf der Vermittlung von Fakten.

> Kabelprogramme, insbesondere zur Hauptsendezeit, tendieren dazu, meinungsbasierte Sendungen zu zeigen, die von Experten geleitet werden, auf ein engeres Publikum ausgerichtet sind und Meinungen und provokatives Material nutzen, um Aufmerksamkeit zu erregen, während das Broadcasting TV auf ein breiteres Publikum abzielt und sich eher an traditionelle Formen der Berichterstattung hält.
>
> Aus dem Bericht „Facts versus Opinion" der RAND Corporation

Kein Wunder, dass die Zuschauer der Nachrichtensender CNN und Fox New dem jeweils anderen Sender die Verbreitung von Fake News und Alternativen Fakten vorwerfen.

Ebenfalls stärker subjektiv ist die Berichterstattung in den Online-Medien, selbst wenn sie von großen Verlagen bereitgestellt wird. Weil das Thema aber so wichtig für Alternative Fakten ist, habe ich – im Anschluss an dieses Kapitel – ein eigenes Kapitel zu Online-Medien erstellt.

Fallbeispiel Genmücke[131]

Wie beeinflusst der Trend zur Subjektivität die Verwendung von Fakten in den Berichten? Wir haben bereits gesehen, dass die Übereinstimmung einer Information mit der eigenen Meinung die Fähigkeit (und die Bereitschaft) reduziert, sie zu überprüfen. Wie das funktionieren kann, zeigt ein Beispiel aus dem Spätsommer 2019. Damals wurde im Magazin *Nature* ein Beitrag über ein Experiment in Brasilien veröffentlicht, bei dem gentechnisch veränderte Mücken freigesetzt wurden.

Sie wurden so gezüchtet, dass sie sich nur dann entwickeln können, wenn sie eine bestimmte Chemikalie zu sich nehmen. Diese erhalten sie im Labor, in der Natur kommt sie jedoch nicht vor. Deshalb können die erwachsenen Mücken zwar überleben und Nachwuchs zeugen, dieser aber ist nicht überlebensfähig, denn zum Wachsen bräuchte er jene Chemikalie, die seine Väter im Labor bekamen.

Die männlichen Mücken mit dem gentechnisch veränderten Erbgut werden freigelassen, damit sie wild lebende weiblichen Mücken befruchten. Der gemeinsame Nachwuchs ist nicht lebensfähig, die Mückenpopulation reduziert sich damit ohne den Einsatz von Gift. Man erhöht also zunächst die Zahl der Mücken, was aber nicht besonders tragisch ist, da nur die weiblichen Tiere stechen. Langfristig geht die Zahl der Mücken zurück, weil die Fortpflanzung gestört wird. Tatsächlich reduzierte sich die Zahl der Stechmücken in Testregionen um etwa 98 Prozent.

Die meisten „Überträger-Mücken" sterben nach kurzer Zeit und hinterlassen aus den beschriebenen Gründen keine Nachfahren. Allerdings funktioniert das nicht immer. Einzelne Mücken können fruchtbar sein.

In einem Beitrag für das Fachjournal wurde von einem der Beteiligten die Befürchtung aufgeworfen, die Mückenpopulation könnte durch diese Einkreuzung einer fremden Art resistenter werden. Die Mitautorinnen und -autoren sahen das anders und widersprachen.

Eine auf den ersten Blick für die Allgemeinheit wenig spannende wissenschaftliche Debatte. Allerdings wurde die Meldung auf dem Weg in die deutschen Nachrichten so verfälscht, dass daraus eine Horrormeldung wurde.

„Unkontrollierbare Situation nach gescheitertem Genexperiment: Millionen mutierte Mücken freigesetzt", schrieb das fränkische Internetportal Infranken.de.[132] Und weiter: „In Brasilien ist ein Genexperiment mit Moskitos nach jahrelangen Tests schiefgelaufen. Mehrere Millionen genveränderte Tiere konnten dabei in Umlauf geraten, die Wissenschaftler sprechen von einer „unkontrollierbaren Situation." Der Bericht liest sich wie eine Reportage aus Frankensteins Labor.

> Mutierte Moskitos: Bei einem Feldversuch an Mücken haben die Forscher des britischen Unternehmens Oxitec eine neue genmanipulierte Moskitoart erschaffen. Während des Experiments wurden mehrere Millionen dieser Mücken freigesetzt und befinden sich nun in freiem Umlauf.
> Infranken.de

Wie oben dargestellt ist das Experiment keineswegs gescheitert. Das einige Mücken überlebt haben, war zu erwarten. Wie gewünscht ist die Zahl der Mücken im Versuchsgebiet deutlich zurückgegangen. Und die mehreren Millionen Mücken, die sich angeblich im Umlauf befinden, sind überwiegend sofort gestorben. Hier von Alternativen Fakten zu sprechen, ist nicht übertrieben.

Nun gilt *Infranken.de* nicht als Hort des Qualitätsjournalismus. Hauptthema der Seite sind Un- und Überfälle. Aber auch fast alle anderen Medien haben die Geschichte gebracht, wenngleich weniger boulevardesk. Selbst die Tagesschau titelt auf ihrer Internetseite „Gentechnik-Mücken breiten sich aus" und behauptet ebenfalls, das Weiterleben der Insekten sei ungeplant gewesen.[133] Ähnlich äußerten sich fast alle anderen Medien, lediglich die Süddeutsche Zeitung legte einen umfassenden Bericht vor, in dem alle Seiten zu Wort kamen.[134]

Urheber der Ente war die Deutsche Presseagentur dpa. Dort griff ein Journalist vermutlich direkt auf eine Presseinformation des Anti-Gentechnik-Vereins Testbiotech zurück und publizierte sie ungeprüft. Ein gravierender journalistischer Fehler. Weder die Studienautoren noch das verantwortliche Unternehmen Oxitech oder die brasilianischen Behörden wurden kontaktiert.

Stattdessen holte dpa nur eine Stellungnahme des Anti-Gentechnik-Vereins Testbiotech ein. Deren Geschäftsführer Christoph Then ist auch Urheber des in vielen Artikeln wiederholten Zitats von der „weitgehend unkontrollierbaren Situation".

Steckt Absicht hinter dem Fehlverhalten von dpa? Vielleicht Korruption? Wohl eher nicht, vermutlich einfach nur normales menschliches Verhalten. Die oben beschriebene Darstellung entsprach schlicht den eigenen Vorurteilen und Meinungen des Journalisten. Und Testbiotech zu kontaktieren ist einfacher, als Kontakt zu einer Behörde in Brasilien aufzunehmen.

Andere Nachrichtenmedien übernahmen den Beitrag ungeprüft. Warum auch nicht, denn dpa gilt als seriöse Quelle. Nach Recherchen des Wissenschaftsjournalisten Ludger Wess nahm kein einziger deutscher Journalist zu Oxitech oder den Behörden Kontakt auf.[135]

Ich habe bei meiner eigenen Arbeit in verschiedenen Redaktionen oft erlebt, dass unter aktuellem Zeitdruck Meldungen von Agenturen nur etwas umformuliert und manchmal auf die eigene Zielgruppe zugeschnitten werden. Auch im Fall der Genmücke lief es vermutlich ähnlich ab.

Problematischer ist, dass die meisten Nachrichtenseiten ihre Meldung auch dann meistens nicht korrigierten, als sie auf den Fehler hingewiesen wurden. Stattdessen begnügte man sich mit kleinen Änderungen. Anders als das Fachjournal, in dem die Studie publiziert worden war, auf die sich die Beiträge beziehen. Hier wurde über die Kritik ausführlich berichtet.[136]

Denn die Meldung passte gut ins Weltbild der meisten Journalistinnen und Journalisten. Auch deshalb ereignete sich wenig später ein ähnlicher Fall. Wieder war es die Nachrichtenagentur dpa, die eine Presseinformation von Gentechnikgegnern ungeprüft verbreitete. Angeblich habe man ein Verfahren zum Nachweis „neuer Gentechnik"[1] gefunden. Man könne mit diesem Verfahren untersuchen, ob ein Organismus gentechnisch verändert sei.

Die Nachricht war falsch, gefunden hatte man nur eine Mutation und auch die erst, nachdem die Gentechnik-Firma darauf hingewiesen hatte. Ob diese Änderung durch Gentechnik herbeigeführt wurde, kann das Verfahren nicht feststellen. Sonst hätte man gemerkt, dass die Mutation ohne den Einsatz dieser Verfahren zustande kam.[137]

Die RAND Corporation hat aber nicht nur eine Zunahme der subjektiven Meinungsäußerungen festgestellt, sondern auch eine fortschreitende Emotionalisierung. Themen werden häufig an Personen festgemacht. Statt über die Proteste gegen die Lesung eines Autors zu berichten, wird dann wahlweise entweder der Autor oder einer seiner Gegenspieler eingeladen.

---

[1] Gemeint sind damit neue Verfahren wir CRISP, die ähnlich wie natürliche Mutationen entstehen und daher auch nicht von solchen zu unterscheiden sind.

Die aktuelle Lage der Massenmedien

Die Emotionalisierung ist auch eine Folge des Aufstiegs des Internets. Zeitungen, Zeitschriften und Online-Portale mit Bezahlschranke müssen einen Mehrwert gegenüber kostenlosen Nachrichten aus dem Netz oder den Radionachrichten bieten. Den suchen viele Verlage im Emotionalen. Emotionen sind aber selten abwägend.

Das dürfte auch ein wesentlicher Grund sein, warum in den USA hauptsächlich die Kabelsender sich so viel klarer positioniert haben. Ihr Geschäftsmodell steht besonders unter Druck, seit Videos auf Plattformen wie YouTube in großer Zahl verfügbar sind.

Aber auch das Geschäft der Zeitungen und Zeitschriften leider. Die deutschen Tageszeitungen einschließlich der Sonntagsausgaben und Sonntagszeitungen verkauften im 3. Quartal des Jahres 2020 durchschnittlich pro Erscheinungstag 14,2 Millionen Exemplare, ein Minus von 5,3 Prozent oder 800.000 Zeitungen gegenüber dem Vorjahreszeitraum. Zwar nahm die Zahl der ePaper-Ausgaben um rund 20 Prozent zu, deren Zahl liegt mit 1,9 Millionen aber immer noch vergleichsweise niedrig. Etwas besser ging es den Wochenzeitungen, sie verkauften mit 1,7 Millionen rund 1,8 Prozent mehr.[138]

1991, also direkt nach der Wiedervereinigung, wurden in Deutschland täglich 27,3 Millionen Tageszeitungen verkauft.[139] Innerhalb von zwei Jahren ging die Auflage bis 1993 um rund zwei Millionen zurück, vermutlich auch weil Menschen in der ehemaligen DDR ihre Abos kündigten. Sei es, weil sie ihre Arbeit verloren hatten, weil die Zeitungen teurer wurden oder sie jetzt lieber andere Medien konsumierten.

Aber auch in den Folgejahren ging die verkaufte Auflage fast jährlich zurück. Seit etwa 2008 hat sich der Rückgang deutlich beschleunigt. Trotz Wende und Massenarbeitslosigkeit verloren die Zeitung von 1991 bis 2001 jährlich durchschnittlich nur 1,4 Prozent ihrer Auflage. Von 2008 bis 2018, betrug der Rückgang durchschnittlich 3,4 Prozent pro Jahr, von 2013 bis 2018 sogar 3,8 Prozent pro Jahr. Seitdem scheint sich die Entwicklung etwas zu stabilisieren.

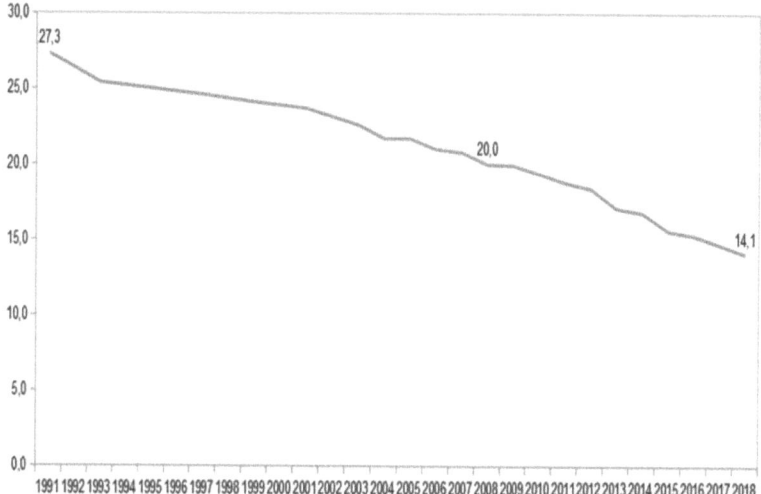

Abbildung 3: Entwicklung der Zeitungsauflage bis 2018

Die „Zeitungskrise" ist keine neue Erscheinung. Schon das Fernsehen hatte dem altehrwürdigen Medium Schwierigkeiten bereitet. Das Aufkommen des Internets hat das Problem aber deutlich verschärft. Zumal es nicht gelungen ist, entsprechende Einnahmen online zu erzielen. Die kostenlosen Online-Angebote decken die Kosten überwiegend nicht. Gewinne bei den E-Papern wiederum können den Verlust der gedruckten Auflage nicht ausgleichen und auch „Paid Content", also Bezahlmodelle für Online-Artikel, sind bisher nur eingeschränkt erfolgreich.[140]

Das Internet ist nicht nur deswegen eine Herausforderung, weil Leser abwandern, sondern auch wegen des Verlusts von Anzeigen. Das zwingt die Verlage zu Preiserhöhungen, die wiederum Leser verschrecken.

Laut einer Übersicht der Tageszeitung WELT muss ein Arbeitnehmer für das Abonnement einer Tageszeitung heute länger arbeiten als noch 1960.[141] Ein Monatsabo kostet heute durchschnittlich fast 35,- Euro. Das entspricht für den Durchschnittsverdienenden einer Arbeitszeit von 117 Minuten. Im Jahr 1960 musste nur 99 Minuten für ein Abo gearbeitet werden. Ein absoluter Sonderfall, denn fast alle anderen Produkte sind, gemessen an der notwendigen Arbeitszeit, günstiger geworden. Für den Preis eines Fernsehers konnte man 1960 mehr als 200 Monate die Tageszeitung beziehen. Heute sind es nur noch 13 Monate.

Vielfalt immer noch groß
Trotz der zunehmenden Homogenität der Meinungen in den Redaktionen gibt es nach wie vor eine große Vielzahl an Titeln, die auch deutlich unterschiedliche politische Positionen vertreten. Während es bei großen Tageszeitungen sowie den öffentlich-rechtlichen Rundfunkanstalten am ehesten so etwas wie eine *Verengung des Meinungsspektrums* gibt, existieren bei Zeitschriften und Wochenzeitungen nach wie vor viele Titel mit unterschiedlichen Ausrichtungen. Da sind etwa die linken Wochenzeitungen *Freitag* und *Jungle World* sowie die an der Grenze zum Linksextremismus stehende ehemaligen FDJ-Zeitung *Junge Welt*.

Auf der anderen Seite des politischen Spektrums gibt es zwar etwas weniger Auswahl, mit der *Jungen Freiheit* ist aber auch hier eine Wochenzeitung positioniert. Die Monatszeitschrift *Tichys Einblicke* ist zwar etwas weniger radikal, aber ebenfalls alles andere als links. Auch die Schweizer *Weltwoche* greift viele deutsche Themen auf – und steht politisch eher rechts. Die Zeitschrift *Cicero* bietet Autoren aus unterschiedlichen Lagern eine Heimat, auch bei der Wochenzeitung *Die Zeit* gehörte das lange zum guten Ton, trotz der früher eher linken, später grünen Ausrichtung.

Außerdem ist es gar nicht immer sinnvoll, möglichst allen Meinungen gleich viel Raum zu geben. Wenn Uwe Krüger beispielsweise beklagt, dass die Berichterstattung zur Reform der Arbeitslosen- und Sozialhilfe („Hartz IV") zu positiv gewesen sei, so muss man feststellen, dass auch die Mehrzahl der die Maßnahme begleitenden Wissenschaftler sowie viele Expertinnen aus der Arbeits- und Sozialverwaltung sich positiv äußerten. Die alte Regelung hatte viele Doppelstrukturen geschaffen und nicht selten wurden Arbeits- und Sozialbehörden gegeneinander ausgespielt. Außerdem war das System in vielen Teilen ungerecht, weil Arbeitslose je nach vorheriger Stelle unterschiedlich hohe Leistungen bekamen.

Die Sozialhilfe war sogar niedriger als das heutige Arbeitslosengeld II. Zwar gab es zahlreiche Sonderzahlungen, beispielsweise für die Anschaffung eines neuen Kühlschrankes. Allerdings mussten die Hilfeempfänger jede Leistung extra beantragen. Viele heutige Leistungsempfänger würden dieses ständige Bitten vermutlich als entwürdigend empfinden.

Auch die Zuverdienstmöglichkeiten waren schlechter, Einkommen wurde fast vollständig auf die Sozialhilfe angerechnet, während es heute zumindest kleine Freibeträge gibt. Selbstständige mussten ihr Unternehmen aufgeben, ehe sie Sozialhilfe beantragen durften und 1ein Auto durfte man ebenfalls nicht besitzen.

Noch eindeutiger ist die Situation bei den Themen Corona, Impfen oder Klimaerwärmung. Die große Mehrzahl der jeweiligen Fachwissenschaftler ist von der Nützlichkeit von Impfungen und von der Existenz eines vom Menschen beeinflussten Klimawandels überzeugt. Deshalb kann es nicht das Ziel sein, in einem Beitrag zum Impfen oder zur Klimaerwärmung beiden Seiten gleich viel Raum zu geben. Würde man beim Thema Impfen das Verhältnis in den Wissenschaften auch in einer Talkshow widerspiegeln wollen, dann müsste man weitaus mehr Impfbefürworter einladen als -gegner.

Internet und Soziale Netzwerke

Noch größer als bei Zeitungen und Zeitschriften ist die Meinungsvielfalt bei Blogs und Internetportale. Tatsächlich gibt es eine schier unglaubliche Vielzahl von Online-Publikationen. Die Reichweite bleibt in den meisten Fällen zwar hinter der klassischer Zeitungen zurück, ist aber in einigen Fällen dennoch beachtlich.

Das Internet: demokratische Alternative zu den Medienkonzernen oder Heimat Alternativer Fakten?

Gestartet waren die Neuen Medien mit der Hoffnung, mehr Demokratie und Meinungsvielfalt zu bringen. Zeitungen und Fernsehen bieten von ihrer Art eigentlich eine eher untypische Form der Kommunikation, nämlich einseitig und hierarchisch. Relativ wenige Reporter und Journalistinnen entscheiden darüber, was wir von der

Welt erfahren. Und diese arbeiten wiederum für noch weniger Medienkonzerne.

Das Internet sollte hier Abhilfe schaffen und die Macht der Meinungsmacher einschränken helfen. Der Futurologe Alvin Toffler begrüßte das Internet deshalb vor rund 20 Jahren als „de-massified media" und erwartete eine offenere, vielfältigere und gleichberechtigtere Medienwelt, in der jeder und jede selbst zum Berichterstatter werden konnte.[142]

Heute dagegen wird das Internet vor allem als Bedrohung gesehen. Die einen fürchten den Einfluss der Tech-Konzerne, die eine Macht besitzen, an die weder ein Axel Springer noch ein Alfred Hugenberg nur annähernd heranreichten. Nach Ansicht von Kritikerinnen wird diese Macht auch missbraucht, um bestimmte Meinungen gezielt zu benachteiligen.

Andere Kritiker kritisieren mangelnde Standards und damit eine Verbreitung von Fake News und Alternativen Fakten. Da ist das Beispiel eines Syrers, der angeblich mit zwei Ehefrauen und acht Kindern nach Deutschland kam und jeden Monat 7.500,- Euro vom Staat bekommen soll. Die Nachricht der Seite anonymusnews.ru wurde im Netz vielfach geteilt. Sie ist jedoch falsch.

Auch professionelle Medienangebote im Netz sind subjektiver
Die Berichterstattung der Online-Medien ist laut der RAND-Analyse subjektiver und stärker auf Meinungen ausgerichtet als jene der traditionellen Zeitungen. Das gilt sogar dann, wenn beide Nachrichtenmedien zum gleichen Unternehmen gehören. Ein Unterschied, der auch in Deutschland zu bestehen scheint, wenngleich hier ähnliche quantitative Daten fehlen. Das ist insofern bedenklich, als sich junge Menschen zunehmend ausschließlich online informieren.[143]

Wobei das Netz auch die Möglichkeit bietet, sich direkt beim Absender einer Nachricht zu informieren. Viele wissenschaftliche Forschungsinstitute veröffentlichen ihre Ergebnisse auch im Netz. Manche Angebote richten sich gezielt auch an Laien, etwa der YouTube Kanal des Professors für Wirtschaftswissenschaften und Experten für Spieltheorie Christian Rieck.

Die Neigung der Parteien, ihre Positionen unter Umgehung der traditionellen Nachrichtenmedien direkt im Netz zu veröffentlichen und sogar eigene Newsrooms einzurichten, ist vielfach kritisiert worden. Aber erstens ist das Vorgehen nicht neu, man denke an die SPD-Zeitung *Vorwärts* oder den (mittlerweile eingestellten) *Bayernkurier* der CSU. Zweitens kann es sogar dazu führen, dass die Menschen besser informiert sind. Denn so lassen sich die Positionen der einzelnen Parteien direkt vergleichen.

Welche Wirkung das Internet hat, hängt somit auch davon ab, wie es genutzt wird.

Neue Formen der Medien: Blogs, Podcasts und Videoblogs
Aber nur ein Teil der Medienangebote stammt von großen Medienhäusern oder Parteien. Mit wenigen Klicks lässt sich ein eigener Blog erstellen oder ein Video bei YouTube einstellen. Ein Blog lässt sich als Subdomain bei zahlreichen Anbietern wie Wordpress.com (nicht zu verwechseln mit Wordpress.org, wo das kostenlose Redaktionssystem WordPress bereitgestellt wird) mit wenigen Mausklicks einrichten. Und über YouTube oder Vimeo kann jeder, der eine Kamera hat, einen eigenen Film hochladen. Der Einfachheit halber werde ich in diesem Unterkapitel primär von Blogs sprechen, meine damit aber nicht nur die klassischen Blogs, sondern auch Audio- und Videoblogs.

Weil Bloggerinnen und Hobbyautoren ein sehr kleines Publikum ansprechen, können sie radikal einseitig sein. Und weil die meisten Autoren kein Geld bekommen, sind sie auch niemandem verpflichtet. Außerdem hat das Fehlen von monetären Anreizen zur Folge, dass vor allem jene aktiv werden, die eine Botschaft zu verkünden haben. Und die ist meistens nicht die Tatsache, dass wir zurückhaltend sein müssen, wenn wir unsere Meinung zu Fakten erklären.

Allerdings erreichen nur wenige Blogger oder YouTuber eine breite Öffentlichkeit. Kurz vor der Europawahl 2019 machte der YouTuber Rezo mit einem Video von sich reden, dass mehrere Millionen Mal abgerufen wurde und mit der Großen Koalition aus SPD, CDU und CSU, insbesondere aber den beiden Unionsparteien abrechnet. Bei Rezo handelt es sich aber nicht um einen Amateur, sondern einen professionellen Filmemacher, der sogar mehrere Angestellte beschäftigt. Und sein Video ist auch weniger eine moderne Form des Journalismus als vielmehr die zeitgenössische Version einer Bierzeltrede.

Trotzdem ersetzen Blogs, Videos und Kommentare in sozialen Medien für viele Menschen die Information aus Zeitungen und Zeitschriften. Auf den ersten Blick erscheint das wenig problematisch oder sogar positiv. Während sich die klassischen Zeitungen immer mehr angleichen, findet die Meinungsvielfalt jetzt im Netz statt. Allerdings gibt es dort kaum journalistische Standards, erfundene Informationen werden genauso verbreitet wie belegte. Und unser Thema ist ja weniger die Meinungsvielfalt als vor allem das der Alternativen Fakten.

Angesichts der Fülle von Blogs fällt eine eindeutige Antwort schwer, ob sie die Verbreitung Alternativer Fakten befördern. Natürlich sind auch Zeitungen nicht vor Falschinformationen gefeit, wie der Fall Relotius zeigt. Und während nur selten gelogen wird, wird umso öfter weggelassen. Der berühmte Reporter und Kommunist Egon Erwin Kisch hatte in der Sowjetunion vom Holodomor, dem millionenfachen Hungertod, angeblich nichts mitbekommen. Und Walter Duranty, Korrespondent der ehrwürdigen „New York Times" in der Sowjetunion, schrieb Anfang der 1930er-Jahre sogar, er habe dort keinen einzigen Hungertoten entdecken können, was vermutlich eine direkte Lüge war. Immerhin starben zu dieser Zeit, je nach Quelle, 3,5 bis 14,5 Millionen Menschen, darunter viele Kinder, aufgrund der verfehlten Politik und der massenweisen Beschlagnahmung von Lebensmitteln durch die Sowjetregierung.

Wobei auch hier das Internet noch weit weniger zuverlässig ist. Während auch die New York Times vermutlich nicht mehr bestreiten wird, dass aufgrund der sowjetischen Politik Millionen von Menschen verhungerten, wird der Holodomor im Netz nach wie vor von einigen neomarxistischen Online-Magazinen als „faschistische Lüge" bezeichnet. Natürlich gibt es auch gleich eine Gegenbewegung. Die englischsprachige Wikipedia hat deshalb eine eigene

Seite zum Thema „Denial of Holodomor" (Holodomor-Leugnung) erstellt.

Allerdings ist die Grenze zwischen klassischen Medienangeboten und Blogs fließend. Einige Blogs werden sogar überwiegend von Journalisten oder Wissenschaftlern gemacht. Das Problem ist, dass jeder die Information finden kann, die er finden möchte.

Außerdem haben große Medienunternehmen, trotz Negativbeispiele wie Relotius oder den Berichten aus der Sowjetunion von Kisch und Duranty, gewisse Regeln etabliert, um Lügen zu erkennen. Redaktionen, so homogen sie auch sein mögen, sind außerdem Zusammenschlüsse verschiedener Menschen, die im einen oder anderen Punkt in ihren Meinungen voneinander abweichen – oder zumindest Menschen kennen, die das tun. Ein YouTuber wie Rezo ist dagegen ein kleiner König in seinem Reich.

Soziale Medien als neues Problemfeld
Noch stärker gilt das alles für die neuen sozialen Medien wie Facebook, Telegram oder Twitter. Hier ist der Zugang noch einfacher, mit allen Vor- und Nachteilen. Natürlich gibt es auch hier Angebote mit größerer oder kleinerer Leserschaft („Follower"), aber grundsätzlich sind soziale Netzwerke als Medien des Austausches gedacht. Das funktioniert teilweise auch. Zu meinen Kontakten bei Facebook gehörte ein ehemaliger Mitschüler, der heute Bundestagsabgeordneter ist. Dort postet er allerlei Kommentare, Bilder von Besuchen in seinem Wahlkreis oder auch seine Reden aus dem Bundestag. Noch nie habe ich so viele Bundestagsreden verfolgt.[1]

Viele Nutzer sind Anhänger seiner Partei, aber viele sind einfach nur Bekannte oder Menschen aus seinem Wahlkreis. Zumindest hier kann von Meinungs-Homogenität keine Rede sein, was sich auch in den Diskussionen und Kommentaren zeigt.

Aber ist der Facebook-Auftritt eines Bundestagsabgeordneten repräsentativ für Soziale Medien? Ja und nein. Viele Gruppen, ob

---

[1] Dass ich in der Vergangenheitsform schreibe, liegt daran, dass ich mittlerweile nicht mehr bei Facebook bin.

bei Xing, Facebook oder anderen Netzwerken sind keineswegs homogen. Viele sind regional oder, vor allem bei LinkedIn und Xing, nach Berufen sortiert. Das hat zur Folge, dass ihre Homogenität einerseits größer ist als bei einer zufälligen Zusammenstellung aus Menschen des ganzen Landes. Trotzdem gibt es innerhalb dieser Gruppen oft eine hohe Vielfalt an Meinungen und Einstellungen.

Das gilt dagegen für eine Telegram-Gruppe von Gegnern der Corona-Politik der Bundesregierung nicht, ebenso wenig bei vielen anderen Gruppierungen mit politischen oder gesellschaftlichen Themen.

Ein großes Problem ist der oft aggressive Ton, nicht nur bei Facebook, sondern beispielsweise auch auf den Diskussionsseiten des Online-Lexikons Wikipedia. Das hat zur Folge, dass sich Anhänger von Minderheitspositionen aber auch empfindsamere oder selbstkritischere Diskutanten zurückziehen. Teilweise ist es sogar gewollt, die Debatte zu radikalisieren und zu einem Kampf „Wir gegen die" aufzubauen, um so die Meinungshoheit zu erlangen und abweichende Stimmen zum Schweigen zu bringen.[144]

Das ist für einen faktenbasierten Diskurs alles andere als vorteilhaft. Stattdessen bilden sich Zirkel aus Menschen mit ähnlichen Interessen und Meinungen. Oft wird hier von der „Echokammer" gesprochen.

Filterblasen und Echokammern

Der Begriff der Echokammer ist eng verwandt mit dem der Filterblase. Letzterer geht auf den Autor Eli Pariser zurück.[145] Demnach lesen und hören wir vor allem das, was wir hören wollen. Wir suchen uns im Internet die Informationen, die uns bestätigen und noch schlimmer, die Algorithmen von Amazon, Google oder Facebook tun das sogar dann, wenn wir es gar nicht wollen.

Während eine Echokammer auch der Stammtisch des SPD-Ortsvereins sein kann, steht bei der Theorie der Filterblase hauptsächlich das Wirken der Algorithmen der großen Internetkonzerne im Zentrum. Hervorragend kann man das beim Online-Versandhaus Amazon beobachten. Wer ein bestimmtes Buch gekauft hat, erhält weitere Bücher angezeigt, die andere Käufer des Buches erworben haben. Das sind naturgemäß meistens Werke mit einer ähnlichen Aussage.

Diese These scheint sehr plausibel, ist empirisch allerdings umstritten.

Eine Studie aus dem Jahr 2014 kommt zu einem zwiespältigen Ergebnis. Einerseits zeigen die Algorithmen eine leicht eingeschränkte Auswahl an Beiträgen. Andererseits konsumieren Menschen, die den Empfehlungen folgen, ein vielfältigeres Spektrum an Angeboten als jene, die es nicht tun. Die vom Algorithmus getroffene Auswahl ist also offenbar vielfältiger als die von einzelnen Personen selbst getroffene Wahl.

Die Ergebnisse wurden 2020 von einem weiteren Team bestätigt und vertieft.[146] Demnach konsumieren Nutzer auch ohne den Einsatz von Algorithmen üblicherweise mit der Zeit immer ähnliche Inhalte. Die Empfehlungen schwächen diesen „natürlichen Filterblaseneffekte" ab, führen aber auch zu einer zunehmenden Homogenität zwischen den Nutzern. Sie führen also zu einer Homogenisierung des Konsums über alle Nutzer hinweg und der Diversifizierung des Konsums innerhalb der Nutzer.[147]

Die Forscher weisen aber auch darauf hin, dass die Algorithmen nur ein Teil des Problems sind. Im Netz sind alle Informationen nur einen Klick weit entfernt. Natürlich kursierten auch früher in links- und rechtsradikalen Kreisen allerlei Publikationen mit fragwürdigen Inhalten. Und auch Verschwörungstheoretiker veröffentlichten ihre eigenen Publikationen. Wer aber keinen Zugang zu einer solchen Gruppe hatte, der hatte auch schwer Zugang zu ihren Informationen. Das ist heute viel einfacher.

Das würde tatsächlich ein postfaktisches Zeitalter begünstigen. Weil wir immer wieder in unserer Meinung bestätigt werden, verfestigt sie sich und ist immer weniger Fakten gegenüber zugänglich. Aber lässt sich das auch empirisch beobachten?

Eine Studie von Elisabeth Dubois und Grant Blank aus dem Jahr 2017 kommt aber zu dem Ergebnis, dass die Echokammern überbewertet würden.[148] Dazu wurden 2.000 erwachsene Internetnutzer befragt und ihr politisches Interesse sowie die Verwendung bestimmter Medien abgefragt. Als Kontrollvariablen wurden außerdem Alter, Geschlecht, Familienstand, Bildung, Einkommen und Lebensalter erhoben. Außerdem mussten die Personen sich auf einer Links-Rechts-Skala selbst verorten.

Die Studie kommt zu dem Ergebnis, dass Befragte Echokammern überwiegend meiden würden. Allerdings hatten damals Soziale Medien noch nicht die gleiche Bedeutung wie heute.

Der Tübinger Medienwissenschaftler Bernd Pörksen behauptet sogar, die Theorie der Filterblasen sei nicht länger haltbar.[149] Stattdessen wäre unsere ständige Gereiztheit, ganz im Gegenteil, eine Folge des ständigen Aufeinandertreffens mit fremden Meinungen. Im Internet können wir es kaum vermeiden, über fremde Ansichten zu stolpern. Einige Menschen tun das auch gezielt, sie suchen die Internetseiten der jeweils anderen Seite und kommentieren die Beiträge dort, was wiederum die Stammleser verärgert.

Nach einer Studie der Duke University in North Carolina führt das Lesen anderer Meinungen aber keineswegs dazu, dass man ihnen offener gegenübersteht. Vielmehr radikalisierten sich sowohl Anhänger der Demokraten als auch der Republikaner, wenn sie auf Twitter den Beiträgen der jeweils anderen Seite folgten.[150] Es scheint so, als ob sowohl zu viel als auch zu wenig Mischung schädlich sei.

Besonders gefährlich sind Gruppen von Radikalen, etwa Neonazis oder Islamisten. Michael Blume beschreibt in seinem Werk „Die Krise des Islam", wie Salafisten die moderne Technik für ihre Propaganda nutzen. Obwohl der Buchdruck in der islamischen Welt lange verboten war und das Herstellen von Bildern und selbst Musik vielen radikalen Islamisten als Sünde gilt, nutzen sie das Internet sowie soziale Medien geschickt für ihre Propaganda. Dabei bedienen sie sich nicht nur der Schrift, sondern auch Videos und Fotos. „Sie kombinieren einfach nicht das Beste, sondern das Übelste aus beiden Bildungskulturen", urteilt der Religionswissenschaftler.[151] Abweichende Meinungen gibt es in diesen Runden kaum. Und wenn, werden sie schnell und lautstark übertönt.

Blume weist aber auch darauf hin, dass auch die demokratischen Bewegungen des arabischen Frühlings das Internet und soziale Medien nutzten. Ob das Internet uns überwiegend im positiven oder negativen beeinflussen wird, bleibt abzuwarten.

Häufig wird postuliert, dass das Internet je nach Bildungsgrad in unterschiedliche Richtungen wirke. Für gebildete, intelligente und neugierige Menschen ist das Internet nach dieser Theorie ein Gewinn. Sie könnten sich breit und ohne Vorauswahl durch Journalisten informieren. Für weniger an politischen, gesellschaftlichen und wirtschaftlichen Zusammenhängen interessierte Menschen sei das Internet dagegen eine Gefahr, weil es die Möglichkeit bietet, sich die gewünschte Meinung zu besorgen, ohne sich mit nicht ins Bild passenden Fakten auseinanderzusetzen.

Wirklich empirisch belegt ist diese Theorie aber nicht. Vielleicht ist sie nur eine Folge der Tatsache, dass die meisten Menschen, die sich professionell mit dem Einfluss des Internets befassen, selbst eine höhere Bildung haben. Wir müssen deshalb weitere Untersuchungen abwarten.

Sicher ist, dass Alternative Fakten durch das Netz leichter verbreitet werden können. Ob sie aber auch häufiger geglaubt werden, ist eine andere Frage.

Gefahr durch Machtkonzentration nicht unterschätzen
Allerdings ist es bedenklich, dass aktuell nur die Gefahr der Verbreitung Alternativer Fakten gesehen wird. Das Internet mit seiner Macht der großen Konzerne birgt noch eine andere Gefahr. Es ist unwahrscheinlich, dass Firmen wie Google, Amazon oder Facebook ihre Macht nicht nutzen werden, um den Meinungsfluss im eigenen Internet in ihrem Sinne zu gestalten. Schon jetzt gibt es zahlreiche Hinweise darauf, dass sie dies bereits tun. Bei der Suche nach „Hate Groups", also Hass und Vorurteile verbreitenden Mediennutzern, stellt etwas der Wissenschaftler Joel Kotkin fest, würden jene besonders schnell aussortiert, deren Meinung derjenigen der Tech-Giganten widerspreche.[152] Der Jura-Professor Glenn Reynolds beschuldigte die Unternehmen, bereits jetzt in großem Stil unliebsame Meinungsäußerungen zu zensieren.[153]

Das ist bedenklich, denn zwei Drittel der US-Amerikaner erhalten ihre Informationen über Google und Facebook. Das gilt vorwiegend für die jüngere Generation, die sogenannten Millennials. Zwar produzieren beide Konzerne die Nachrichten nicht selbst. Oft werden Beiträge bestehender Nachrichtenmedien dort verlinkt. Aber abgesehen von den wirtschaftlichen Problemen, die sich daraus für die Medienfirmen ergeben, haben Google, Facebook und Twitter einen großen Einfluss auf das, was wir lesen und was wir als Fakten wahrnehmen.

Natürlich dürfen Hasskommentare nicht einfach hingenommen werden. Außerdem ist es schwierig, wenn Behauptungen, die klar den Ergebnissen umfangreicher Forschungen widersprechen, in sozialen Medien nicht von empirisch gut belegten Thesen unterschieden werden können (auch wenn selbst letztere nicht zu 100 Prozent als sicher gelten können).

Allerdings muss der Schutz vor Alternativen Fakten gegen die Gefahr eines Meinungsmonopols abgewogen werden. Das letzte Wort dürfen außerdem nicht die Konzerne, sondern müssen Gerichte haben (auch wenn diese natürlich ebenfalls nicht zu 100 Prozent objektiv entscheiden können).

Zwischenfazit: Dürfen wir den Medien glauben?

YouTuber und Soziale Medien können den Journalismus also zunächst nicht ersetzen. Natürlich gibt es gut recherchierte Blogs, ohnehin sind die Grenzen zwischen einem Online-Magazin und einem Blog fließend. Weil einige Online-Publikationen auf aktuelle Nachrichten verzichten, benötigen sie auch keine große Redaktion, die beschäftigt sein will, sondern greifen auf Fachleute zu bestimmten Themengebieten zurück und bieten sogar mehr Qualität als die Tageszeitung. Allerdings müssten sich Leser zunächst mit der Qualität eines Blogs auseinandersetzen, ehe sie wissen, ob sie diesem vertrauen können. Die Frage dabei darf nicht sein: Steht dort das, was ich lesen will, sondern „Wie vertrauenswürdig sind diese Informationen".

Bei klassischen Zeitungen darf man im Regelfall darauf vertrauen, dass die Informationen überprüft wurden. Das heißt aber nicht, dass nicht andere Informationen weggelassen oder hinter Phrasen versteckt wurden. Ein Negativbeispiel ist die Ausgabe 6/2019 der Zeitschrift Technology Review. Dort wird über eine angebliche Benachteiligung von Frauen im Gesundheitswesen geschrieben, weil bei Medikamentenstudien hauptsächlich Männer als Probanden verwendet werden. Das ist richtig, doch dass nach einer Schätzung des Arztes Frank Sommer rund zehnmal so viel Geld für die Bekämpfung Frauen-typischer Leiden wie für Männertypische Krankheiten ausgegeben wird, wurde unterschlagen.[154] Ebenso die Tatsache, dass es eine gute ausgebaute Infrastruktur an Frauenärzten und regelmäßig Vorsorgeuntersuchungen gibt, die für Männer fehlen. Ganz abgesehen von der Tatsache, dass die rund fünf Jahre niedrigere Lebenserwartung von Männern mehr Engagement für die Männergesundheit durchaus rechtfertigen würde.

Leider scheint die Berichterstattung in den vergangenen 20 Jahren weniger faktenbasiert geworden zu sein. Das gilt auch für die etablierten Medien, noch mehr aber im Online-Bereich. Diese zunehmende Abkehr vom klassischen Journalismus ist nicht nur eine Beobachtung einzelner Kritiker wie dem Dramaturgen Bernd Stegemann,[155] sondern wird – zumindest für die USA – auch durch die Ergebnisse einer quantitativen Studie der Denkfabrik RAND Corporation unterstützt.

Noch weit weniger faktenbasiert ist allerdings ein großer Teil der Berichterstattung im Internet, hauptsächlich in den sozialen Medien und bei Video-Blogs. Allerdings ist es nicht so, dass das Netz generell Alternativen Fakten Vorschub leisten würde. Es bietet die Möglichkeit sich direkt an der Quelle zu informieren und etwa die Publikationen von wissenschaftlichen Instituten direkt zu lesen. Außerdem bietet es eine Vielfalt an Meinungen, die in klassischen Medien immer weniger zu finden ist.

Gute Portale geben außerdem auch im Internet unterschiedlichen Meinungen Raum. Dass das sogar bei YouTube funktioniert, zeigt etwa der Spieltheorie-Kanal von Prof. Christian Rieck. Obwohl selbst ein Anhänger von längeren Laufzeiten der Atomkraftwerke, lud er den Atomkraftgegner Prof. Volker Quaschning zu einer Diskussion in seinen Kanal ein. Die Reaktionen der Zuschauerschaft waren überwiegend positiv. „Bin begeistert! Raus aus der Echokammer, hin zu mehr Informationen", schrieb etwa ein Marcel360 – und bekam dafür jede Menge Zustimmung. Faktenbasierte Auseinandersetzungen können also auch in den neuen Medien funktionieren.[156]

Welcher Faktor überwiegt, ist schwer zu sagen. Auch deshalb, weil wir nicht wissen, wie sich die etablierten Medien entwickelt hätten, wäre das Internet nicht in Konkurrenz zu ihnen getreten. Vielleicht hätte die von der RAND Corporation beobachtete Emotionalisierung und der Rückgang faktenbasierter Berichterstattung dann nicht stattgefunden. Sicher erscheint mir aber, dass es nicht ausreicht, nur über das Internet zu reden, wenn wir von Alternativen Fakten sprechen.

Wirtschaftliche und gesellschaftliche Spaltung

Es würde zu kurz greifen, das Problem der Alternativen Fakten nur bei den Veränderungen im Mediensektor zu suchen. Immerhin hat sich die Gesellschaft in den vergangenen 50 Jahren deutlich verändert.

Wenn es um Alternative Fakten geht, kommt die Diskussion schnell auch auf die von vielen Menschen wahrgenommene Spaltung der Gesellschaft und dann zur wieder zunehmenden wirtschaftlichen Ungleichheit seit den 1970er-Jahren. In den USA erhielten die reichsten 0,1 Prozent im Jahr 2010 fast 8 Prozent des Einkommens, verglichen mit etwa 2 Prozent Anfang der 1970er-Jahre.[157]

In „The New Class Conflict", behauptet Joel Kotkin, Presidential Fellow an der Chapman University in Orange, dass die USA vor einem neuen Klassenkampf stünden, nämlich zwischen der Technologie-Oligarchie des Silicon Valley sowie dem „säkularen Klerus"[I] in Medien, Kultur- und Medienwirtschaft auf der einen sowie

---

I   Kotkin schreibt im englischen Original von Clerisy. Das moderne englische Wort für Klerus ist allerdings Clergy. Das Wort Clerisy stammt vom deutschen

der übrigen Bevölkerung auf der anderen.[158] Eine These, die er 2020 in „The Coming of Neo Feudalism" noch weiter ausbaute.

Auch andere Autoren wie Michael Sandel oder Richard Sennett sehen eine zunehmende Verachtung der Erfolgreichen für die weniger Glücklichen und ein Verschwinden der Mittelschicht, besonders in den USA. Dort stehen sich Anhänger der Republikaner und der Demokraten unversöhnlich gegenüber. Der Konflikt läuft parallel dazu auch zwischen städtischen und ländlichen Gebieten und zwischen den Bewohnern der Küstenstaaten und denen im Landesinneren. Natürlich hängt beides teilweise auch zusammen, die gesellschaftlichen Konflikte mit den wirtschaftlichen Unterschieden.

Diese Spaltung, so eine Theorie, führt dazu, dass die Menschen immer weniger bereit sind, die Meinung der jeweils anderen Seite zu akzeptieren und Informationen immer weniger danach bewerten, wie gut sie empirisch belegt sind, sondern danach, ob sie zur eigenen Meinung passen, das eigene Lager unterstützen.

Das gilt vor allem dann, wenn Menschen den Eindruck haben, respektlos behandelt zu werden. So kommt eine Studie zu dem Urteil, dass im Fernsehen weiße Väter aus der Arbeiterklasse nur noch als Trottel dargestellt werden.[159] Die reagieren darauf, indem sie sich ihrerseits von den sie vermeintlich (oder sogar tatsächlich) verachtenden „Eliten" in Medien und Wissenschaft abwenden.

Auch die linke Professorin Joan Williams beklagt, dass bei aller politischen Korrektheit die Schmähung von Armen und Ungebildeten weiterhin akzeptiert sei, wenn beispielsweise von „trailer trash" (dem (menschlichen) Abfall aus den Wohnwagensiedlungen derer, die sich kein Haus mehr leisten können) die Rede sei.[160] Auf die Schmähungen und die wahrgenommene Verachtung, so die

---

Cleresei oder Kleresei ab, einem veralteten Wort für Klerus. „Die Kleresei" ist beispielsweise auch der deutsche Titel eines Buches des russischen Schriftstellers Nikolai Leskow über drei Geistliche in Stargorod. Somit würde sich die Übersetzung Kleresei zwar anbieten, das Wort säkulärer Klerus ist aber weniger erklärungsbedürftig, In englischen Wörterbüchern wird das Wort Clerisy oft als Begriff für eine intellektuelle Elite beschrieben, Kotkin vergleicht in seinem Buch die Rolle der modernen Cleresei aber durchaus mit dem des alten Klerus, daher habe ich die Umschreibung säkulärer Klerus gewählt.

Theorie, reagieren die Menschen mit einem wachsenden Misstrauen gegenüber Medien und Wissenschaft.

Aber auch auf der anderen Seite kann die gesellschaftliche Spaltung dazu führen, dass empirische Ergebnisse abgelehnt werden. Je stärker populistische Bewegungen Zulauf finden und je lauter die Kritik an Wissenschaft und Medien wird, desto stärker grenzt man sich auch dort ab.

Wenn es um alles oder nichts geht, ist für Fakten kein Platz mehr. Der Historiker Andreas Rödder beschreibt diesen Mechanismus am Beispiel der Diskussion um die Ehescheidung in den 1960er-Jahren: „Die Konfliktparteien grenzten sich nach außen ab, um sich nach innen zu integrieren, und die Auseinandersetzung polarisierte sich."[161]

Das ist heute immer noch in sehr emotionalen Debatten zu beobachten. Und davon gibt es in einer gespaltenen Gesellschaft immer mehr. Wobei die Situation in Nordamerika sehr viel weiter fortgeschritten ist als in Deutschland. Dort ist – gerade an den Universitäten – die Redefreiheit tatsächlich mittlerweile stark eingeschränkt, wenn man Kritikern wie Helen Pluckrose oder Joel Kotkin Glauben schenkt.

Als Beispiel wird oft der Fall der Assistant Teacher[I] Lindsay Shepard von der Wilfrid Laurier University im kanadischen Ontario genannt. Sie wurde von der Universitätsleitung aufgefordert, ihre Unterrichtsvorbereitung einzureichen und überprüfen zu lassen, weil sie einen Videoausschnitt gezeigt hat, in dem der kanadische Psychologe und Kritiker der politischen Korrektheit Jordan Peterson zu Wort kam. Sie habe ein „toxisches Klima" für einige Studierende (toxic climate for some of the students) geschaffen. Die Präsidentin der Universität erklärte später, es ginge darum, eine „bessere Meinungsäußerung" (better speech) zu schaffen, was viele Kommentatoren als Gegensatz zur klassischen freien Meinungsäußerung (free speech) sehen.[162]

[I] Mit dem Begriff kann sowohl eine Lehrbeauftragte als auch eine Tutorin gemeint sein.

Die Debatte über die Ursachen selbst ist ebenfalls ideologisch aufgeladen. Eher links stehende Autoren wie Daniel Ziblatt und Steven Levitsky sehen solche direkten Einmischungen wie im Fall von Lindsay Shepard als die Ausnahme und bestreiten eine neue Zensur. Auch den oft aggressiven Ton gegenüber vom Mainstream abweichenden Stimmen sehen sie nicht als Problem. Die Meinungsfreiheit garantiere nur das Recht, sich frei äußern zu dürfen, nicht den Schutz vor Kritik.

Allerdings bestreiten auch Ziblatt und Levitsky nicht, dass der Ton der Diskussionen rauer geworden sei, sie sehen die Verantwortung dafür aber bei den Konservativen, genauer gesagt der Republikanischen Partei. Newt Gingrich habe Ende der 1970er-Jahre als Erster begonnen, die Polarisierung voranzutreiben, weil er sich davon Stimmen erhofft habe.[163]

Dem widersprechen – erwartungsgemäß – Autoren, die eher den Republikanern nahestehen. Sie beklagen, dass Abweichungen von der linksliberalen Mehrheitsmeinung nicht mehr geduldet und im Extremfall mit dem Verlust des Arbeitsplatzes bestraft werden, das sogenannte Canceling, das den völligen Ausschluss abweichender Meinungen aus der Debatte zum Ziel hat.

Der Verdacht liegt nahe, dass beide Seiten recht haben und sich gegenseitig hochschaukeln. Fakt ist, dass in den USA ein extremer Verlust der Debattenkultur zu beobachten ist. In einem solchen Umfeld aber zählen Fakten nicht viel. Deshalb ist das Thema gesellschaftliche und wirtschaftliche Spaltung für uns interessant.

It's the economy, stupid: die wirtschaftliche Spaltung der Gesellschaft

Ein wesentlicher Grund für die zunehmende Zukunfts- und Statusangst dürfte, vor allem in den USA, die steigende soziale Ungleichheit sein. Den untersten Bevölkerungsschichten geht es heute in den Vereinigten Staaten von Amerika kaum besser als 1970, während die Oberschicht massiv an Wohlstand und damit auch Einfluss und Ansehen hinzugewonnen hat. Der Anteil des reichsten Prozents am Volkseinkommen stieg von rund 9 Prozent im Jahr

1970 auf 20 Prozent im Jahr 2010. Seitdem ist er noch größer geworden. Einige Bevölkerungsgruppen wie weiße Männer ohne Collegeabschluss haben sogar real Einkommen verloren. Aber eben nicht vor allem an die traditionell noch schlechter gestellten Afroamerikaner, sondern vor allem an die oberen 0,1 oder sogar 0,01 Prozent. Und nicht nur das, auch ihre Lebenserwartung sank bereits vor der Corona-Pandemie.[164]

In Europa war die Zunahme der Ungleichheit weniger drastisch, auch hier sind seit 1970 aber vor allem die Reichen reicher geworden. In Deutschland ist der Trend nicht so eindeutig, hier erhielt das reichste Tausendstel 2010 etwa 4 Prozent der Einkommen, ähnlich viel wie 1970. Mitte der 19780er Jahre und kurz nach dem Platzen der New Economy Blase Anfang des Jahrtausends waren es nur rund 3 Prozent gewesen, dafür aber Mitte der 1960er-Jahre fast 5 Prozent. Betrachtet man das reichste Hundertstel, gibt es aber auch hierzulande einen leichten Trend zu mehr Einkommensungleichheit.[165]

Warum das so ist, ist umstritten. Teilweise wird die „neokonservative Wende" unter Ronald Reagan dafür verantwortlich gemacht, in deren Rahmen unter anderem die Spitzensteuersätze gesenkt wurden. Dagegen weist Rainer Zitelmann darauf hin, dass sich die USA zu Beginn der 1980er-Jahre bereits wirtschaftlich in einer schweren Krise befanden, ohne die Reformen hätte sich diese seiner Meinung nach noch weit stärker verschärft.[166]

Eine wichtige Rolle bei der Zunahme der Ungleichheit spielt der technologische Wandel, allen voran die Digitalisierung. Denn digitale Produkte bieten gigantische Skaleneffekte. So bezeichnet man die Vorteile, die mit dem Absatz von mehr Einheiten einhergehen. Verkauft ein Unternehmen doppelt so viele Einheiten, hat es nicht zwangsläufig doppelt so hohe Kosten. Die Entwicklung ist bereits gemacht, beim Rohstoffeinkauf können Mengenrabatte geltend gemacht werden und so weiter.

Noch weit größer sind die Skaleneffekte aber bei digitalen Produkten. Eine Firma, die ein digitales Produkt, etwa eine App, statt 1000-mal eine Million Mal verkauft, hat kaum zusätzliche Kosten.

Die wichtigste Investition war das Programmieren der App. Die aber ist unabhängig davon, wie oft das Produkt verkauft wird.

Solche Skaleneffekte gibt es bei einem normalen Handwerker nicht. Er könnte Personal einstellen, doch damit entstehen auch weitere Kosten. Ab einem gewissen Punkt werden die Kosten wahrscheinlich sogar über den zusätzlichen Erträgen liegen, weshalb viele volkswirtschaftliche Modelle davon ausgehen, dass die Skaleneffekte irgendwann negativ werden. Oder anders ausgedrückt, dass die Grenzkosten irgendwann steigen, also die Kosten für jedes zusätzlich hergestellte Produkt. Das ist keineswegs so unrealistisch wie es sich anhört, denn ab einer gewissen Größe werden Firmen unflexibel und stecken viel Geld in die Verwaltung. Alternativ kann er auch die Preise erhöhen, doch die Möglichkeiten sind begrenzt.

Digitale Produkte lassen sich ohne hohe Zusatzkosten fast beliebig oft nutzen. Mehr Nutzerinnen bedeutet oft sogar noch weiteres Wachstum. Gerade bei sozialen Medien ist es wichtig, dass auch vielen andere Menschen dort präsent sind. Mehr Kunden bedeuten außerdem mehr Daten und das wiederum bessere Produkte.

Daher entstehen auf vielen digitalen Märkten Quasi-Monopole oder Duopole, etwa das von Microsoft für PC-Betriebssysteme und Bürosoftware, das von Android und Apple für mobile Betriebssysteme, das von Amazon für Online-Shopping (wobei es hier noch die meiste Konkurrenz gibt) oder das von Google für Suchanfragen.

Die Monopole der Digitalkonzerne sind nicht die einzigen. Auch Strom- oder Telekomfirmen haben oft ein Monopol, weil niemand so schnell eine entsprechende Infrastruktur aufbauen kann. Ähnliches gilt für private Eisenbahnunternehmen. Allerdings werden sie streng reguliert, was bei den Digitalkonzernen bisher nicht der Fall ist. Die Corona-Krise hat die Digitalkonzerne weiter wachsen lassen, während viele kleine und mittelständische Betriebe in Schwierigkeiten gerieten.

Die Kombination aus einem Trend zu Monopolen oder zumindest Oligopolen und gleichzeitig den hohen Skaleneffekten führt dazu, dass wenige Menschen sagenhaft reich werden.

Natürlich ist die Digitalisierung nicht der einzige Treiber sozialer Ungleichheit. Einfache Tätigkeiten wurden in den vergangenen Jahrzehnten oft wegrationalisiert oder ins Ausland verlagert. Auch das hat dazu geführt, dass Fachkräfte immer besser bezahlt werden, die Gehälter von An- oder Ungelernten aber stagnieren.

Die steigende Zahl von Ein-Personen-Haushalten erhöht die Ungleichheit weiter. So gibt es innerhalb von Familien eine Art Finanzausgleich. Stellen wir uns zur Abwechslung mal vor, der Ehemann bleibt halbtags zu Hause. Er verdient daher netto nur 700,- Euro im Monat (Eine Teilzeitbeschäftigung bedeutet nicht nur weniger Monatsgehalt, sondern auch geringere Aufstiegschancen und daher auch einen niedrigeren Stundenlohn). Sie ist Vollzeit berufstätig und hat einen Nettoverdienst von 2.700,- Euro. Als Alleinstehender wäre er armutsgefährdet und sie reich, als Paar sind beide Angehörige der Mittelschicht. Wobei in diesem Fall vermutlich noch Kinder zu berücksichtigen wären, aber lassen wir die einmal beiseite, um es nicht zu kompliziert zu machen.

Allerdings war die Zunahme der Ungleichheit in Deutschland in den vergangenen Jahrzehnten keineswegs so dramatisch wie oft angenommen. Von 2009 bis 2018 blieb der Gini-Koeffizient zur Messung der Einkommensungleichheit für Deutschland weitgehend stabil. Er lag in beiden Jahren bei 0,29. Dazwischen war er zeitweise auf 0,28 gefallen (2012) und wieder auf 0,31 gestiegen (2014). Bei diesem Koeffizienten bedeutet ein Wert von 0,00 völlige Gleichheit, bei einem Wert von 1,00 oder knapp darunter erhält eine Person oder ein Haushalt das komplette Einkommen. Deutschland gehört insgesamt zu den gleicheren Nationen. Laut dem World Factbook der CIA gibt es die weltweit geringste Ungleichheit auf den Färöer Inseln mit einem Wert von 0,23 und in Slowenien[1] mit einem Wert von 0,24, die höchste in Südafrika mit einem

---

[1] Abgesehen vom Kronbesitz Jersey, für das ein unrealistisch niedriger Wert angegeben wird. Möglicherweise ist das ein Eingabefehler. Der Gini-Koeffizient wird meistens als Wert zwischen 0 und 1 (so von mir verwendet) oder zwischen 0 und 100 angegeben. Die Berechnung ist immer dieselbe, das Ergebnis wird im zweiten Fall nur mit 100 multipliziert. Das World Factbook der CIA gibt die Werte zwischen 0 und 100 an. Für Jersey wird ein Wert von 0,3

Wert von 0,63. Für die Europäische Union insgesamt liegt der Wert bei 0,31, in den USA bei 0,42 (2016).[167]

Trotzdem ist das Gefühl weit verbreitet, dass auch Deutschland sozial ungerechter geworden wäre. Eine Diskussion über eine brauchbare Definition von sozialer Gerechtigkeit spare ich mir hier, es geht hier schließlich um das subjektive Gefühl.

Der Harvard-Philosoph Michael Sandel bringt noch einen weiteren Punkt ins Spiel. Die Ungleichheit sei heute verletzender geworden, weil sie meritokratisch gerechtfertigt wird. Die Verteilung sowohl der Vermögen als auch der Einkommen ist heute in Großbritannien noch immer gleicher als vor dem Ersten Weltkrieg. 1910 besaß das reichste Prozent der Bevölkerung dort rund 70 Prozent des Vermögens. Heute sind es etwas weniger als 30 Prozent und damit zwar mehr als die etwas über 20 Prozent des Jahres 1970, aber immer noch weniger als die 35 Prozent des Jahres 1960 und natürlich erst Recht die 70 Prozent des Jahres 1910.[168]

Allerdings wird laut Sandel heute mehr als damals betont, jeder könne es ganz nach oben schaffen. Was jene verletzt, die es nicht geschafft haben.[169] Damit aber verlassen wir den Bereich der Wirtschaft und kommen zu gesellschaftlichen Faktoren.

It's the society, stupid

Es sind also nicht allein wirtschaftliche Differenzen, die zu den aktuellen Konflikten führen. „It's the culture, stupid", schreibt Joachim Gauck in seinem Buch zur Toleranz.[170] Die kulturellen Konflikte verlaufen zwischen hell- und dunkelhäutigen Menschen, verschiedenen Religionen, Frauen und Männern, Stadt und Land oder Akademikern und Nicht-Akademikern. Er sieht deshalb eine Polarisierung, wie es sie seiner Meinung nach seit Ende der 1960er-Jahre nicht mehr gegeben habe.[171] Darin steckt aber auch bereits eine Einschränkung. In den 1960er-Jahren war die Gesellschaft ähnlich gespalten – und eigentlich sogar bis in die 1970er.

---

genannt, was bei der von mir gewählten Darstellung mit Werten zwischen 0 und 1 einen Wert von 0,003 ergeben würde. Vermutlich wurde hier vergessen, den Wert mit 100 zu multiplizieren.

Warum ist das wichtig für uns? Oft entscheidet mehr die Gruppenidentität als die Seriosität der Quellen und die Gründlichkeit der Recherche darüber, ob einer Information Glauben geschenkt wird. Deshalb ist es zu erwarten, dass eine gesellschaftliche Spaltung die Bedeutung von Fakten sinken lässt. Stattdessen werden die eigenen Positionen immer weniger hinterfragt und die der anderen Seite von vornherein abgelehnt. Man schließt die Reihen.

Auch Wut, die oft damit einher geht, verstärkt die Anfälligkeit für Fehlinformationen. Eine Studie aus dem Jahr 2020 fand heraus, dass wütende Probanden und Probandinnen Falschinformationen schneller glauben schenkten und zweifelhaften Quellen mehr Vertrauen schenkten. Auch fällten sie ihre Urteile schneller und prüften die Fakten weniger genau.[172]

Bis heute bestreiten die meisten Türken und auch viele türkeistämmige Deutsche den Genozid an den Armeniern. Überzeugte Autofahrer sehen, insbesondere in den USA, die globale Klimaerwärmung als Erfindung von Wissenschaftlern. Und der Globalisierungskritiker Noam Chomsky bestritt in den 1970er-Jahren schlicht die Massenmorde des Kommunisten Pol Pot.[173] Dabei starb unter seiner Herrschaft rund ein Fünftel der Bevölkerung seines Landes.[174]

Aber werden die Gräben zwischen den Bevölkerungsgruppen wirklich tiefer?

Gesellschaftliche Spaltung in Deutschland nimmt zu, aber nur im Vergleich zu den Jahren 1980 bis 2010

Nehmen also Alternative Fakten zu, weil die Menschen zunehmend in Gruppen denken und – wie im anfangs zitierten Rückblick des Historikers Andreas Rödder – die Reihen schließen? Auch hier kommt es wieder auf den Zeitrahmen an, den für unseren Vergleich wählen.

Hierzulande war der kulturelle Hintergrund lange Zeit für die Wahlentscheidung ausschlaggebend. Wer katholisch war, wählte CDU oder CSU, Arbeiter die SPD und Selbständige, in manchen Gegenden auch Protestanten, die FDP.

In der Vergangenheit hatten Katholiken oder einzelne Berufsgruppen sogar eigene Sportvereine. In Nürnberg gibt es neben mehreren traditionell katholischen DJK-Sportvereinen einen Post-Sportverein (Post-SV) und einen Eisenbahner Sportverein (ESV). Tatsächlich waren früher dort auch überwiegend Angehörige der entsprechenden Gruppen Mitglieder. Noch verbreiteter war die Unterteilung in bürgerliche Vereine und Arbeitervereine, die es selbst in Klein- und Mittelstädten teilweise gab. Im 1925 nur rund 11.000 Einwohner zählenden Schwabach gab es Anfang der 1920er-Jahre neben dem (bürgerlich-protestantisch geprägten) TV 1848 noch die (katholische) DJK Schwabach sowie den Arbeiter Turnverein 04 (später TSV 04). Außerdem gab es noch den 1. Sportclub Schwabach, dessen Ausrichtung ich aber nicht kenne.

Zu dieser Zeit gab es in Deutschland sogar getrennte Fußballligen, neben dem DFB-Meister wurden ein DJK-Meister, ein deutscher Meister der Arbeitersportvereine und ab 1925 ein Meister der Turnvereine gekürt. 1931 und 1932 gab es neben dem Meister der Arbeitersportvereine sogar noch einen Meister der Kampfgemeinschaft für Rote Sporteinheiten.[175]

Heute würden wir diese Gruppen als Echokammern beschreiben. Auch ohne empirische Daten zu haben können wir davon ausgehen, dass Fakten meistens abgelehnt wurden, wenn sie der Auffassung der Gruppe widersprachen. Ein Arbeiter der 1920er-Jahre, der seine Freizeit in der SPD und beim Nürnberger Arbeitersportverein TuS Nürnberg-West verbrachte, interessierte sich wohl wenig für die wissenschaftliche Forschung des überzeugten Anti-Bolschewisten Ludwig Mieses.

In der zweiten Hälfte des 20. Jahrhunderts war diese Trennung zwar aufgeweicht, aber nicht verschwunden. Die Meinungsvielfalt in den Medien und im akademischen Raum mag damals sogar größer gewesen sein als heute, nicht aber innerhalb bestimmter Milieus.

Die Meinungsforscherin Elisabeth Noelle-Neumann beschreibt gleich am Beginn ihres Buches „Die Schweigespirale", wie sie zu ihrer Hypothese kam. Eine Studentin hatte sich zu Zeiten der Studentenproteste Ende der 1960er und Anfang der 1970er-Jahre ein CDU-Abzeichen angesteckt. Sie wollte die Reaktionen ihrer Kommilitoninnen und Kommilitonen studieren. Das Experiment brach sie allerdings noch am selben Tag ab, es sei zu furchtbar gewesen.[176]

Man denke außerdem an den Terrorherbst 1977 und die Reaktionen darauf, die vom Ruf nach standrechtlichen Erschießungen auf der einen bis hin zur Verharmlosung oder gar Unterstützung auf der anderen Seite reichten.

Die Polarisierung ist also nicht neu. Und zu viel Einigkeit ist für faktenbasierte Diskussionen auch nicht vorteilhaft. Aber dazu gleich mehr.

Ein Blick in die USA

Allerdings sieht es zumindest in den USA aktuell offenbar anders aus. Donald Trumps Mitarbeiterin verdanken wir ja den Begriff der Alternativen Fakten, der ehemalige US-Präsident selbst hat das Wort Fake News ganz wesentlich mit populär gemacht.

Wir müssen also fragen, ob neben der wirtschaftlichen auch die gesellschaftliche Spaltung dort den Aufstieg der alternativen Fakten befördert hat. Große Teile der Bevölkerung fühlen sich ausgegrenzt und haben den Eindruck, dass die „Eliten" in Washington, im Silicon Valley, in New York und an den Hochschulen auf sie herabsehen, wie wir bereits am Anfang des Kapitels beschrieben haben. Hinzu kommen Konflikte zwischen verschiedenen ethnischen Gruppen.

Wobei auch letztere keine neue Erfahrung ist. Der Journalist Doug Saunders beschreibt in seinem Buch „Mythos Überfremdung", wie in den USA bis in die frühen 1960er-Jahre die Angst vor einer „katholischen Flut" umging, der Angst, dass die Katholiken das Land beherrschen und in eine Theokratie verwandeln könnten.[177] Tatsächlich grenzte sich die katholische Minderheit auch in vielen Fällen aktiv ab. Wie wir gesehen haben gab es auch in Deutschland eigene katholische Zeitungen und Sportvereine.

Ganz zu schweigen von der Behandlung der Afroamerikaner, die ganz offiziell als „Menschen zweiter Klasse" behandelt wurden. Das hat sicher deren Vertrauen in die bis heute überwiegend von europäisch- und mittlerweile verstärkt auch asiatischstämmigen Wissenschaftlern geprägten Universitäten nicht gerade befördert.

Ich wäre deshalb auch für die USA vorsichtig zu behaupten, dass die Gesellschaft gespaltener – und damit postfaktischer – wäre als in der Vergangenheit. Die Spaltung wird heute aber weniger hingenommen und wird sichtbarer.

Zu viel Einigkeit schadet ebenfalls
Wenn wir fragen, ob die wahrgenommene gesellschaftliche Spaltung dazu führt, dass wir mehr in Gruppen und weniger in Fakten denken, dann dürfen wir nicht vergessen, dass auch zu wenig Vielfalt nicht förderlich für Fakten ist.

Zu viel Einigkeit führt dazu, dass bestimmte Annahmen nicht mehr hinterfragt, sondern einfach geglaubt werden. Und hat damit zur Folge, dass Fakten zurückgewiesen werden, obwohl empirische Ergebnisse sie bestätigen.

Die aktuelle Forderung nach mehr Diversität ist nicht nur einfach eine Mode, in vielen Lebensbereichen hat sich gezeigt, dass gerade der Austausch unterschiedlicher Ansichten und Kulturen vorteilhaft ist. So scheinen aus Männern und Frauen bestehende Teams oft effizienter zu arbeiten als reine Männer- oder reine Frauen-Teams.

Ein Astronom aus dem osmanischen Reich soll auf einem Vortrag in Europa ausgelacht worden sein, als er seine Erkenntnisse vortrug. Der Grund war schlicht, dass er die traditionelle Kleidung seines Landes trug. Seine Ergebnisse waren richtig, aber das ging im Gelächter unter. Erst als er zu einem späteren Kongress im Anzug erschien, soll man ihm zugehört haben.[1]

Auch der Aufstieg der USA rührt vermutlich nicht nur von ihrer Größe, sondern auch vom Austausch der vielen Kulturen, die dort zusammentrafen. Zu viel Einigkeit kann also ebenfalls schädlich sein.

Ein kurzes Zwischenfazit zur wirtschaftlichen und gesellschaftlichen Spaltung

Zu wenig Vielfalt ist für eine faktenbasierte Diskussion also genauso schlecht wie zu viel Spaltung. Natürlich kann beides auch

---

[1] Leider weiß ich nicht mehr, wo ich diese Geschichte gelesen habe.

gleichzeitig auftreten. Denn nämlich, wenn verschiedene Gruppen keine kommunikative Basis finden, die in sich wiederum sehr homogen sind.

Natürlich muss man hier unterscheiden. Die neue Vielfalt aufgrund von Immigration, dem Ausleben bisher unterdrückter Lebensentwürfe und dem Aufbrechen starrer Rollenmuster für Männer und Frauen aber auch für Menschen unterschiedlicher sozialer Herkunft ist das eine. Hier ist es leicht, Beispiele dafür zu finden, wie abnehmende Einheitlichkeit und mehr Vielfalt dazu führen, dass Fakten eine eher größere als kleinere Rolle spielen.

Anders sieht es bei der wirtschaftlichen Spaltung aus, ebenso bei der zunehmenden Verbissenheit, mit der Debatten geführt werden. Hier ist es schwerer sich positive Auswirkungen vorzustellen.

Allerdings ist es fraglich, ob unsere Welt früher wirklich weniger gespalten war – von kurzen Ausnahmen in den Jahren 1980 bis 2010 vielleicht abgesehen.

Davor lebten die Menschen oft in klar umrissenen Milieus. Die Konflikte mögen weniger sichtbar gewesen sein, weil man sich aus dem Weg ging, nicht untereinander heiratete und seine Freizeit getrennt verbrachte. Es gab auch noch kein Internet, in dem man ständig mit anderen Meinungen konfrontiert wurde.

Für unsere Frage, ob wir in einer postfaktischen Gesellschaft leben, ist das aber ohne Belang. Auch ohne empirische Daten zu haben, traue ich mich zu behaupten, dass die Menschen ihre Meinungen bis in die 1970er-Jahre mindestens ebenso stark wie heute an der ihrer sozialen Gruppe ausrichteten und nicht an wissenschaftlichen Studien.

Nun mag man einwenden, dass unterschiedliche Meinungen und Alternative Fakten nicht das gleich sind. Man kann unterschiedliche Ansichten haben, aber grundlegende Fakten anerkennen. Doch auch das möchte ich bestreiten. Natürlich nahmen viele Gläubige die biblische Schöpfungsgeschichte noch in den 1970er-Jahren wörtlich (einige tun das bis heute) und in linken Zirkeln kursierten allerhand Fake News über den „militärisch-industriellen-Komplex". Sie waren für Außenstehende nur weniger sichtbar als heute.

Ohne mir in diesem Urteil sicher zu seien möchte ich behaupten, dass die Gesellschaft heute gespaltener ist als noch in den 1990er oder den 00er-Jahren. Mit entsprechenden Auswirkungen auf die Frage, wie offen wir für empirische Daten sind, die unseren bisherigen Ansichten widersprechen. Doch gleichzeitig sehe ich keine wirtschaftliche oder gesellschaftliche Spaltung, die tiefer ist als jene in den 1970er Jahren oder davor. Dabei spreche ich allerdings nur von der Spaltung aufgrund von wirtschaftlichen, religiösen und ethnischen Unterschieden, verschiedenen Lebensstilen und unterschiedlichen wirtschaftlichen Lagen. Über die Frage, ob es zunehmend schlechter gelingt, miteinander zu reden, möchte ich damit noch nicht urteilen. Wenn das so ist, liegt es aber vermutlich nicht an der wirtschaftlichen Entwicklung oder der Einwanderung.

Moral statt Fakten? Die These von der Hypermoral

Ein anderes Motiv, dass oft für die Verbreitung Alternativer Fakten verantwortlich gemacht wird, ist die Moralisierung von Wissenschaft, Medien und auch Wissenschaft. *Hypermoral* nannte der Philosoph Alexander Grau sein 2017 erschienenes Buch. Es beginnt mit den Worten „Die Hypermoral ist die Leitideologie unserer Zeit."[178]

Der Grünen-Politiker und ehemalige Freiburger Oberbürgermeister Boris Palmer brachte die Moral dann auch gleich in Gegensatz zu den Fakten. Entsprechend heißt sein Buch *„Erst die Fakten, dann die Moral"*.[179]

> „Wenn ‚Haltung' gefordert wird, ist leider immer wieder eine Vorsortierung der zulässigen Argumente in öffentlichen Debatten gemeint".
> Boris Palmer[180]

Die Ausgrenzung von Positionen – und letztlich auch ihren Sprechern – finde heute aber nicht mehr durch formelle Redeverbote statt, schreibt auch der Historiker Andreas Rödder, sondern durch moralische Empörung.[181]

Gibt es diese Moralisierung und wenn ja, führt sie uns in eine postfaktische Gesellschaft?

Tatsächlich beeinflusst Moral unsere Wahrnehmung. Wir glauben beispielsweise eher an den Nutzen einer Handlung, wenn sie auch in guter Absicht geschah und dem Ausführenden dabei Nachteile entstanden, als wenn sie egoistisch war.

Eine Folge daraus ist etwa die kritische Einstellung gegenüber der Pharmaindustrie. Es fällt uns schwer zu glauben, dass Unternehmen, die aus Gewinninteressen handeln, trotzdem die Welt verbessern können. Die Kritik an „Big Pharma" ist kein Ergebnis der Corona-Pandemie und keine Erfindung von Gegnern der Corona-Maßnahmen. Sie ist uralt. Aber leben wir deshalb im Zeitalter der Hypermoral?

Zweifellos spricht vieles für Palmers Beobachtung, Moral sei in der Wohlstandsgesellschaft eine wichtige Form der Distinktion. Noch mehr Wohlstand verliert irgendwann seine Attraktivität. Auch eine akademische Bildung ist laut Palmer kein Abgrenzungsmerkmal mehr, weil immer mehr Menschen eine Hochschule besucht haben.[182]

Hier widerspricht allerdings der US-Philosoph Michael Sandel, der die Arroganz gegenüber den weniger Gebildeten als „das letzte akzeptable Vorurteil" sieht.[183] Wenngleich dieses aber immer weniger zur Abgrenzung taugt, wenn immer mehr Menschen über formell hohe Bildungsabschlüsse verfügen.

Gerade das Bürgertum grenzte sich schon immer durch seine Moral nach oben und nach unten ab. Aber auch andere Milieus nutzen Moral traditionell zur Abgrenzung und Selbstvergewisserung. Natürlich ist Moral auch eine starke Waffe. „[Es] ist eine Funktion von Wertekommunikation: das Risiko der Nein-Stellungnahme zur eigenen Nein-Stellungnahme zu minimieren", schreibt der Soziologe Armin Nassehi.[184]

Nicht unberechtigt ätzen deshalb einige Linke, die Konservativen hätten die ganze Zeit das Verschwinden der Moral kritisiert, jetzt beklagten sie zu viel Moral. Allerdings lässt sich die Argumentation auch umdrehen. Und natürlich sind beide Seiten der Meinung, dass ihre Moral die richtige sei, die der anderen Seite dagegen doppelbödig und falsch.

„Alles wird schlechter, nur eins wird besser: Die Moral wird schlechter."
Sponti-Spruch der 1970er-Jahre

Womöglich sind sich Alternative und Konservative aber ähnlicher, als sie es wahrhaben wollen. Der Historiker Sven Reichardt behauptet, dass der Idealtypus des „linksalternativen Habitus" in vielen Bereichen klassische bürgerliche Tugenden wie Technikskepsis, Natürlichkeit und Hierarchiekritik widerspiegele.[185] Man könnte für die modernen Alternativen (wenn auch nicht im gleichen Maße für die Bewegungen der 1960er, 1970er und frühen 1980er-Jahre) noch die Tugend der Askese und Triebkontrolle sowie die höhere Bewertung von geistigen gegenüber körperlichen Fähigkeiten nennen.

Teilweise kommen alte und neue Moral deshalb sogar zu den gleichen Regeln, sie begründen sie nur anders. Pornografie und die Darstellung von Nacktheit sind sowohl im kirchlich-konservativen als auch im grün-alternativen Milieu verrufen. Sie werden lediglich anders begründet, nämlich mit einer allgemeinen Sittlichkeit hier und feministisch dort. Letztlich steht aber hinter beiden Ansätzen die Vorstellung, dass das Körperliche geringer zu schätzen sei als das Intellektuelle.

Dass viele moralische Grundregeln sich nur wenig verändert haben, ist kein Wunder. Askese beispielsweise ist eine natürliche Reaktion auf Knappheit. Die Menschen des 19. Jahrhunderts wussten noch wenig von der Klimaerwärmung, sie lebten in der sogenannten „kleinen Eiszeit" von 1300 bis 1900.[186] Allerdings erlebten sie Knappheit von Ressourcen jeden Tag ganz direkt.

Vieles deutet darauf hindeutet, dass Moral keinem abstrakten, theoretischen Überbau folgt, sondern vor allem emotional geprägt sind – und die Emotionen sich wiederum daran orientieren, was effizient ist, nicht was gerecht ist.

Sehr überzeugend legt Ian Morris in seinem Buch *Beute, Ernte, Öl* dar, wie unterschiedliche Energieformen die Moral einer Gesellschaft prägen.[187] Es ist auffällig, dass weltweit Gesellschaften von Jägern und Sammlern meistens ähnliche moralische Vorstellungen haben, unter anderem eine Ablehnung von Ungleichheit. Gleichzeitig sind weltweit die meisten bäuerlichen Gesellschaften in ihrer

Moral ebenfalls ähnlich, wobei jene von sesshaften Ackerbauern meist anders ist als die von nomadischen Hirtengesellschaften. Morris erklärt das damit, dass Moral sich nach den Anforderungen der Gesellschaft richtet. In Jäger- und Sammlergemeinschaften ist Ungleichheit schädlich. Ackerbauern und noch mehr Nomaden müssen in der Lage sein, ihren Besitz zu verteidigen. Dabei können Hierarchien helfen.

In Europa leben wir aber längst in einer Industriegesellschaft, die wieder andere Werte hat. Durch den Stand, das Geschlecht oder die ethnische Herkunft begründete Hierarchien werden nicht mehr im gleichen Maße akzeptiert. Wirtschaftliche Unterschiede gilt al schlecht, wenn sie vererbt wurde, wird aber akzeptiert, solange sie in der unterschiedlichen Leistung begründet ist. Logisch ist das nicht, denn auf die Frage, welche Fähigkeiten man hat und ob diese am Markt gerade nachgefragt werden, hat man genauso wenig Einfluss wie darauf, ob man als Adeliger, freier Bauer oder Leibeigener geboren wurde. Aber es ist aus Sicht der Gesellschaft effizient, soziale Unterschiede nur zu erlauben, wenn sie die Folge unterschiedlicher Leistungen sind. Denn so werden die individuellen Potenziale am besten genutzt.

Diese Beobachtung passt zu denen des US-Wissenschaftlers Jonathan Haidt, dass moralische Urteile überwiegend nicht auf rationalen Überlegungen und Fakten beruhen, sondern auf Emotionen.[188]

Es erscheint deshalb unplausibel, dass die moderne Wahrnehmung stärker durch moralische Imperative verzerrt sein sollte als die der 1950er-Jahre. Neu scheint eher, dass Moral heute begründet werden muss. Der Hinweis „das macht man nicht" reicht nicht mehr aus.

Es gibt aber auch Hinweise, dass sich die Grenzen des Sagbaren tatsächlich zumindest im Vergleich zur Zeit vor 10, 20 oder 30 Jahren verengt haben. Allerdings ist es schwierig, solche Entwicklungen zu quantifizieren. Deshalb sind solche Aussagen auch meistens Vermutungen und persönliche Eindrücke.

„Der politische Gegner wird schnell zum Feind erklärt, der meist mit moralischen Werturteilen angegriffen, ausgegrenzt und möglichst mundtot gemacht wird", beschreibt der ehemalige Bundespräsident Joachim Gauck die Situation.[189]

In den vergangenen Jahren häuften sich die Berichte über Professorinnen, Dozenten oder Journalistinnen, die ihre Stellen aufgaben, weil sie sich nicht an den neuen Konsens gehalten haben. In den USA führte das 2021 sogar dazu, dass eine Gruppe hochrangiger Wissenschaftlerinnen und Wissenschaftler sowie Journalisten die Gründung einer neuen Universität in Austin anstreben, weil die alten Hochschulen ihrer Meinung nach zunehmend illiberal sind und keinen offenen Diskurs mehr erlauben.[190]

Insgesamt scheint die These von der Verengung des Sagbaren für die vergangenen 30 Jahre plausibel, auch wenn sie nur schwer empirisch überprüfbar ist und es auch Gegenargumente gibt.

Der Soziologe Armin Nassehi schreibt beispielsweise von einer deutlichen Ausweitung der Sprecherpositionen in den vergangenen Jahrzehnten. Bestimmte Bevölkerungsgruppen waren in den öffentlichen Diskurs kaum eingebunden. Das behinderte einen faktenbasierten Diskurs ebenfalls – und um den geht es ja in diesem Buch.

Nassehi erinnert außerdem daran, wie selbst scheinbar belanglose Fragen wie die nach der Haarlänge oder der Kleidung in den 1960er und teilweise auch noch den 1970er-Jahren Schauplatz von heftigen Auseinandersetzungen waren – nicht selten mit dem Verweis auf Moral.[191]

Wenn wir fragen, ob die Moral einen faktenbasierten Diskurs heute stärker erschwert als in der Vergangenheit (dass sie es tut, ist ohne Frage), dann können wir nur über die vergangenen Jahrzehnte sprechen, vor allem die 1980er, 1990er und die Nullerjahre. Wo Werbung damals mit Freiheit und Abenteuer warb (etwa die mittlerweile verbotene Zigarettenwerbung), steht heute moralisch vertretbares Einkaufen im Fokus.

Aber nicht unbedingt, weil die Moral heute wichtiger wäre, sondern weil heute einzelne Gruppen ihre Moralvorstellungen eher durchsetzen können. Mit welcher Moral hätte man 1990 werben sollen? Mit konservativen Moralvorstellungen, die junge Leute nicht angesprochen hätten? Oder mit den heute verwendeten, die ältere Käuferschichten verschreckt hätten?

Zumindest in den Medien und großen Teilen der Wissenschaft hatten weder konservative noch linke oder grün-alternative Kräfte genug Macht hatten, ihre moralischen Vorstellungen durchzusetzen.

Das gilt aber nicht für alle Lebensbereiche. So litt die AIDS-Aufklärung in den USA noch in der zweiten Hälfte der 1980er Jahre unter den moralischen Vorstellungen der damals regierenden Republikaner. Aus Angst die Homosexualität zu fördern, verbot der Kongress den Einsatz staatlicher Gelder für HIV-Aufklärungskampagnen, sofern diese auch nur „indirekt homosexuelle Praktiken fördern" könnten.[192] Und ein radikalkonservativer Politiker und Berater des US-Präsidenten Ronald Reagen ätzte: „Die armen Homosexuellen – sie haben der Natur den Krieg erklärt, und jetzt nimmt die Natur eine schlimme Rache."[193]

Hier standen also moralische Überlegungen einem effizienteren Kampf gegen die Seuche entgegen, nur dass es damals ein konservatives Moralverständnis war.

Dass Moral auch vor 30 Jahren eine große Rolle spielte, nur die Machtverhältnisse in den Medien weit weniger eindeutig waren, zeigt ein anderes Beispiel. Der Journalist Jonathan Chait erinnerte im New York Magazine daran, wie Ende der 1980er-Jahre eine Folge der Sendung „Married ... with Children" (deutsch: „Eine schrecklich nette Familie") einen Proteststurm auslöste, weil ein schwuler Mann und eine Frau ihren BH auszogen. Die Hausfrau Terry Rakolta startete damals eine Protestkampagne mit tausenden Teilnehmern. Konservative Gruppen wie die von Rakolta gegründete Organisation Americans for Responsible Television forderten sogar einen Anzeigen-Boykott.[194] Rund 20 Jahre später spielte der Hauptdarsteller von „Married ... with Children", Ed O'Neill (damals als Schuhverkäufer Al Bundy), in der Serie „Modern Family" den Vater eines Schwulen. Der Sohn hat mit einem anderen Mann sogar ein Kind adoptiert, ohne dass sich vergleichbare Proteste gegen die Serie formierten.

Viel ausrichten konnten die Proteste damals aber nicht, dafür hatten sie schon nicht mehr genug Rückhalt. Dieses Kräftegleichgewicht mag typisch für die 1980er, 1990er-Jahre gewesen sein, vielleicht auf für das erste Jahrzehnt unseres Jahrtausends. Für weiter zurückliegende Zeiträume gilt das aber nicht. Man denke aber daran, welchen Anfeindungen Physiker wie Werner Heisenberg vor rund 100 Jahren ausgesetzt waren, als sie alte Gewissheiten der Physik infrage stellten. Dabei ging es damals „nur" um Physik, von den Ergebnissen waren keine direkten politischen Entscheidungen abhängig.[195]

Das war kein Einzelfall. Der bereits erwähnte Ökonom Ludwig Mieses erhielt in Wien keinen Lehrstuhl an der Universität. Denn die war überwiegend sozialistisch, Mieses aber liberal.[196] In der McCarthy-Ära in den USA waren es dann umgekehrt die Sozialisten, die oft keine Berufung erhielten oder unter Druck gesetzt wurden.

Und als vor rund 50 Jahren der damalige Verteidigungsminister Helmut Schmidt den Soldaten der Bundeswehr erlaubte, ihre langen Haare zu behalten, entfachte das ebenfalls Empörung. Lange Haare hatten die Rekruten zuvor abschneiden müssen. Allerdings nicht wegen möglicher Gefahren durch in Panzern oder Gebüschen verfangene Haare, sondern weil es als unmännlich galt. Explizit war in der Dienstvorschrift ZdV 10/5 vom „Tragen einer schulterlangen oder sonst feminin wirkenden Haartracht" die Rede.

Für die Fälle, in denen lange Haare tatsächlich hinderlich waren, ließ Helmut Schmidt Haarnetze anschaffen. Aus dienstlicher Sicht war also alles in Ordnung. Doch die Entrüstung und der Spott über die deutsche „Hairforce" waren so groß, dass der Erlass nach einem Jahr wieder abgeschafft wurde. Man könnte weitermachen mit Menschen, die Lehrstühle oder hohe Posten nicht bekamen, weil sie homosexuell waren oder einen „unsittlichen Lebenswandel" hatten. Moralisch begründete Entrüstung ist also nicht typisch für die Gegenwart und auch nicht die Konsequenzen.

An den Universitäten hatten sich die Machtverhältnisse aber damals schon verschoben. Das von Elisabeth Noelle-Neumann zitierte Beispiel der Studentin mit CDU-Anstecker ist nicht das einzige. Als der US-amerikanische Insektenkundler und Biologe Edward O. Wilson 1975 sein Buch „Sociobiology : The New Synthesis" publizierte, brach ein Sturm der Entrüstung los. Der Harvard-

Professor hatte nichts Schlimmeres getan als zu behaupten, dass die in der Natur beobachtete Evolution durch Selektion auch bei Menschen wirke.

Das aber passte nicht in die Vorstellung der Zeit, dass Verhaltensweisen nur anerzogen seien und Menschen durch die richtige Erziehung in jede gewünschte Richtung gelenkt werden können. Seine Lehrveranstaltungen wurden gestört, er wurde bedroht und attackiert, als Faschist und Rassist beschimpft. „Racist Wilson, you can't hide, we charge you with genocide", skandierten die Protestierenden.

Der Wissenschaftler Jonathan Haidt, der die Attacken auf den Kollegen in seinem Buch „The Righteous Mind" beschreibt, erinnert sich, dass die Soziobiologie noch Mitte der 1980er-Jahre in der Psychologie diskreditiert gewesen sei. Dozierende verwendeten den Begriff ausschließlich negativ, Forschung gab es dazu kaum. Auch damals zählten also nicht Fakten, sondern die richtige Haltung.[197]

Das konnte allerdings nicht verhindern, dass viele von Wilsons Ideen unter dem Begriff der Evolutionären Psychologie heute weithin anerkannt sind. Auch hier drängt sich der Verdacht auf, dass wir vielleicht durch zwei oder drei offene Jahrzehnte vergessen haben, welchen Konformitätsdruck Gesellschaften aufbauen können.

„Prophets change the status quo, often earning the hatred of those in power", schreibt Jonathan Haidt dazu. Wer also den Status quo herausfordert, erntet oft den Hass der (Meinungs-) Mächtigen.[198]

Und vielleicht waren noch nicht einmal die 1990er-Jahre so frei, wie wir sie in Erinnerung haben. Der Psychologe Steven Pinker schrieb schon 2002, Wissenschaftler seien zu „moralischen Exhibitionisten" geworden, die ihre Studierenden dazu erziehen würden, Ideen nicht auf ihren Wahrheitsgehalt zu untersuchen, sondern auf die Übereinstimmung mit der „progressiven" Ideologie.[199]

Allerdings war die Entwicklung zweifellos noch nicht so fortgeschritten wie heute. Im Radiobeitrag „Campus ohne Courage" beklagt Hochschulverbandspräsident Bernhard Kempen „eine Verengung des Diskurskorridors."[200] Und immerhin 41 Prozent der

Deutschen antworteten in einer Umfrage von INSA für die Boulevardzeitung BILD auf die Frage, ob eine freie Meinungsäußerung noch möglich sei, mit Nein.[201]

Es gibt also nicht unbedingt mehr Moral, sondern nur eine andere. Und es gibt klarere Mehrheiten, zumindest in den Bereichen, die besonders großen Einfluss auf die öffentliche Meinung haben.

Früher waren es Kirche und Staat, die weitgehend durch die Moral vor Kritik in Schutz genommen wurden, heute sind es verschiedene „Opfergruppen". Man kann sogar argumentieren, dass der Schutz von Unterprivilegierten besser sei als der von Adel und Kirche, die zweifellos privilegiert waren.[1]

Übersehen sollten wir außerdem nicht, dass die größte Gefahr für eine unvoreingenommene Herangehensweise an die Fakten nicht die Meinung der anderen, sondern die eigene Meinung ist. Wir sehen, was wir sehen wollen. Wobei nicht verschwiegen werden soll, dass beides natürlich zusammenhängt. Wir passen unsere Meinung der Mehrheitsmeinung an und merken am Ende gar nicht mehr, dass wir eine Position nur deshalb vertreten, weil alle das tun.

Meine These ist also, dass es falsch wäre von einer Zunahme des moralischen zu sprechen, wir haben aber eine Situation, in der eine Gruppe ihre Moral eher zum allgemeinen Maßstab machen kann, als das von 1980 bis 2010 der Fall war.

Fast alle Bewegungen und alle Zeiten haben ihre Moral und wollen diese auf die ganze Gesellschaft ausweiten. Wie sehr abweichende Meinungen erlaubt sind, hängt vorwiegend davon ab, wie ausgeglichen die Machtverhältnisse sind.

---

[1] Wobei das in der Praxis nicht so einfach ist wie in der Theorie. Einmal, weil hier eine Homogenität von Gruppen unterstellt wird, die es in der Realität nicht gibt. Wer einer „Opfergruppe" angehört, kann individuell trotzdem privilegiert sein und umgekehrt. Außerdem ist es oft nicht so einfach festzustellen, wer diskriminiert ist. Denn die moderne politische Korrektheit hat oft nicht den Anspruch die Schwachen zu schützen, sondern die Diskriminierten. Also jene, die durch gesellschaftliche Umstände und nicht durch eigene Schwäche Nachteile erleiden. Gerade diese Trennung ist aber oft nur schwer zu ziehen (ich würde sogar sagen, es ist unmöglich).

Damit will ich die Gefahr für eine faktenbasierte Diskussion keineswegs kleinreden. Vor allem an den Universitäten sind hoher Konformitätsdruck und eine Bevorzugung von „Haltung" gegenüber empirischer Fundierung gefährlich. Daher komme ich darauf im nächsten Kapitel gleich wieder zurück. Das Problem ist aber in meinen Augen keine Hypermoral, auch Menschen vergangener Generationen hatten moralische Grundsätze und nahmen diese sehr ernst.

Ruinierten französische „Intellektuelle" den Westen?

Wenn ich also die Sorge vor einer Abkehr von empirischer Evidenz an den Universitäten teile, aber nicht daran glaube, dass Moral für Menschen heute wichtiger ist als vor 50 Jahren, was ist dann das Problem? Wir erwähnt hat sich das Kräftegleichgewicht verschoben, eine Gruppe kann leichter Konformitätsdruck aufbauen.

Wir müssen aber auch über eine Denkart sprechen, die ich bereits mehrfach erwähnt habe, nämlich den angewandten Postmodernismus.

Er hat zur Folge, dass in vielen Fachdisziplinen – vor allem an US-Universitäten – nicht mehr die vorurteilsfreie Forschung im Mittelpunkt steht, sondern das Verkünden politischer Meinungen. In einem Video vergleicht Forscher James A. Lindsay das mit der Korruption von Wissenschaft durch wirtschaftliche Interessen – nur dass hier politische statt wirtschaftlicher Gründe im Vordergrund stehen. Entsprechend bezeichnet er das als „political corruption".[202]

„How French ,Intellectuals' ruined the west", überschreibt US-Wissenschaftlerin Helen Pluckrose einen Beitrag über die Auswirkungen der Postmoderne im von ihr herausgegebenen Areo Magazin.[203] Zu Deutsch „Wie französische ,Intellektuelle' den Westen ruinierten". Darin beklagt sie, dass viele Geistes- und Sozialwissenschaften bereits „bis zur Unkenntlichkeit durch den Postmodernismus entstellt" seien. Konkret nennt sie die Kulturanthropologie, die Soziologie, die Kulturwissenschaften und die Gender Studies.[204]

Wir müssen also noch einmal zurück zur Postmoderne, genauer gesagt den angewandten Postmodernismus. Ich habe dessen Ablehnung objektiver Fakten bereits angesprochen und erklärt, warum ich den von einigen ihrer Vertreter postulierten epistemischen Relativismus nicht teile. Jetzt müssen wir uns die Frage stellen, ob wir von ihren Protagonisten in ein postfaktisches Zeitalter geführt wurden.

In ihrem Buch „Eleganter Unsinn: Wie die Denker der Postmoderne die Wissenschaften missbrauchen"[205] fragen die Physiker Alan Sokal und Jean Bricmont:

> „Wer, außer den Anhängern weitaus weniger plausibler Erklärungen wie dem Kreationismus, würde heute ernsthaft das ‚große Narrativ' der Evolution infrage stellen? Und wer zweifelt heute noch ernsthaft an der Wahrheit der Grundlagen der Physik? Die Antwort lautet: ‚ein paar Postmodernisten'"

Alan Sokal war aufgefallen, dass viele postmoderne Texte auf Begriffe der Physik zurückgreifen, ohne sie wirklich verstanden zu haben und ohne zu erläutern, wo die angeblichen Gemeinsamkeiten mit gesellschaftlichen Beobachtungen liegen.

Er verfasste daher Ende der 1990er-Jahre einen Beitrag für die postmoderne (wissenschaftliche) Zeitschrift Social Text, der vorgab, die Quantengravitation als sprachliches und soziales Konstrukt zu deuten. Dabei verwendete er absichtlich einen Sprachstil, der seiner Beobachtung nach von Theoretikern der Postmoderne gerne benutzt wird. Außerdem baute er zahlreiche logische und inhaltliche Fehler ein, um zu testen, ob diese der Redaktion auffielen.

Tatsächlich wurde der Beitrag abgedruckt und Sokal entlarvte ihn als Scherz. Er ging als Sokal Hoax in die Geschichte ein. Das Gleiche wiederholten Helen Pluckrose, James A. Lindsay und Peter Boghossian rund 20 Jahre später. Die drei Wissenschaftler, die sich selbst als „links" bezeichnen („left wing academics"), reichten 20 gefälschte Artikel bei verschiedenen (postmodern ausgerichteten) Fachzeitschriften ein, die teilweise abstruse Thesen aufstellten. Damit wollten sie testen, ob eine bestimmte Wortwahl und eine bestimmte (politische) Gesinnung bereits ausreichen, um publiziert zu werden.

In „The conceptual penis as a social construct" (etwa: „Der konzeptuelle Penis als soziales Konstrukt") wird behauptet, dass der männliche Penis in Zusammenhang mit dem Klimawandel stehe. Ein anderer stellt die These auf, man könne Männer wie Hunde dressieren. Beide Artikel wurden publiziert. Ein an Passagen aus Adolf Hitlers „Mein Kampf" angelehnter Beitrag, der sogar den Titel trug „Our struggle is my struggle" (also „Unser Kampf ist mein Kampf"), wurde von einer Zeitschrift für Gender-Fragen angenommen, nach der Entlarvung als Scherz aber nicht mehr gedruckt.

Insgesamt sieben Beiträge wurden angenommen. Vier waren beim Aufdecken des Projekts bereits veröffentlicht, drei zur Veröffentlichung vorgesehen. Nachdem das Projekt der drei Wissenschaftler bekannt geworden war, wurden sie natürlich nicht mehr publiziert, die veröffentlichten Beiträge zurückgezogen. Vier weitere waren mit der Bitte um Überarbeitung zurückgekommen. Immerhin neun, das muss zur Ehrenrettung der Journale gesagt sein, wurden abgelehnt.

In Anlehnung an die „Sokal Affäre" 20 Jahre zuvor spricht man teilweise von Sokal Squared,[1] also Sokal (Affäre) im Quadrat. In Englischen ist der Ausdruck „Grievance Studies Affair" gebräuchlicher, auf Deutsch also etwa „Jammer-Studien Affäre".

---

[1] Unter diesem Namen findet man die Affäre beispielsweise in der deutschsprachigen Wikipedia.

Nr.	Autor(in) Pseudonym	Titel	Journal	Status des Papers
1	Helen Wilson	Human reactions to rape culture and queer performativity at urban dog parks in Portland, Oregon	Gender, Place & Culture	veröffentlicht
2	Richard Baldwin	Who Are They to Judge? Overcoming Anthropometry and a Framework for Fat Bodybuilding	Fat Studies	veröffentlicht
3	M. Smith	Going in Through the Back Door: Challenging Straight Male Homohysteria and Transphobia through Receptive Penetrative Sex Toy Use	Sexuality & Culture	veröffentlicht
4	Richard Baldwin	An Ethnography of Breastaurant Masculinity: Themes of Objectification, Sexual Conquest, Male Control, and Masculine Toughness in a Sexually Objectifying Restaurant"	Sex Roles	veröffentlicht
5	Richard Baldwin	When the Joke Is on You: A Feminist Perspective on How Positionality Influences Satire	Hypatia	angenommen, nach Entlarvung nicht mehr veröffentlicht

6	Carol Miller	Moon Meetings and the Meaning of Sisterhood: A Poetic Portrayal of Lived Feminist Spirituality	Journal of Poetry Therapy	angenommen, nach Entlarvung nicht mehr veröffentlicht
7	Maria Gonzalez & Lisa A. Jones	Our Struggle is My Struggle: Solidarity Feminism as an Intersectional Reply to Neoliberal and Choice Feminism	Affilia	angenommen, nach Entlarvung nicht mehr veröffentlicht
8	Lisa A. Jones	Rubbing One Out: Defining Metasexual Violence of Objectification Through Nonconsensual Masturbation	Sociological Theory	abgelehnt
9	Carol Miller	My Struggle to Dismantle My Whiteness: A Critical-Race Examination of Whiteness from within Whiteness	Sociology of Race and Ethnicity	abgelehnt
10	Carol Miller	Queering Plato: Plato's Allegory of the Cave as a Queer-Theoretic Emancipatory Text on Sexuality and Gender	GLQ: A Journal of Gay and Lesbian Studies	abgelehnt
11	Richard Baldwin	"Pretty Good for a Girl": Feminist Physicality and Women's Bodybuilding	Sociology of Sport Journal	abgelehnt
12	Richard Baldwin	Grappling with Hegemonic Masculinity: The Roles of Masculinity	International Review for the Sociology of Sport	abgelehnt

		...and Heteronormativity in Brazilian Jiu Jitsu		
13	Richard Baldwin	Hegemonic Academic Bullying: The Ethics of Sokal-style Hoax Papers on Gender Studies	Journal of Gender Studies	abgelehnt
14	Richard Baldwin	Self-Reflections on Self-Reflections: An Autoethnographic Defence of Autoethnography	Journal of Contemporary Ethnography	abgelehnt
15	Brandon Williams	Masculinity and the Others Within: A Schizoethnographic Approach to Autoethnography	Qualitative Inquiry	abgelehnt
16	Helen Wilson	Rebranding Masculinity: Redefining the Struggle of Women Under the Domination of the Masculinity Trinity	Signs	abgelehnt
17	Richard Baldwin & Brandon Williams	Agency as an Elephant Test for Feminist Porn: Impacts on Male Explicit and Implicit Associations about Women in Society by Immersive Pornography Consumption	Porn Studies	Überarbeitung empfohlen

18	Maria Gonzales	The Progressive Stack: An Intersectional Feminist Approach to Pedagogy	Hypatia	Überarbeitung empfohlen
19	Stephanie Moore	Super-*Frankenstein* and the Masculine Imaginary: Feminist Epistemology and Superintelligent Artificial Intelligence Safety Research	Feminist Theory	Überarbeitung empfohlen
20	Maria Gonzales	Stars, Planets, and Gender: A Framework for a Feminist Astronomy	Women's Studies International Forum	Überarbeitung empfohlen

Anfangs war die Postmoderne vor allem in Kreisen beliebt, die sich selbst als „links" beschreiben würden. Bald hatten aber auch andere Gruppen entdeckt, dass der epistemische Relativismus ihnen neue Chancen eröffnet. So sieht der Theologe James K. A. Smith den Postmodernismus als „frische Brise des Heiligen Geistes", die der Kirche helfen könne den Glauben wiederzugewinnen. Aber eben nicht als System, das auf Vernunft beruht, wie es die christlichen Deisten oder die islamischen Faylasufs wollten, sondern „als Geschichte".

Smith verfasst mehrere Bücher zu dem Thema, etwa „Who's Afraid of Postmodernism?: Taking Derrida, Lyotard and Foucault to Church" (Wer hat Angst vor der Postmoderne – Mit Derrida, Lyotard und Foucault in der Kirche") oder „Who's afraid of relativism – the church and postmodern culture" („Wer hat Angst vor dem Relativismus – die Kirche und die postmoderne Kultur) oder „After modernity? - Secularity, Globalization, and the Reenchantment of the World" („Nach der Moderne – Säkularität, Globalisierung und die Wiederverzauberung der Welt" – Postmoderne bedeutet letztlich ja „Nach der Moderne").

Auch Vordenker der „Neuen Rechten" griffen die Idee auf. Der Philosoph Jürgen Habermas warnte in „Der philosophische Diskurs der Moderne" schon in den 1980er-Jahren vor dieser Vereinnahmung. Obwohl sich die Frankfurter Schule, der er angehörte, nach dem Zweiten Weltkrieg einen erbitterten Streit mit Karl Popper und den stark empirisch ausgerichteten Anhängern des kritischen Rationalismus geliefert hatte, ging ihm der völlige Relativismus von Foucault, Derrida und anderen postmodernen Denkern zu weit. Heidegger und Derrida warf er vor, die Metaphysik[1] nicht überwinden zu können.

Nun habe ich mich in diesem Buch bisher bereits ausführlich und sehr kritisch mit der postmodernen Philosophie und ihrem

---

[1] Der Begriff Metaphysik geht vermutlich auf Aristoteles zurück und meint „hinter der erkennbaren Wirklichkeit" liegende Sachverhalte. Diese sind einer empirischen Beobachtung verschlossen, beispielsweise die Frage „Gibt es Gott". Seit dem 19. Jahrhundert wurde der Begriff aber auch oft abwertend für unwissenschaftliche Theorien gebraucht.

epistemischen Relativismus auseinandergesetzt. Ich möchte an dieser Stelle deshalb nicht noch einmal die gesamte Diskussion wiederholen, sondern mich vor allem mit den Auswirkungen der Postmoderne befassen.

Denn eingebunden ist diese Denkschule in einen größeren Kontext, den man auch als moderne Gegenaufklärung sehen könnte. Isaiah Berlin bezeichnete die Gegenaufklärung des 18. und 19. Jahrhunderts als

- relativistisch,
- antirationalistisch,
- vitalistisch und
- organisch.[206]

Gemeint ist damit, dass die Gegenaufklärer die Existenz allgemeiner Rechte und Wahrheiten ablehnten, ebenso die rationale Denkweise. Stattdessen glaubten viele Gegenaufklärer daran, dass es einen unsichtbaren „Lebensstoff" gäbe. Das ist der Grund, warum Rudolf Steiner in seiner biologisch-dynamischen Landwirtschaft Kunstdünger ablehnte. Er macht sich weniger Sorgen um den Energieverbrauch bei der Herstellung oder eine Überdüngung, sondern hielt tierischen Dung allein für deshalb überlegen, weil er nicht von Maschinen, sondern von Tieren und damit Lebewesen produziert worden war.

Berlin selbst sieht als Vertreter der Gegenaufklärung vor allem deutsche und französische, teilweise auch britische Philosophen. Dazu gehören etwa François-René de Chateaubriand, Friedrich von Hardenberg (Novalis), Samuel Taylor und Joseph de Maistre, die den angeblichen Verlust von Schönheit und Geist beklagen. Die Aufklärung habe eine entzauberte, seelenlose und berechnete Gesellschaft geschaffen.

> Die romantischen Künstler sahen sich anderswo nach Inspirationen und Geistesverwandten um: im nostalgischen Rückblick auf das von der Aufklärung als Zeitalter des Aberglaubens und der Tyrannei verachtete Mittelalter oder im geographischen Fernblick, in den nichtwestlichen Kulturen des Nahen Ostens, Indiens und Ostasiens. – Arthur Herman[207]

Insofern sind die Parallelen der heutigen zur damaligen Gegenaufklärung verblüffend. Das relativistische Element haben die postmodernen Philosophen auf die Spitze getrieben. Auch geben sich nicht wenige angewandte Postmodernisten antirationalistisch. Die rationale Herangehensweise gilt ihnen als weiß und männlich, auch wenn das, wie bereits beschrieben, falsch ist.

Auch Vitalismus und organisches Denken findet sich in der Postmoderne häufig wieder. So urteilt Arthur Hermann über Michel Foucault: „Im Grunde genommen betrieb [er] vitalistische Geschichtsschreibung in der Tradition Nietzsches und Gobineaus".[208] Vor allem der Vergleich mit Gobineau blieb natürlich nicht unwidersprochen, immerhin gilt Arthur de Gobineau als Vater des modernen Rassismus und der These von der Überlegenheit der „nordischen Rassen".[1]

Auch die Begeisterung von postmodernen Philosophen wie Michel Foucault für Gewalttaten erinnert an die Gegenaufklärer. So berichtete Foucault in einem Interview über den Reiz, den er dabei empfand, als er die damals noch tödliche Immunschwäche AIDS beim ungeschützten Geschlechtsverkehr zwei Jahre lang wissend an andere Sexualpartner weitergab.[209] Auch der Terror der 1970er-Jahre begeisterte viele Postmodernisten, nicht immer wegen der vermeintlich hehren Ziele, sondern teils wegen des Terrors selbst. Bei den Gegenaufklärern hatte der Krieg eine ähnliche Stellung innegehabt.

Die wichtigste Überschneidung mit den Gegenaufklärern ist aber die Kritik an der Aufklärung selbst. Schon Theodor Adorno und Max Horkheimer hatten die Aufklärung wesentlich für den Aufstieg des Nationalsozialismus verantwortlich gemacht, obwohl dieser vor allem in der Tradition der Gegenaufklärung stand. Wie heute der Islamismus nutzte er zwar die technischen Produkte der

---

[1] Arthur de Gobineau selbst war Franzose, führte den französischen Adel allerdings auf die aus Nordeuropa eingewanderten Normannen zurück, in deren Tradition er sich sah. Allerdings war seine Familie erst spät wegen ihres Erfolges als Händler (ein Berufsstand, den Gobineau verachtete) geadelt worden.

Moderne, lehnte diese aber insgesamt ab. Trotzdem lag für Horkheimer und Adorno der Kern der NS-Ideologie schon in der Aufklärung und in ihrem Drang zur Beherrschung der Natur.[210]

Allerdings ging der völlige Relativismus der Postmoderne, wie bereits beschrieben, auch vielen Vertretern der Frankfurter Schule zu weit. Der Politikwissenschaftler Bassam Tibi unterscheidet klar zwischen dem Relativismus der Postmoderne und der kritischen Auseinandersetzung mit „westlichen" Ideen durch die Frankfurter Schule. So habe er durch seinen Lehrer Max Horkheimer gelernt, sich Europa gegenüber kritisch zu verhalten und es dennoch zu bewundern und die europäische Idee „gegen Faschismus hitlerscher, Stalin'scher oder andere Varianz" zu verteidigen.'"[211]

Trotzdem sieht es so aus, als habe die Postmoderne, zumindest in jener Form, die Pluckrose als angewandten Postmodernismus bezeichnet, in vielen Bereichen den Sieg davongetragen. So berichtet der deutsch-US-amerikanische Politikwissenschaftler Yascha Mounk von einer Studentin, die in Harvard einen seiner Kurse besuchte. Sie erklärte ihm, sie sei hin- und hergerissen, da sie die Demokratie generell schätze, diese aber auf Basis der Werte der Aufklärung funktioniere, die sich als „grausam und irreführend herausgestellt hätten." Explizit begründete sie dieses Urteil mit dem an der Universität erlernten Wissen.

Mounk urteilt, dass die politisch engagierten Lehrer und Dozentinnen „keineswegs das Ziel [verfolgen], die wertvollsten Aspekte unseres politischen Systems zu bewahren, sondern [...] fast ausschließlich darauf ab[zielen], den Studenten die Augen für die vielfältigen Ungerechtigkeiten und Heucheleien zu öffnen."[212]

In Deutschland wurde aus der Katastrophe des Nationalsozialismus die Lehre gezogen, dass alles kritisch hinterfragt werden müsse. Ein Ansatz, der nicht grundsätzlich falsch ist, der aber, ebenso wie in den USA, das Vertrauen in die Gesellschaft erschütterte. Gut belegt ist, dass der Rückhalt der Demokratie gerade bei jungen Menschen schwindet. Fast dreimal so viele junge Schweden bezeichnen sich heute als weit rechts oder weit links stehend, in Deutschland verdoppelte sich die Zahl.[213]

Mit diesem allgemeinen Misstrauen einhergeht auch das Misstrauen gegenüber Fakten. In einer Welt, in der Reiche und Mächtige oder Geheimbünde alle Fäden ziehen, darf man natürlich niemandem mehr trauen, auch nicht Medien, Lehrern oder Wissenschaftlern.

Allerdings wäre es zu einfach, dieses Misstrauen ausschließlich auf die Postmoderne zurückzuführen. Außerdem fordert auch die Aufklärung selbst das Hinterfragen von Autoritäten, sinkendes Vertrauen in Behörden ist deshalb keineswegs ein Beweis für eine neue Gegenaufklärung.

Trotzdem sollten wir die von Pluckrose und Mounk beschriebenen Entwicklungen ernst nehmen. Denn hier geht es nicht nur um die Frage, wie gut die Wissenschaft in der Zukunft ihre Theorien empirisch hinterfragen wird, sondern auch darum, ob ihren Erkenntnissen in der Öffentlichkeit Vertrauen entgegengebracht wird. Verspielt sie dieses Vertrauen, werden es selbst gut fundierte Erkenntnisse schwer haben, Akzeptanz zu finden.

Schon die scheinbar harmlose Frage, ob die Gewalt im Lauf der Geschichte zu- oder abgenommen hat, führt zu heftigen Grabenkämpfen mit schweren Beschuldigungen. Wer nämlich behauptet, es gäbe heute nicht nur weniger Gewalt als in der ersten Hälfte des 20. Jahrhunderts oder im Mittelalter, sondern auch weniger als in traditionellen Jäger- und Sammlerkulturen, wie Steven Pinker das in seinem Buch „Gewalt – Eine neue Geschichte der Menschheit"[214] tut, der rechtfertigt nach Lesart einiger Aktivisten die Ermordung der Ureinwohner in vielen Ländern und vertrete ein kolonialistisches Weltbild.[215]

Ähnlich erging es auch Wissenschaftlern, die herausgefunden hatten, dass es Naturzerstörung schon vor der Industrialisierung, ja selbst bei den vermeintlich im Einklang mit der Natur lebenden amerikanischen Ureinwohnern. Sie wurden als rassistisch beschimpft, auch wenn sie, wie etwa Jared Diamond, lediglich feststellen, dass die traditionellen Kulturen sich nicht wesentlich vom modernen Menschen unterscheiden und ihm weder über- noch unterlegen sind.[216] Zu Recht stellt Diamond fest, dass die Frage nach Friedfertigkeit oder Umweltschutz auch gar nicht wichtig für die

Frage ist, ob die Vertreibung und Ermordung von Jäger und Sammler-Kulturen in vielen Ländern moralisch vertretbar waren. Das Verbot andere Menschen zu töten oder vertreiben ergibt sich nicht aus ihrer Überlegenheit anderen gegenüber.

Allerdings wäre es falsch, die Ablehnung von unerwünschten Ergebnissen nur auf der Seite der Linken und der Alternativen zu sehen. Erkenntnisse zum Klimawandel, zur Gefährlichkeit des neuartigen Coronavirus (SARS-CoV-2) oder zur Transsexualität werden von Konservativen und Rechten genauso vehement abgelehnt, sie haben nur an den Universitäten kaum noch eine Basis. Dafür sind sie in den einschlägigen Radio- oder Fernsehsendern oder den sozialen Medien die Kritiker nicht weniger laut.

Der Hirnforscher Robert Sapolsky ärgerte sich darüber, dass sein Fach so oft diffamiert wird. Vor allem von der politischen Linken wird der Genetik vorgeworfen, sie biete einen Vorwand für Rassismus und die Abwertung von Armen. Dass Kinder aus armen Elternhäusern seltener beruflich aufsteigen, wäre dann nicht nur eine Folge von direkter oder indirekter Diskriminierung, sondern auch davon, dass intelligente Menschen erfolgreicher sind und ihre Kinder im Durchschnitt selbst wieder intelligenter und daher auch häufiger erfolgreich sind.[1]

Er machte sich deshalb auf die Suche nach Studien zur Akzeptanz der Ergebnisse der Hirnforschung und Genetik. Anders als erwartet gab es zwischen (meist konservativen) Republikanern und (eher linken) Demokraten allerdings keinen Unterschied bei der generellen Akzeptanz naturwissenschaftlicher Fakten. Anhänger der demokratischen Partei lehnten, wie erwartet, Forschungsergebnisse häufiger ab, wenn sie darauf hindeuteten, dass Intelligenz zu einem relevanten Teil vererbt wird. Allerdings lehnten Wähler der republikanischen Partei dafür öfter Studien ab, die zum Ergebnis hatten, dass sexuelle Präferenzen wie Homosexualität oder auch Transsexualität angeboren sind.

---

[1] Dass natürlich nicht alle intelligenten Menschen auch intelligente Kinder haben, weiß jeder aus eigener Anschauung. Das Gleiche gilt umgekehrt. Es handelt sich auch hier nur um einen statistischen Zusammenhang.

Für Deutschland ist mir keine solche Untersuchung bekannt, allerdings gibt es auch hier ähnliche Beobachtungen. Die Volkswirtschaftslehre, die sich in den vergangenen Jahren oft gegen zu große staatliche Eingriffe ausgesprochen hat, genießt bei politisch konservativ stehenden Menschen ein höheres Ansehen als bei Linken.

Umgekehrt sieht es mit der Klimaforschung aus. Auch in der Frage, ob Geschlechterunterschiede angeboren oder anerzogen sind, fällt die Bewertung zumindest durch grüne und linke Parteien oft unterschiedlich aus, je nachdem, ob eine Überlegenheit von Männern oder Frauen postuliert wird. Während Verhaltensunterschied, die ein höheres Einkommen von Männern zur Folge haben, von der Partei Bündnis90/Die Grünen fast ausnahmslos als anerzogen charakterisiert werden, bescheinigte mir die Grünen-Vorsitzende Angela Baerbock in einer E-Mail, dass sie keinen Handlungsbedarf in Bezug auf die geringere Lebenserwartung von Männern sehe. Hier werden Geschlechterunterschiede akzeptiert.

Allerdings scheint die Situation noch nicht so extrem zu sein, wie in den USA, wenngleich auch hierzulande der Ton offenbar rauer wird. Das musste etwa die Soziologin Cornelia Koppetsch erfahren. In ihrem Buch „Die Gesellschaft des Zorns. Rechtspopulismus im globalen Zeitalter" beschreibt sie den Aufstieg des Rechtspopulismus als soziales Phänomen. Diese Interpretation ist nicht neu, Doug Saunders berichtet in seinem Buch *Arrival City* beispielsweise, wie sich die türkischen Rechtspopulisten der heutigen Regierungspartei AKP die Vernachlässigung der von Einwanderern vom Land bewohnten Viertel Istanbuls zunutze machten und sich dort als „Kümmerer" inszenierten.[217]

Koppetsch aber wurde schnell vorgeworfen, sie hege zu viel Sympathie für die Rechtspopulisten. Tom Uhlig, Bildungsreferent an der Bildungsstätte Anne Franck, stellte daher ihre Eignung für eine Professorenstelle infrage. Nicht wegen handwerklicher Mängel, sondern wegen mangelnder Linientreue, wie Sara Rukaj von der Frankfurter Allgemeinen Zeitung feststellt.[218]

Allerdings ist das auch in Deutschland kein neues Phänomen. Man denke an die Störung von Lehrveranstaltungen in den späten 1960er- und den 1970er-Jahren. Außerdem sprechen wir in diesem

Buch nicht über Meinungsfreiheit, sondern über die postfaktische Gesellschaft. Öffentlicher Druck, die richtige Meinung zu vertreten, ist ein Aspekt davon, aber eben nur einer. Wie berichtet lehnten auch in der Vergangenheit große Teile der deutschen Soziologie Karl Poppers kritischen Rationalismus traditionell ab. Die Suche nach objektiven Fakten erschien ihnen nur als Verschleierung des wahren Erkenntnisinteresses.

Vor allem dürfen bei der Diskussion über die Bedeutung von Fakten in unserer modernen Gesellschaft einen anderen Aspekt nicht vergessen, nämlich die verbesserten technischen Möglichkeiten zur empirischen Überprüfung von Theorien. Der Ökonomie-Professor Ernst Fehr spricht für sein Fachgebiet sogar von einer „empirischen Revolution". Bis in die 1980er-Jahre war die Ökonomie seiner Meinung nach „eine weitgehend theoretische Disziplin." Das habe sich aber geändert.[219]

Auch ich selbst kann aus meiner Arbeit als Lehrbeauftragter bisher keine Geringschätzung empirischer Methoden an der Hochschule erkennen. Möglich, dass die Arbeit heute schwieriger ist als in den 1990er-Jahren, doch ist das Jahrzehnt nicht repräsentativ für die Lage der Wissenschaft in den vergangenen 100 Jahren.

Dass empirisch fundierte Ergebnisse mittlerweile von beiden Seiten angegriffen werden, ist auch eine Chance. Wer beispielsweise beim Thema Klimawandel darauf drängt der Wissenschaft zu vertrauen, dem fällt es schwerer die Homöopathie zu verteidigen.

Natürlich haben die Kritikerinnen und Kritiker nicht völlig unrecht. Die Politik darf nicht dazu degradiert werden, Forderungen „der Wissenschaft" umzusetzen, und Forscher müssen auch die Folgen ihrer Veröffentlichungen bedenken. Mehr werde ich dazu im Kapitel III schreiben. Aber empirische Ergebnisse sollten in meinen Augen in der Politik eine Rolle spielen – und das nicht nur, wenn sie das gewünschte Ergebnis bringen.

Es ist deshalb jetzt ein guter Zeitpunkt, um daran zu erinnern, welche Fortschritte die Menschheit der empirischen Forschung verdankt und wie fatal es für eine Gesellschaft ist, wenn sie sich nicht mehr darauf einigen kann, was wahr oder falsch ist.

Die empirische Seite

Empirische Belege für eine Zu- oder Abnahme von "alternativen Fakten" zu finden ist schwer. Die meisten Argumentationen sind entweder rein theoretischer Art oder stützen sich auf "anekdotische Evidenz". In die erste Kategorie fällt die oben dargestellte Argumentation, die Abschwächung des Journalistenprivilegs und die Möglichkeit über das Internet einfacher und billiger Inhalte publizieren zu können, habe zu einer Zunahme alternativer Fakten geführt.

In den anekdotischen Bereich fallen die Aufzählung von Verschwörungstheorien, die aktuell im Umlauf sind. Es gibt nur wenig Zahlen, anhand derer sich der Glaube an Verschwörungstheorien messen lässt. Zumal selbst die Wissenschaften über deren Wesen streiten. Einige betrachten nur die großen, politischen und wirtschaftlichen Superverschwörungen, andere zählen auch viele Impfgegner zu den Verschwörungstheoretikern.

Ein Vergleich über die Zeit ist dabei kaum möglich. Wer aber glaubt, dass es in den Zeiten vor dem Internet keinen Aberglauben gegeben habe, der muss sich nur in Erinnerung rufen, dass – wie bereits in der Einführung zu diesem Kapitel erwähnt, 1973 mehr als jeder zehnte Bundesbürger die Existenz von Hexen zumindest für möglich hielt (9 Prozent hielten Hexen für möglich, 2 Prozent waren sich sicher, dass es sie gibt).[220]

Anton Weste behauptet in der deutschen Ausgabe der Zeitschrift Technology Review,[221] dass in den USA das Vertrauen in die Wissenschaften seit den 1970er-Jahren bei Befragungen konstant geblieben sei. Einem Vertrauensrückgang bei den Wählern der Republikaner stehe ein Vertrauensgewinn bei denen der Demokraten gegenüber. Ein Blick in die von Weste angegebene Quelle zeigt sogar, dass der Prozentsatz derer, die großes Vertrauen in die Wissenschaft haben (im Original: A greater deal of confidence in the scientific community), mit 44 Prozent im Jahr 2018 so hoch lag wie seit 1987 nicht mehr. Jeweils ein Prozentpunkt höher war es seit 1973 nur in den Jahren 1974, 1984 und eben 1987.[222]

Wenn man bedenkt, dass solche Umfragen immer zufälligen Schwankungen unterliegen, lässt sich zumindest sagen, das Vertrauen in die Wissenschaften ist nicht gesunken. Auch auf der anderen Seite des Spektrums, bei jenen, die ihnen überhaupt kein Vertrauen entgegenbringen, gab es wenig Veränderung. Deren Anteil liegt seit 1973 immer bei fünf bis sieben Prozent.

Die Zahl der Personen, die an die Evolutionstheorie glaubt, steigt sogar. Noch immer ist rund die Hälfte der Amerikaner der Meinung, Gott habe Tiere und Menschen in seiner heutigen Form geschaffen. Doch der Anteil sinkt, dafür glauben mehr an den Wandel der Arten, sei es auf Basis von Darwins Theorie der Auslese oder einem von Gott gesteuerten Prozess.

Für Deutschland lässt sich immerhin ein deutlicher Rückgang derer feststellen, die davon ausgehen, dass Wissenschaft und Forschung uns ein besseres Leben bescheren werden. Ihr Anteil sank von über 80 Prozent im Jahr 2005 auf nur noch rund 50 Prozent im Jahr 2017. Das aber ist nicht zwangsläufig ein Hinweis auf eine Ablehnung empirischer Evidenz. Man kann an die Aussagekraft wissenschaftlicher Untersuchungen glauben, aber der Meinung sein, dass die Ergebnisse uns mehr schaden als nutzen. Zwischen 2005 und 2017 sank insbesondere das Vertrauen in die segensreiche Wirkung des Internets rapide. Nicht zuletzt, weil der Traum vom basisdemokratischen Netz zerplatzte und stattdessen große Konzerne wie Google und Amazon eine Macht erreicht haben, an die Medien- oder Einzelhandelsunternehmen in der analogen Welt niemals auch nur annähernd herankamen.

In anderen Bereichen bleiben die Zahlen konstant. Die Zahl der radikalen Impfgegner beispielsweise geht zwar kaum zurück, steigt aber auch nicht.

Insgesamt ist es aber ausgesprochen schwierig, die These von einer postfaktischen Gesellschaft empirisch zu überprüfen. Vor allem, weil sich der Glaube an wissenschaftlich weitgehend widerlegte Thesen oft verschiebt. An Hexen werden heute vermutlich weniger Menschen glauben als noch 1970, an die Gefährlichkeit von Impfungen dagegen unter Umständen mehr.

Gegenthese:
Experten und Wissenschaft werden wichtiger

Es gibt also wenig Belege für ein mangelndes Vertrauen in empirisch erhobene Erkenntnisse. Das bedeutet nicht, dass es dieses nicht gibt. Vielleicht können wir es nur nicht messen. Ich glaube aber, dass die These von der postfaktischen oder postempirischen Gesellschaft schlicht falsch ist. Vielmehr ist es ganz im Gegenteil so, dass Experten und Expertise immer wichtiger werden. Aber wie passt das zum Gefühl so vieler Menschen?

Niklas Luhmann machte bereits vor mehr als 30 Jahren darauf aufmerksam, dass das in den 1980er-Jahren verbreitete Gefühl, in einer „Risikogesellschaft" (so der Titel des 1986 erschienenen Buches des Soziologen Ulrich Beck) zu leben, nicht einer echten Zunahme von Gefahren entspringt. Vielmehr ist das zunehmende Wahrnehmen von Risiken eine Folge des Umstands, dass unkalkulierbare Gefahren zu scheinbar kalkulierbaren Risiken geworden sind. In der Vergangenheit wurden Seuchen, Hunger und Feuer weitgehend als gottgegeben hingenommen, die neuen Risiken wie „Atomtod", Waldsterben und AIDS dagegen schienen vermeidbar.

> Wenn es Regenschirme gibt, kann man nicht mehr risikofrei leben. Die Gefahr, dass man durch Regen nass wird, wird zum Risiko, das man eingeht, wenn man den Regenschirm nicht mitnimmt. Aber wenn man ihn mitnimmt, läuft man das Risiko, ihn irgendwo liegenzulassen.
> Niklas Luhmann [223]

Luhmann macht das am Beispiel eines Regenschirms deutlich. Er senkt die Gefahr, nass zu werden, aber er erhöht das Risiko. Denn zuvor war die Frage, ob man nass oder trocken nach Hause gelangt, nicht beeinflussbar und damit kein (kalkulierbares und vermeidbares) Risiko, sondern eine (unkalkulierbare) Gefahr. Mit der Einführung von Regenschirmen sind zwei neue Risiken hinzugekommen. Einmal das, den Regenschirm irgendwo stehenzulassen. Wenn ich den Regenschirm aber zu Hause lasse, besteht das Risiko nass zu werden. Nass wurde ich vorher auch, aber damals war es kein (kalkulierbares und vermeidbares) Risiko, sondern eine unvermeidbare Gefahr. Oder anders ausgedrückt: Mit der Einführung des Regenschirms wird das Risiko des Nasswerdens für mich zum Thema, mit dem ich mich befasse. Nicht, weil es häufiger regnet, sondern weil das Nasswerden vorher unvermeidbar war. [224]

Ähnliches gilt in meinen Augen auch für die Frage, welche Bedeutung Wissenschaft und Experten in unserer heutigen Gesellschaft haben. Joachim Gauck irrt, wenn er eine zunehmende Geringschätzung von Experten suggeriert.

> „Ich erlebe die gegenaufklärerische Leugnung von Fakten und Evidenz und die Geringschätzung Experten gegenüber, als ließe sich Wahrheit durch subjektives Empfinden oder willkürliche Festlegungen neu erfinden".
> Joachim Gauck [225]

Zwar hat der ehemalige Bundespräsident insofern recht, als empirische Evidenz nur selten Zustimmung findet, wenn sie unseren Meinungen zuwiderläuft. Aber das ist keine neue Entwicklung. Schon immer wurden Behauptungen abgelehnt, die nicht dem Gefühl und Erleben der Menschen entsprachen. Die Geschichte neuer Erkenntnisse ist eine Geschichte von Ablehnungen, nicht nur durch Laien, sondern auch durch Wissenschaftler.

Ich behaupte sogar: Die Sehnsucht nach eindeutigen, wissenschaftlichen Antworten steigt – wenngleich vor allem, um damit die eigene Meinung zu untermauern und nicht um sie zu hinterfragen.

Überall finden wir Experten, Beiräte und Berater. Sie bereiten Entscheidungen für die Politik vor oder geben in Radio- und Fernsehsendungen Auskunft zu aktuellen Problemen. Selbst ethische Fragen, auf die es keine empirisch fundierten Antworten gibt, sollen heute von Expertengremien statt von der Politik oder gar dem Volk entschieden werden.

Suche nach Eindeutigkeit

Von einer *Vereindeutigung der Welt* schreibt der Islamwissenschaftler Thomas Bauer in seinem gleichnamigen Buch.[226] Er beklagt darin den Verlust der Fähigkeit, Grautöne wahrzunehmen, also einer sinkenden Ambiguitätstoleranz. Ein Trend, der in den USA noch weitaus stärker ausgeprägt sei als in Europa, was die aggressiven Debatten dort erklären würde. Das gehe so weit, dass in den USA sogar Spiele, in denen es oft zu Unentschieden kommt, weniger beliebt seien als solche mit einem klaren Sieger und einem Verlierer. Daher sind Baseball, Basketball oder American Football beliebter als Fußball, wo es häufig keinen Sieger gibt. Auch sprächen Männer in den USA tiefer und Frauen höher als in Europa.[227]

Obwohl nicht alle Ausführungen von Bauer überzeugen, so tut es doch die Grundthese des Buches. Tatsächlich scheint es, als würde auch in Deutschland zunehmend die Fähigkeit verloren gehen, in Zwischentönen zu denken.

Früher lebten Menschen in sehr uneindeutigen Gebilden. Man denke an die verschachtelten und undurchsichtigen politischen Strukturen im Heiligen Römischen Reich Deutscher Nation. Oder die Tatsache, dass in der gleichen Stadt unterschiedliche Gerichte für die Bürger zuständig sein konnten, je nach Stand.

Auch die Religion produziert, wie Bauer ausführt, klassischerweise Uneindeutigkeit. Das gilt hauptsächlich für die „alten" Religionen wie die katholische und orthodoxe Kirche oder viele Strömungen im Islam. Man könnte sogar noch etwas weiter gehen als Thomas Bauer und die These aufstellen, dass der Protestantismus in Wechselwirkung mit den Naturwissenschaften die „Vereindeutigung der Welt" vorangetrieben hat.

Trotz aller gepredigter Sittenstrenge gab es in Nürnberg vor der Reformation ein städtisches Bordell. Es wurde erst geschlossen, nachdem sich der Nürnberger Rat für den Wechsel zum Protestantismus entschieden hatte. Was schon immer gefordert wurde, wurde jetzt auch umgesetzt.

Man kann das Handeln des Nürnberger Rates vor der Reformation als Doppelmoral bezeichnen – und im Prinzip trifft das auch zu. Allerdings hat diese Denkweise auch zu einem „Leben-

und-leben-Lassen" geführt. Die Suche nach Eindeutigkeit geht dagegen nicht selten auch mit Intoleranz einher.

Der Protestantismus wollte, nicht zu Unrecht, mit der Doppelmoral der alten Kirche aufräumen und klare Regeln schaffen. Allerdings kam es dabei immer wieder zu Exzessen.

Exemplarisch dafür kann die Bilderfrage stehen. In den Zehn Geboten (2. Mose 20,4 und 5. Mose 5,8) heißt es „Du sollst dir kein Kultbild machen und keine Gestalt von irgendetwas am Himmel droben, auf der Erde unten oder im Wasser unter der Erde". Im Judentum und im Islam wird dieses Bilderverbot relativ strikt eingehalten. Im Christentum gab es zwar immer wieder Phasen des Bilderverbotes, doch langfristig setzte sich dieses nicht durch. Erst die Reformation führte dazu, dass wieder Bilder zerstört wurden.

Vermutlich ist in den Vereinigten Staaten von Amerika auch deshalb der Wunsch nach Eindeutigkeit besonders hoch. Während Luther in vielen Bereichen Kompromisse einging, waren andere Reformatoren radikaler, beispielsweise Johannes Calvin, Andreas Bodenstein (Dr. Karlstadt) oder Jan Matthys. Und viele radikale Protestanten wanderten im 17. und 18. Jahrhundert in die USA aus.[1]

Natürlich kann man einwenden, dass der Protestantismus viel stärker als andere Religionen an Bedeutung verloren hat. In den ehemals mehrheitlich protestantischen Ländern Deutschland und den Niederlanden gibt es heute wegen der vielen Kirchenaustritte mehr Katholiken als evangelische Christen, trotz der vielen Kirchenaustritte aus der katholischen Kirche in den vergangenen Jahren. Der Protestantismus hat die Kultur in den USA, in Großbritannien, Skandinavien und auch in Deutschland aber wesentlich geprägt. Einige Autoren wie Bassam Tibi sprechen deshalb von einem Kulturprotestantismus.

Auch im Islam ist die Abneigung gegenüber Mehrdeutigkeit nicht schon immer verankert, obwohl das Bilderverbot, das Zinsverbot und das Verbot bestimmter Speisen hier strenger umgesetzt

---

[1] Natürlich lebten sowohl Calvin als auch Karlstadt und Matthys bereits im 16. Jahrhundert und damit vor Beginn der großen Auswanderungswelle. Allerdings gab es auch im 17. Jahrhundert noch zahlreiche radikale und kompromisslose Strömungen.

wurden. Thomas Bauer meint sogar, dass der Islam einen besonders drastischen Wandel erlebt habe, von einer Religion mit einer besonders hohen zu einer mit niedriger Ambiguitätstoleranz. Vor allem seit dem 19. Jahrhundert sind in der islamischen Welt Bewegungen auf dem Vormarsch, die Eindeutigkeit suchen, allen voran die Wahhabiten in Saudi-Arabien, die ihre Lehre dank der Petro-Dollar immer weiter ausbreiten. Oft wird in Zeitungen behauptet, dem Islam fehle eine Reformation wie in Europa. Dabei gab es die bereits, nämlich in Form des Wahhabismus. Dieser hat zwar nicht zu mehr Toleranz geführt, wie es sich viele europäische Kommentatoren von einer islamischen Reformation erhoffen, das hat aber der Protestantismus in Europa zunächst auch nicht immer. Und niemand sagt, dass jede Reformation gleich ablaufen muss.[1]

Natürlich liegt der Verdacht nahe, dass das mit der Verschiebung der Kräfte zwischen islamischer und (traditionell) christlicher Welt zusammenhängt. Jahrhundertelang expandierte der Islam und nahm viele ehemals christliche Gebiete in Besitz. Die islamische Geistlichkeit konnte sich Toleranz leisten. Das war im 19. Jahrhundert umgekehrt, als der Wahhabismus entstand.

Allerdings stellt sich die Frage, warum nicht nur die Wahhabiten, sondern auch die Menschen in Europa trotz des Wohlstandes so auf der Suche nach Eindeutigkeit sind. Vermutlich hat das auch viel mit dem Erfolg der Wissenschaften zu tun. Diese scheinen ja Eindeutigkeit zu versprechen, bis hin zur Prognose der Zukunft. Auch wenn gute Prognostiker genau das nicht tun, sondern mit unterschiedlich wahrscheinlichen Szenarien arbeiten.

Eine Folge dieses Wunsches nach Eindeutigkeit ist die zunehmende Bedeutung von Experten. Viele Entscheidungen werden heute von Fachgremien getroffen oder zumindest vorbereitet. Ein Beispiel dafür ist die Rolle des Ethikrates bei der Festlegung von Impfpräferenzen im Zuge der Corona-Krise 2021. Dieser traf zwar

---

[1] Wie erwähnt waren andere Reformatoren deutlich extremer als Luther. Bereits genannt wurde der Niederländer Jan Matthys. Er forderte, alle Ungläubigen zu vernichten und eine Theokratie zu schaffen. In Münster ließ er Klöster und Kirchen zerstören und rief dazu auf, alle Bücher außer der Bibel zu vernichten. Letzteres erinnert fatal an islamistische Fanatiker wie Boko Haram in Nigeria.

formell keine Entscheidungen, bereitete sie aber vor und war damit de facto das entscheidende Gremium. Dabei lassen sich solche ethischen Fragen nicht objektiv beantworten. Letztlich geht es hier um Fragen subjektiven Moralempfindens.

Das bedeutet nicht, dass alles besser wird

Wenn ich schreibe, dass Experten immer gefragter werden, soll das nicht heißen, dass sich alles zum Guten wendet. Wie erwähnt lassen sich nicht alle Fragen von Expertengremien objektiv beantworten. Außerdem gibt es an den Universitäten Strömungen, die gar nicht an Objektivität interessiert sind. Das bedeutet, dass Experten zwar wichtiger werden, empirische Fakten aber nicht unbedingt.

Das liegt vor allem am Siegeszug des angewandten Postmodernismus an den US-Universitäten. Dessen Ablehnung von empirischer Evidenz und des Anspruchs von Objektivität üben einen weit größeren Sog in Richtung postfaktischer Gesellschaft aus als das Internet, denn sie treffen genau ins Herz, nämlich das Bildungssystem.

Hinzu kommt, dass sie über die Universitäten auch in andere Bereiche ausstrahlen. Die von der RAND Corporation beobachtete Emotionalisierung der Berichterstattung ist nach Ansicht des Medienforschers Christian Hoffmann auch eine Folge der postmodernen Philosophie. Er prognostiziert, dass die tatsächlichen Aktivisten im deutschen Journalismus erst jetzt in den Redaktionen ankämen und der Druck „die richtige" Meinung zu vertreten noch zunehmen wird.[228]

Weniger überzeugend finde ich die These, dass Moral heute eine größere Rolle spielt. Zwar ist es auffällig, wie in der Reklame immer mehr mit einem guten und grünen Gewissen geworben wird und ständig neue moralische Forderungen aufgestellt werden, doch ersetzen diese vor allem andere Imperative. Teilweise handelt es sich sogar um die gleichen Werte in altem Gewand, wie schon 2010 die Forscher des Mannheimer Sigma-Instituts bei der Vorstellung ihrer Überarbeitung der gesellschaftlichen Milieus feststellten. „Konservative Werte sind en vogue, aber sie werden umgedeutet."[229]

Gegenüber der Situation in den 1980er- und 1990er-Jahren sowie dem ersten Jahrzehnt des aktuellen Jahrtausends scheint sich, wie bereits mehrfach erwähnt, lediglich geändert zu haben, dass heute einzelne politische Richtungen eher die Möglichkeit haben, ihre Weltsicht zum allgemeinen Maßstab zu machen.

„Expertokratie" und Bürgerferne

Es wäre aber falsch zu bestreiten, dass jeden Tag zahlreiche Alternative Fakten publiziert werden. Das liegt auch daran, dass die oben beschriebene Stärkung der Rolle von Expertengremien eine Gegenbewegung zur Folge hat.[230]

Tatsächlich leidet die Demokratie, wenn Entscheidungen ständig als alternativlos beschrieben werden und von Experten statt Volksvertretern gefällt werden. Das Gefühl, dass Gerichte und Expertengremien immer mehr Entscheidungen treffen, ohne dass die Bevölkerung ein Mitspracherecht hat, dürfte ein weiterer Punkt für die zunehmende Ablehnung von Expertenmeinungen sein. Zumal auch Wissenschaftler oder Richterinnen nicht neutral sind, ja nicht neutral sein können, wie wir im Kapitel über die menschliche Wahrnehmung und dem über die Wissenschaft gesehen haben.

In den USA entbrannte 2021 ein heftiger Kampf um die „richtige Bildungspolitik". Durch das Homeschooling bekamen viele Eltern Einblick in den Unterricht ihrer Kinder. Es formierten sich Proteste, die mit einzelnen Inhalten, besonders der „Critical Race Theory" nicht einverstanden waren.

Die Reaktion von Gewerkschaften und Politik, aber auch Teilen der Medien, lief oft auf den Hinweis hinaus, man möge die Bildungspolitik doch den Expertinnen und Experten überlassen. "Ich verstehe die Idee nicht, dass Eltern entscheiden sollten, was unterrichtet wird. Ich bin kein professioneller Pädagoge. Ich habe keinen Abschluss in Sozialkunde", schrieb ein Autor der New York Times.[231]

Eine Aussage, die nach Ansicht des Erziehungswissenschaftlers Moshe Krakowski auf einem „grundlegenden philosophischen und kulturellen Missverständnis" dessen basiert, was Bildung eigentlich ist.[232]

Denn Pädagogen haben zwar gelernt, wie Wissen besonders nachhaltig vermittelt werden kann, die Frage, was Kinder lernen sollten, ist eine zutiefst subjektive Frage.

Hier wird der Verweis auf Expertentum also missbraucht, um die eigene Position unangreifbarer zu machen. Das wiederum hat zur Folge, dass Menschen ihr Vertrauen in den Rat von Expertinnen und Experten verlieren.

Beim Stichwort „Bürgerferne" wird auch fast immer die Europäische Union genannt. 80 Prozent der Gesetze setzen nach einer Schätzung der Autorin Sabine Beppler-Spahl nur Vorgaben der EU um.[233] Zwar ist die EU indirekt demokratisch legitimiert, da gewählte Politiker über die Zusammensetzung der Kommission entscheiden, allerdings ist der Einfluss der Bürger sehr indirekt.

Hinzu kommt, dass der Einfluss einer einzelnen Wählerstimme bei einem Staatenbund mit rund 450 Millionen Einwohnern sehr gering ist. Zumal die Stimmen unterschiedlich gewichtet sind. Der Einfluss eines Luxemburgers ist deutlich größer als der einer Deutschen. In vielen Gremien hat jeder Staat gleich viele Stimmen, was theoretisch bedeutet, dass ein Luxemburger das 133-fache Stimmgewicht eines Deutschen hat, weil beide Länder gleich viele Stimmen haben, Deutschland aber die 133-fache Einwohnerzahl.

In der Praxis ist es zwar nicht so einfach, weil beispielsweise im Rat der Europäischen Union eine doppelte Mehrheit notwendig ist. Dazu zählt neben der Mehrheit der Stimmen im Rat auch die Mehrheit der Einwohner. Trotzdem ist es nachvollziehbar, dass viele Menschen hier fehlende Bürgernähe beklagen.

Nun gibt es dieses Gefühl allerdings auch in den USA, obwohl das Land nicht annähernd so stark in einen supranationalen Verbund integriert ist. Der deutsch-US-amerikanische Philosoph Yascha Mounk schreibt in seinem Buch „Der Zerfall der Demokratie: Wie der Populismus den Rechtsstaat" bedroht:

> Die Eurozone bietet ein extremes Beispiel für ein politisches System, in dem die Menschen das Gefühl haben, immer weniger mitreden zu können. Aber eine Ausnahme ist sie keineswegs. Unbeachtet von den meisten Politologen

> hat sich in Nordamerika und Westeuropa eine Spielart des undemokratischen Liberalismus ausgebreitet: In diesem Regierungssystem werden rechtsstaatliche Normen (zumindest meistens) penibel eingehalten und die Rechte von Einzelnen (jedenfalls in der Regel) respektiert. Trotzdem haben die Wähler seit Langem das Gefühl, dass ihr Denken auf das Tun des Staates kaum mehr Einfluss hat. Ganz falsch liegen sie mit dieser Einschätzung nicht.
>
> Yascha Mounk [234]

Wohl auch deshalb richtet sich die Abneigung der US-Amerikaner oft mehr gegen die Politik des Bundes in Washington als gegen die der Einzelstaaten. Schon im April 1995 wurde ein Bürogebäude in Oklahoma City mit Einrichtungen des Bundes Ziel eines rechtsextremen Terroranschlages, dem nach Zahl der Opfer zweitschlimmste Anschlag in der Geschichte der USA nach dem des 11. September 2001.

Der Wunsch nach Kooperation und Einheitlichkeit mag verständlich sein, beispielsweise in der deutschen Schulpolitik. Allerdings dürfen die Befürworter der Zentralisierung nicht vergessen, dass damit immer auch ein Machtverlust vor Ort einhergeht. Es ist schon jetzt absehbar, dass sich die Begeisterung in Bremen in Grenzen halten dürfte, falls sich die Ausrichtung des Bildungssystems an den Wünschen der Wähler in Bayern, Baden-Württemberg oder Sachsen orientiert. Und umgekehrt werden die süddeutschen Wählerinnen protestieren, falls sich eine Schulpolitik nach dem Vorbild Bremens oder Berlins durchsetzen würde. Vermutlich aber wird das Ergebnis ein Kompromiss aus beiden Modellen sein und in beiden Regionen werden die Menschen unzufrieden sein.

Hinzu kommt, dass viele Entscheidungen gar nicht mehr von politischen Gremien gefällt werden. Die Verlagerung auf die Justiz ist eine Gefahrenquelle für die Demokratie, die Politologen und Soziologen kaum auf dem Schirm haben. So schreiben Steven Levitsky und Daniel Ziblatt in „Wie Demokratien sterben" zwar über die Gefahr einer Entmachtung der Justiz, nicht aber über die ebenfalls bestehende Gefahr für die Gewaltenteilung, wenn die Justiz ihre Macht ausbaut und immer mehr Entscheidungen an sich reißt.

Ohne Frage ist eine starke und unabhängige Justiz wichtig. Sonst können Regierungen ihre Macht missbrauchen, um zu „gewählten Diktatoren" zu werden. Allerdings darf das nicht dazu führen, dass Richter Politik machen und Gesetze nur deshalb als „verfassungswidrig" einstufen, weil sie ihrer politischen Ansicht widersprechen.

Ein Beispiel für abstruse Urteile ist das des Europäischen Verfassungsgerichts zu den ungleichen Tarifen für Männer und Frauen in privaten Rentenversicherungen. Männer mussten dort traditionell niedrigere Beiträge zahlen (in der Lebensversicherung dagegen höhere), weil sie weniger lange leben und damit auch über das gesamte Leben hinweg weniger Rente beziehen. Die Rendite für Männer und Frauen war also gleich. Trotzdem wurde die Regelung als Verstoß gegen den Gleichheitsgrundsatz eingestuft, mit der Folge, dass heute Männer aufgrund staatlicher Vorgaben eine niedrigere Rendite erzielen als Frauen. Eine gerichtlich angeordnete Diskriminierung also.

Selbst wenn man die Regelungen für richtig halten sollte, sie hätte von gewählten Volksvertretern getroffen werden müssen. Denn hier geht es nicht um eine juristische Frage, sondern um eine sehr subjektive Einschätzung.

Oft ist die Verlagerung auf „Expertengremien" aber schleichender, beispielsweise in Form von allen möglichen Beiräten. Einige Beiräte werden demokratisch gewählt, von diesen soll hier nicht die Rede sein. Viele werden aber nur berufen. Diese treffen zwar formell keine Entscheidungen, de facto folgt die Politik ihnen aber oft. Denn sie erwecken den Eindruck einer unpolitischen und neutralen Entscheidung.

Um mit Armin Nassehi zu sprechen, wird durch das Einschalten von Experten die Gefahr von Nein-Stellungnahmen reduziert. Nicht die Regierung hat eine Entscheidung getroffen, sondern scheinbar unabhängige Experten. Tatsächlich folgen sie aber – in unterschiedlichem Maße – ebenfalls subjektiven Vorstellungen. Wissenschaftliche Beiräte können noch am ehesten für sich in Anspruch nehmen, auf Basis objektiver Fakten zu sprechen. Für andere Gremien wie Ethikräte gilt das schon viel weniger.

Hinzu kommt noch ein anderes Problem. Die wachsende Macht der Experten verleitet dazu, diese Positionen aus aktivistischen Gründen anzustreben. Der Aufstieg des Postmodernismus und deren Ablehnung empirischer Fakten wurde, wie bereits erwähnt, auch damit begründet, dass vor allem europäische und nordamerikanische Männer empirische Forschung betreiben. Je größer die Rolle von Wissenschaft und Experten wird, desto stärker wird der Anreiz, diese Positionen zu nutzen, um Politik zu machen. Mit Niklas Luhmann gesprochen wird Macht verstärkt zum Medium des Wissenschaftsbetriebs und nicht mehr Wahrheit.

Fairerweise muss gesagt werden, dass die Postmodernisten nicht ganz Unrecht hatten, als sie feststellten, dass auch Wissenschaftler nicht völlig unabhängig sind. Ein Wissen, das viele vergessen haben, seit sie selbst Macht besitzen.

So rekrutieren sich die Fachleute vorwiegend aus der gehobenen Mittel- und Oberschicht. Sie haben logischerweise meist einen hohen formalen Abschluss, denn der ist außer bei Fußballexperten meistens Voraussetzung, um überhaupt als Fachmann oder -frau anerkannt zu werden. Das wäre etwas weniger problematisch, wenn nicht auch die Eltern oft schon aus der gleichen gesellschaftlichen Schicht kämen. Über die hohe Homogenität von Meinungen an US-Universitäten und in Redaktionen in den USA und Deutschland habe ich ja geschrieben.

Weil die meisten gut verdienenden und gut gebildeten Menschen in den USA an den Küsten wohnen, nennt der linke Autor Phil A. Neel sein Buch über die Krise des amerikanischen Binnenlandes „Hinterland"[235], ein deutscher Begriff, der aber in viele Fremdsprachen Eingang gefunden hat, darunter auch ins Englische. Wie die Soziologin Arlie Hochschild schreibt, fühlen sich viele US-Amerikaner „fremd im eigenen Land".[236] Denn Wissenschaft und Expertengremien, die immer mehr Macht bekommen, sind anders zusammensetzen als die Gesamtbevölkerung.

Das ist oft auch gut so, natürlich sollte Expertise zum Klimawandel oder zum Corona-Virus von Fachleuten kommen, die oft notwendigerweise studiert haben. Allerdings muss die Politik wieder stärker unterscheiden, welche Fragen wissenschaftlich sind (gibt es Viren, sind Impfungen sinnvoll) und welche politisch (wer sollte zuerst geimpft werden, welche Prioritäten sollen gesetzt werden).

Dass heute, auch und vielleicht sogar gerade an Universitäten, Argumente in vielen Debatten keine Rolle mehr zu spielen scheinen, ist also keine Folge einer sinkenden Bedeutung von Experten, sondern eine Folge der Kombination aus zwei Entwicklungen, des Wunsches nach Eindeutigkeit einerseits und des relativ klaren Kräfteverhältnisses in den Redaktionen und Hochschulen andererseits.

Expertenmeinungen werden, anders als von Joachim Gauck behauptet, immer wichtiger. Gleichzeitig sinkt die Akzeptanz anderer Meinungen, nicht zuletzt als Folge des angewandten Postmodernismus, der die ideologische Munition liefert, um abweichende Positionen als Ausdruck von Unterdrückung abzukanzeln. Die Kombination dürfte erklären, warum mitunter so heftig gestritten wird und so viele Menschen das Gefühl haben, in einer postfaktischen Gesellschaft zu leben.

Denn die beschriebene Kombination führt dazu, dass alternative Deutungsmuster schnell als alternative Fakten bewertet werden. Denn in einer Welt der Eindeutigkeit ist kein Platz für heterodoxe Deutungen. Es gibt nur wahr und falsch.

Deutlich wird diese gesellschaftliche Sicht an Aussagen des Satirikers Jan Böhmermann. Der warf Zeit-Chefredakteur Giovanni di Lorenzo und dem ZDF-Moderator Markus Lanz vor, der Auflage und der Quote wegen den falschen Menschen eine Bühne zu geben. Gemeint waren unter anderem die Virologen Alexander Kekulé und Hendrik Streeck, beides immerhin anerkannte Wissenschaftler, die aber eben anderer Meinung als Böhmermann sind.[237]

Böhmermann forderte, Interviewpartner oder Autoren „nach Qualität" auszusuchen. Damit gemeint ist aber vor allem die eigene Meinung. Es ist leicht verständlich, dass bei einer solchen Denkweise am Ende alle das Gefühl haben, in einer postfaktischen Gesellschaft zu leben. Die einen, weil Menschen mit der „falschen" und vermeintlich qualitativ minderwertigen Meinung nach wie vor zu Wort kommen, die anderen, weil bestimmte Meinungen aus dem Diskurs gefiltert werden.

Aktivismus in den Wissenschaften schadet deren Ansehen
Dieser Aktivismus führt auf der anderen Seite dazu, dass Menschen tatsächlich das Vertrauen in die Wissenschaften verlieren und tatsächlich nicht mehr auf Expertenmeinungen hören wollen.

Natürlich wäre es falsch, nur aktivistischen Wissenschaftlern oder Journalistinnen die Schuld geben zu wollen. Wie wir mehrfach gesehen haben, lehnen die Menschen Ergebnisse, die nicht zum eigenen Weltbild passen, zunächst meistens ab. Allerdings wird dieser Effekt noch verstärkt, wenn der Glaube an die Objektivität von Wissenschaft abnimmt. Das aber scheint zumindest in einigen Milieus aktuell der Fall zu sein.

Das wirft natürlich die Frage auf, ob wir am Ende nicht doch in einem postfaktischen Zeitalter leben, in dem Experten zwar häufiger gehört werden, aber Fakten keine Rolle mehr spielen. Wenn wir nämlich Abweichungen von unseren Ansichten weniger ertragen, sollte damit auch die Bedeutung Alternativer Fakten steigen. Wir lehnen empirisch fundierte Ergebnisse ab, weil sie nicht in unser Weltbild passen, sei es, weil sie auf einen menschengemachten Klimawandel hindeuten oder sagen, dass Homöopathie über den Placebo-Effekt hinaus nicht wirkt.

Das ist zunächst richtig, aber dem steht die Akademisierung unserer Gesellschaft entgehen. Der Trend zu höheren Schulabschlüssen und einer Hochschulausbildung führt dazu, dass mehr Menschen mit den Grundlagen wissenschaftlichen empirischen Arbeitens vertraut sind und deshalb mehr Wert auf sie legen. Und wie erwähnt fördert der Wunsch nach Eindeutigkeit die Nachfrage nach wissenschaftlich fundierten Erkenntnissen.

Die beiden Trends, die Akademisierung einerseits und die sinkende Bereitschaft zur Akzeptanz abweichender Meinungen anderseits, heben sich weitgehend auf (welche Seite jetzt etwas schwer wiegt, ist kaum zu sagen). Die Bedeutung von Fakten bleibt also ähnlich niedrig, wie sie schon immer war. Aber die Suche nach

Eindeutigkeit führt dazu, dass wir andere Meinungen schneller als „Alternative Fakten" ablehnen.

Neue Medien machen Konflikte sichtbarer

Es gibt aber noch weitere Gründe, warum das Gefühl zunimmt in einer postfaktischen Zeit zu leben, ohne dass sich das empirisch beweisen lässt.

Da ist zunächst mal die Tatsache, dass wir durch das Internet leichter erfahren, welche Verschwörungstheorien im Umlauf sind. Es sei noch mal an die bereits zitierte Zahl erinnert, dass noch 1972 rund 11 Prozent der Bevölkerung die Existenz von Hexen für zumindest möglich hielt.[238] Aber sie hatten keine Facebook-Seiten oder Twitter-Konten. Vermutlich wussten viele Menschen damals gar nicht, dass so viele ihrer Nachbarinnen und Nachbarn an Hexen glauben. Und wenn, dann wurde das als Spinnerei ungebildeter Menschen abgetan und nicht als Ausdruck einer postfaktischen Gesellschaft. Heute ist das anders, denn diese Theorien landen über das Smartphone oder den Computer vor der eigenen Nase.

Wobei die meisten Menschen gar nicht selbst mit Verschwörungstheorien in Verbindung kommen, sondern erst durch die klassischen Nachrichtenmedien von ihnen erfahren.[I] Auch das wäre vor 20 Jahren aber oft nicht passiert, denn was beispielsweise in links- oder rechtsradikalen Kreisen so publiziert wurde, blieb auch den Redakteuren der großen Zeitungen weitgehend verborgen. Erst recht galt das für jene Theorien, die sich durch Mund-zu-Mund-Propaganda zwar langsamer als heute verteilten, dafür aber durch die persönliche Weitergabe noch zusätzliche Glaubwürdigkeit bekamen und außerdem weiterentwickelt wurden. Jetzt sind sie über soziale Netzwerke auch für Außenstehende leicht zugänglich.

[I] Das scheint sich allerdings durch die Covid-19 Pandemie etwas geändert zu haben. Hier finden sich Menschen aus dem gleichen Milieu plötzlich auf unterschiedlichen Seiten der „Front" wieder. Entsprechend wird man plötzlich teilweise sehr direkt mit allen möglichen Verschwörungstheorien konfrontiert.

Zwischenfazit: Wir leben nicht in einer faktischen, aber auch nicht in einer postfaktischen Welt

Der Begriff der postfaktischen Gesellschaft ist insofern irreführend, als es die faktische Gesellschaft nie gab. Tatsächlich gibt es ein paar Entwicklungen, die es den Fakten schwer machen. Sie wurden bereits mehrfach erwähnt und sollen nicht wiederholt werden. Andere wiederum fördern die Nachfrage nach wissenschaftlich begründeten Aussagen.

Unter dem Strich sind empirisch fundierte, wissenschaftliche „Fakten" nicht weniger wichtig als noch vor 20 Jahren. Vielmehr gibt es Trends, die die Bedeutung empirisch fundierter Fakten sinken lassen und andere, die sie steigen lassen. Allerdings ist der Wunsch gestiegen, dass politische Entscheidungen faktenbasiert sein soll. Weil die eigene Ansicht den meisten als wahr gilt, werden andere Ansichten schneller als postfaktisch bezeichnet. Neu ist nicht, dass es Menschen gibt, die Virologen wie Christian Drosten keinen Glauben schenken, sondern dass dieses Verhalten so viel Bestürzung hervorruft.

Menschen orientieren ihre Ansichten nur selten an Fakten. Meistens stehen unsere Ansichten zu einer Fragestellung schon fest und wir nutzen die beobachteten Fakten nur, um sie zu bestätigen. Das aber war schon immer so. Können wir es trotzdem ändern?

Alternative Fakten und die Corona-Pandemie

Wie passen unsere Thesen zu dem, was wir von 2020 bis 2022 in der Corona-Pandemie erlebt haben? Wie bereits in der Einleitung berichtet, machten schnell die absurdesten Theorien die Runde. Aber nicht alle Kritikerinnen und Kritiker der Pandemie-Politik hingen alternativen Fakten an.

Trotzdem muss man feststellen, dass eine Reihe zumindest fragwürdiger Behauptungen aufgestellt wurde. Nur eine Minderheit ging davon aus, dass es keine Viren gäbe, auch wenn jene extreme Sichtweise häufig Thema in den Medien und den Diskussionen war.

Doch auch viele gemäßigtere Positionen waren und sind kritikwürdig. Beispielsweise wurde behauptet, Corona sei nur eine Grippe. Doch die meisten Ergebnisse deuten darauf hin, dass die Sterblichkeit deutlich höher ist.

Auch die Kritikerinnen und Kritiker waren aber daran interessiert, sich auf Experten und Fakten berufen zu können, auch wenn die Quellen teilweise sehr fraglich waren. Da wurden dann Geschäftspartner angeführt, die jemanden kannten, der im Krankenhaus arbeitete und dort eine Kollegin hatte, die berichtete, dass Todesfälle künstlich zu Covid-19-Toten gemacht würden, um höhere Vergütungen von der Krankenkasse zu erhalten.

Mitunter wurde reale Unsicherheit genutzt, um Ergebnisse ganz infrage zu stellen. Aus der Tatsache, dass vor allem die Schnelltests eine hohe Fehlerquote haben, wurde dann die Aussage abgeleitet, dass steigende Inzidenzen keinerlei Aussagekraft hätten. Was falsch ist.

Deshalb gab es viele Stimmen, die einen härteren Kurs gegen abweichende Meinungen forderten und das mit der Eindämmung Alternativer Fakten begründeten.

In meinen Augen zeigen sich mehrere bisher aufgestellte Thesen auch in der Corona-Pandemie, nämlich

1. Die Grenze zu Alternativen Fakten ist fließend.

2. Der Wunsch nach Eindeutigkeit und nach verbindlichen Expertenaussagen ist hoch.
3. Alternative Fakten nutzen das Internet, doch verbreiten sich auch ohne dessen Hilfe.
4. Zensur ist nur eingeschränkt als Mittel gegen Alternative Fakten geeignet.
5. Menschen urteilen meist emotional und nutzen Logik und Fakten oft zur Begründung – aber nicht nur.

Die Grenzen sind fließend

Wie fließend die Grenzen zwischen Fakten und Alternativen Fakten sind, macht die Diskussion um die Impfung deutlich. Wahr ist, dass das Risiko von Impfschäden noch nicht vollständig bekannt ist. Wer so argumentiert, verschweigt aber gerne, dass auch die Gefahr langfristiger Corona-Schäden noch nicht vollständig offen liegt.

Nur die Dunkelziffer bei den Impfschäden anzusprechen, aber nicht bei den Folgen von Long Covid, ist fragwürdig. Man kann auch davon ausgehen, dass diese Argumentation nur eine bereits feststehende Meinung absichern soll. Alternative Fakten sind das aber nicht, theoretisch ist es immer noch möglich, dass sich in der Zukunft herausstellt, dass zumindest für junge Menschen und Kinder die Nebenwirkungen größer sind als der Nutzen. Aber natürlich kann es auch sein, dass der Nutzen der Impfung sich später als noch viel größer herausstellt als gedacht.

Anders sieht es mit der Behauptung aus, es gäbe keine Krankheit. Hier handelt es sich tatsächlich um Alternative Fakten. Dass viele Menschen an SARS-CoV-2 sterben, ist gut belegt.

In eine wieder andere Kategorie fällt die Aussage, dass es besser gewesen wäre, einen weniger restriktiven Kurs zu verfolgen, wie das etwa Schweden getan hat. Hier haben wir es mit einer persönlichen Wertung zu tun, die wir empirisch nicht überprüfen können. Wir können zwar die Zahl der Todesopfer vergleichen oder die wirtschaftliche Entwicklung, aber nicht die durch einen restriktiven Kurs vermiedenen Todesfälle objektiv gegen die damit einhergehenden Lasten wie Isolation oder Existenzängsten bei Kleinunternehmen abwägen. Diese Abwägung ist ein rein subjektives Urteil.

Der Wunsch nach Eindeutigkeit ist hoch

Bemerkenswert ist aber auch, wie vehement Kritikerinnen und Kritiker der Pandemie-Politik kritisiert wurden. „Die Regierung markierte den Kritiker als politischen Feind", urteilte der PR-Berater Hasso Mansfeld in der Tageszeitung Welt.[239] Das betraf sogar Wissenschaftler wie den Virologen Hendrik Streeck, der immer wieder die deutsche Corona-Politik kritisierte.[240]

Von den Sozialen Medien wurde früh ein entschiedenes Vorgehen gegen Fake News gefordert. Welche Probleme das teilweise mit sich brachte, werden wir noch sehen.

Aber auch die etablierten Medien standen in der Kritik, wenn sie Kritikern zu viel Raum einräumten. Der Virologe Christian Drosten kritisierte das in seinem Podcast mehrfach und die Wissenschaftsakademie Leopoldina sah in einer Überbewertung von im wissenschaftlichen Raum randständigen Positionen in den Medien ein großes Problem.[241]

Kein Wunder, dass viele Menschen überfordert seien, sich eine Meinung zum richtigen Umgang mit der Pandemie zu bilden, solange sie mit so vielen unterschiedlichen Positionen konfrontiert seien, höre ich oft.

Der Redaktionsleiter für Politik und Zeitgeschehen beim Nachrichtenradio MDR AKTUELL, Michael Kaste, findet diese Betrachtung falsch. Seiner Meinung nach ist der Streit der Ideen für eine Demokratie unerlässlich. Ich stimme ihm dabei zu.[242]

> Der False-Balance-Vorwurf ist im Kern nichts anderes als der Versuch, unerwünschte Inhalte zu unterdrücken, die redaktionelle Autonomie freier Medien unter Kontrolle zu bringen – nur spärlich getarnt mit dem schillernden Etikett wissenschaftlicher Balance.
> *Michael Kaste, Redaktionsleiter Politik und Zeitgeschehen bei MDR aktuell*

Kaste verweist darauf, dass viele „Fakten" aus den ersten Tagen der Pandemie sich als falsch herausstellten. Den Vorwurf einer „False Balance" hält er auch deshalb für falsch, weil sich auch kritische Stimmen wie Hendrik Streek nur in Nuancen von der Mehrheitsmeinung unterschieden.

Natürlich darf man darüber diskutierten, ob jeder Disput in den Medien ausgetragen werden muss. Bei einigen Fachfragen ist es ausreichend, wenn diese in den Fachgremien debattiert werden. Und es kann sinnvoll sein, Minderheitsmeinungen auch klarer als solche darzustellen. Wenn vier Personen eingeladen wurden, können drei die Mehrheitsmeinung vertreten und eine die Minderheitenposition. Eine Technik, die im Medienbereich auch angewandt wird.

Alternative Fakten benötigen kein Internet

Auffällig, dass Impfgegner nicht gleich über die gesamte Republik verteilt sind. Oft gibt es regionale Schwerpunkte. Das mag teilweise mit regionalen Besonderheiten zu tun haben. Es ist aber auch eine Folge des Umstandes, dass sich auch Alternative Fakten und Verschwörungstheorien oft noch über persönliche Netzwerke verbreiten.

Gibt es in einer Region, aus welchen Gründen auch immer, mehr Impfverweigerer als in einer anderen, überzeugen diese wieder andere Personen und so wird die Differenz zum übrigen Bundesgebiet größer.

Es greift also zu kurz, das Internet für die hohe Zahl von Impfgegnern verantwortlich zu machen. Was nicht bedeutet, dass diese dort nicht leicht ihre Informationen weiter verbreiten und so zu einer Radikalisierung beitragen können. Deshalb ist die Frage wichtig, wie wir Journalismus in Zukunft finanzieren können und wie wir es schaffen, dass dieser auch das Vertrauen der Menschen genießt.

Zensur ist ein doppelschneidiges Schwert

Soziale Medien wie Facebook oder YouTube standen von Anfang an unter Druck, Alternativen Fakten keine Plattform zu bieten. Vor allem YouTube zeigte sich auch bereit, eng mit den Behörden zu kooperieren.

Ziel der Aktion war es, Falschnachrichten über das Corona-Virus zu stoppen. Das war einerseits ein hehres Ziel. Andererseits wurden aber auch Beiträge gelöscht, die sich mit der Laborhypothese befassten, also der Idee, dass das neuartige Corona-Virus im Labor entstanden sein könnte.

Diese Auffassung wurde zunächst als „Verschwörungstheorie" bezeichnet und geächtet. Später stellte sich heraus, dass diese Einschätzung verfrüht war. Zum Zeitpunkt, da dieses Buch geschrieben wurde, galten sowohl die Entstehung im Labor als auch die natürliche Entwicklung als möglich. Egal, welche der beiden Theorien sich langfristig durchsetzen wird, zu dem Zeitpunkt, als die Plattformen die Laborhypothese löschten, war die Einstufung als „Alternative Fakten" verfrüht, selbst wenn sie mittel- bis langfristig noch widerlegt würde.[243]

Wer auf Löschung oder auch Warnhinweise setzt, muss sich des Risikos des Missbrauchs bewusst sein. Die sinnvollere Strategie scheint mir, dass sich die etablierten Medien wieder stärker um das Vertrauen der Menschen bemühen.

Menschen handeln oft emotional, aber nicht nur

Die Corona-Pandemie zeigt einerseits, dass Menschen für wissenschaftliche Erkenntnisse nur bedingt offen sind, wenn sie unerwünschte Ergebnisse präsentiert. Sie zeigt aber auch, dass sie nicht völlig unempfindlich für diese sind.

Insgesamt ließen sich viele Menschen impfen, die Impfungen sonst kritisch gegenüberstanden.

Auch in den Medien ist der Glaube an Wissenschaften und Statistik gestiegen. Er ist so groß, dass ihnen mitunter zu wenig kritischer Geist nachgesagt wird.

Ich habe aber auch selbst das Gegenteil erlebt. 2010 veröffentlichte die Süddeutsche Zeitung einen Beitrag mit dem „Eine Lüge namens Statistik". Der Inhalt war eine wirre Theorie, warum die Zahl der Arbeitslosen angeblich doppelt so hoch sei und der damals beobachtete Rückgang der Arbeitslosigkeit womöglich nur ein Ergebnis einer großen Fälschung.[244]

Da ich damals selbst in der Statistik der Bundesagentur für Arbeit tätig war, kann ich gut beurteilen, was daran wahr war und was nicht. Dass nicht alle Menschen, die wir umgangssprachlich als arbeitslos bezeichnen würden, auch als arbeitslos gezählt werden, ist bekannt. Doch diese Gruppe ist weitaus geringer als die von der Süddeutschen Zeitung ausgemachte Zahl. Zumal es diese Fälle auch zehn oder 20 Jahre früher gab, teilweise sogar noch mehr. Eine Erklärung für den Rückgang der Arbeitslosigkeit war diese Gruppe also nicht.

Fazit zu Alternativen Fakten in der Corona-Pandemie

Möglich, dass die Corona-Pandemie die empirischen Wissenschaften sogar gestärkt hat, zumindest bei den meisten Menschen.

Trotzdem gab es Kreise, die keinerlei Vertrauen in die Wissenschaften haben und die mit keinen noch so gut belegten Daten überzeugt werden konnten.

Die immer wieder beschrieben Echokammern gibt es wirklich. Es handelt sich nicht unbedingt um Filterblasen, also durch Algorithmen geschaffene Blasen. Vielmehr suche Menschen gezielt nach Informationen, die ihre Sicht bestätigen. Das gilt für Anhängerinnen und Anhänger aller politischen Richtungen.

Das Internet erleichtert solche Echokammern, ist aber nicht der einzige Ort, an dem sie entstehen. Auch ein Stammtisch kann eine solche Echokammer sein.

Mitunter werden durch das Internet solche Blasen erst sichtbar. Es hat sie vorher auch gegeben, aber sie wurden nicht wahrgenommen. Welcher Akademiker wusste schon, was am Handwerkerstammtisch geredet wurde.

Trotzdem stehen wir vor der Frage, wie wir vermeiden, dass Menschen sich in Zukunft noch in Blasen bewegen, in denen ihre eigene Meinung bestätigt wird.

Die Pandemie zeigt aber auch, dass die teilweise aufgemachte Trennung in lautere Journalisten und das postfaktische Volk nicht zutrifft. Auch Journalisten und Publizisten haben Vorurteile und Vorannahmen, die sie am liebsten bestätigt finden. Das zeigt auch das obige Beispiel zur Arbeitslosenstatistik der Süddeutschen Zeitung zeigt (es stammt zwar von einem Gastautor, schaffte es aber durch die Redaktionskonferenz ins Blatt).

Insgesamt zeigt sich aber eine große Sehnsucht nach Eindeutigkeit und von Expertinnen und Experten festgelegten Regeln. Schrill war nicht nur der Ton der „Corona-Leugner", sondern auch die Reaktion auf kritische Töne.

Es liegt nahe von einem Verlust der Diskussionskultur zu sprechen. Allerdings haben wir vielleicht auch nur verlernt zu streiten. Auseinandersetzungen über die Wiederaufrüstung, die Ostpolitik oder die Nachrüstung waren ebenfalls heftig.

Was können wir tun?

Dass Alternative Fakten heute keine größere Bedeutung haben als früher, heißt nicht, dass es keine Notwendigkeit gäbe, in Richtung einer faktenbasierten und offenen Debatte zu arbeiten. Wohl wissend, dass wir niemals objektiv sein können.

Bisher habe ich versucht, das Problem der alternativen Fakten möglichst von allen Seiten zu betrachten, auch wenn ich nicht verhehlen kann, dass ich insbesondere den angewandten Postmodernismus weder für inhaltlich schlüssig noch für zielführend in Bezug auf einer „bessere Gesellschaft" halte. Die nun folgenden Ideen sind dagegen völlig subjektiv. Wer das nicht möchte, kann das Buch jetzt zur Seite legen.

Ich werde auch ein paar offene Fragen stellen. Also Probleme, auf die ich selbst noch keine gute Antwort weiß.

1. Vier Ideen

Was lässt sich tun, um die Diskussionen faktenbasierter zu machen? Ich möchte hier einmal vier Ideen in den Raum werfen, die in meinen Augen helfen könnten das Ziel zu erreichen.

Idee 1: Open News: Offene Nachrichten

Unterschiedliche Meinungen sind gut und richtig. Aber es braucht eine Basis an Fakten, um diskutieren zu können. Natürlich wird es immer Streit um die Bewertung oder Einordnung bestimmter Ereignisse geben. Aber auf einige grundlegende Dinge sollten sich die meisten einigen können.

Aktuell gibt es das Problem, dass die Journalistinnen und Journalisten der meisten Zeitungen und Fernsehsender ähnlich denken und schreiben. Gleichzeitig gibt es Blogs, die eine „Gegenöffentlichkeit" schaffen wollen, sei sie jetzt liberal, konservativ, rechts oder links. Die aber haben nicht die Kapazität, echten Nachrichtenjournalismus zu betreiben. Leser erfahren deshalb wenig über das Leben außerhalb dieser „Blase".

Hier könnten „Open News" das Problem zwar nicht lösen, aber doch reduzieren. Das bedeutet, dass ein unabhängiger Anbieter Nachrichten erstellt und kostenlos zur Verfügung stellt. Und zwar klassische Meldungen, keine Hintergrundgeschichten, keine Interviews, keine Kommentare. Einfach nur Nachrichten im Stil von „Berlin – Die Bundeskanzlerin gegrüßte in der Bundeshauptstadt heute Morgen die Präsidentin von ...".

Diese Nachrichten würden Blogs und anderen Portalen kostenlos zur Verfügung gestellt, beispielsweise in Form eines Widgets, das sich mit einem einfachen und kurzen Befehl in fast jede Website einbauen lässt. Radikale Seiten haben sicher kein Interesse an diesem Dienst. Aber es gibt Portale, die weniger extrem sind und die einen solchen Dienst nutzen würden. Auch im Lokalen ergeben sich neue Möglichkeiten. Regionale Websites können hier ein paar landes- oder sogar bundesweite Nachrichten mit dazu nehmen, ähnlich wie es die lokalen Fernsehstationen in den USA mit den landesweiten Programmen der Networks machen.

Natürlich kann auch mit solchen Nachrichten Politik gemacht werden, wie wir im Kapitel zu den Medien am Beispiel der zahlreichen Veröffentlichungen zu Pressemitteilungen der Partei Bündnis90/Die Grünen gesehen haben.[245] Zu diesem Problem kommen wir gleich. In jedem Fall hätte ein solcher Dienst aber ein Interesse an möglichst objektiven Informationen, denn nur so wird er auch von möglichst vielen Seiten verbreitet.

Schwieriger ist die Frage, wie Open News finanziert werden könnten (siehe Frage 1: Wie kann man Medien in der Zukunft finanzieren?). Naheliegend wäre eine öffentlich-rechtliche Organisation. Das aber wirft gleich mehrere Fragen auf. Die Nachrichtenagenturen dürften sich beschweren, dass ihnen hier mit öffentlichen Mitteln Konkurrenz gemacht wird. Denn auch kleinere Lokalzeitungen oder Radiosender könnten sich dann statt mit kostenpflichtigen Agenturmeldungen mit kostenlosen Open News eindecken.

Es bleibt die Finanzierung über Werbung, über Spenden oder Beiträge. Wir werden gleich noch über die Frage sprechen, wie Medienangebote finanziert werden können. Natürlich sind Open

News keine „Wunderwaffe", aber vielleicht einer von vielen Schritten.

Idee 2: Medienangebote benötigen mehr Diversität
„Diversity" ist das große Schlagwort unserer Zeit. Zu Recht, denn aus dem Zusammenfluss verschiedener Kulturen und Ideen sind viele Innovationen entstanden. Es ist deshalb richtig, wenn Redaktionen in Bezug auf Geschlecht oder ethnische Herkunft gemischt sein sollten. Allerdings wird oft übersehen, dass auch eine unterschiedliche soziale Herkunft und unterschiedliche politische Standpunkte wichtig sind.

In den Redaktionsstuben sollten deshalb auch Menschen sitzen, die keinem akademischen Elternhaus entstammen. Ja, vielleicht ist es sogar vorteilhaft, wenn der eine oder die andere selbst keinen akademischen Abschluss besitzt.

Die Personalverantwortlichen werden jetzt einwenden, dass es Abstriche bei der Qualität bedeuten würde, wenn nun plötzlich der gelernte Sparkassen-Kaufmann statt eines Germanisten mit Masterabschluss in die Redaktion einzieht. Und dass des schlicht ungerecht sei, wenn die Bewerberin mit Bachelor statt der promovierten Betriebswirtin den Job in der Wirtschaftsredaktion bekommt, nur weil ihre Eltern keine Akademiker waren.

Aber mir schwebt es keineswegs vor, alle Arbeitsplätze in den Redaktionen nach einer Quote zu vergeben. Es geht nur um einen Teil. Das mehr an Vielfalt sollte es uns wert sein. Außerdem ist eine geringere Qualität der Arbeit keineswegs sicher. Ein Sparkassen-Kaufmann besitzt vielleicht weniger Wissen über Literatur und Sprache als ein studierter Germanist, bringt aber dafür eine andere Perspektive und auch andere Erfahrungen ein. Vor allem, wenn es sich um einen Quereinsteiger handelt, der vielleicht auch einige Jahre in einer Filiale gearbeitet hat. Leider hat der Wunsch nach Standardisierung und „Verbesserung" der Journalistenausbildung gerade den Quereinsteigern das Leben schwer gemacht.[1] Aber

---

[1] Aus dem gleichen Grund halte ich auch mehr Quereinsteiger im Lehrerberuf für sinnvoll. Die Lehrergewerkschaften bekämpfen die Quereinsteiger mit dem Argument, man könne kein Studium durch eine kurze Ausbildung ersetzen.

selbst wenn sich die Ausbildung der Journalisten etwas verschlechtern sollte, das mehr an Pluralität ist das allemal wert.

Ungerecht ist das Ganze nur auf den ersten Blick. Natürlich bekommt unter Umständen eine Bewerberin die Stelle, ohne wirklich herausragend zu sein – sondern nur, weil ihre Eltern keinen akademischen Abschluss haben. Aber das ist nicht wirklich ungerechter als die Tatsache, dass eine andere Bewerberin das Glück einer guten Bildung durch ihr Elternhaus und eine andere das Glück einer hohen Intelligenz hat.

Fast noch wichtiger ist aber mehr Vielfalt bei den Meinungen. Die Tatsache, dass mehr als 50 Prozent der ARD-Volontäre Bündnis90/Die Grünen wählen würden und weitere 40 Prozent SPD oder Linkspartei, kaum aber jemand CDU, CSU oder FDP, ist sicher ein Extremwert, jedoch keine Ausnahme. Eine ähnliche, wenngleich weniger deutliche Verteilung findet sich auch bei älteren Journalistinnen und Journalisten.

Selbst wer der bei Journalistinnen und Journalisten besonders beliebten Partei Bündnis90/Die Grünen nahesteht, sollte erkennen, dass zu viel Parteilichkeit den Medien nicht guttut. Zumal viele Leser, Zuschauerinnen oder Hörer darauf reagieren, indem sie sich ganz abwenden und sich entweder gar nicht mehr oder aus dubiosen Quellen informieren.

Die Behauptung, dass die unterschiedliche Zusammensetzung keinen Einfluss auf die Berichterstattung habe, ist absurd. Sie unterstellt, dass Menschen ihre Meinung ausblenden und dann völlig objektiv sein könnten. Das geht aber nicht. Zumal auch die Leserschaft die Medien als einseitig wahrnimmt. Die Zufriedenheit mit den Medien ist besonders im linken und im grünen Spektrum besonders groß, ein deutlicher Hinweis darauf, dass sie am ehesten ihre Positionen wiederfinden.[246]

Dabei übersehen sie aber, dass Quereinsteiger dafür anderes Wissen mitbringen. Zudem weiß jeder, der eine Schule besucht hat, dass auch bei gleicher Ausbildung Lehrkräfte unterschiedlich gut unterrichten. Das bedeutet, selbst wenn die Gewerkschaften recht hätten und die Quereinsteiger im Durchschnitt schlechter qualifiziert wären, eine gute Quereinsteigerin immer noch besser unterrichtet als eine schlechte Lehrerin mit Staatsexamen. Außerdem dürfte unter den Quereinsteigern der Männeranteil etwas höher sein, was unter dem Gesichtspunkt der Diversität ebenfalls positiv ist.

Schwierig ist die Frage, wie man mehr politische Diversität schaffen kann. Die Reaktionen auf die Kritik an der einseitigen Zusammensetzung der ARD-Volontäre vonseiten der Sender lautete meist: „Wir können da nichts machen". Schließlich könne man seine Mitarbeiter nicht nach dem Parteibuch aussuchen.

Vieles spricht aber dafür, dass das schon jetzt passiert. Auch die Redakteurinnen und Redakteure, die Volontäre auswählen, haben Überzeugungen und suchen hauptsächlich Menschen, die ihnen selbst ähneln. Sie wählen nicht bewusst Menschen mit einem bestimmten Parteibuch, sondern solche mit ähnlichem kulturellem Hintergrund, die dann wiederum oft auch die gleichen Parteien wählen. Auf diese Bedeutung des Habitus hat schon Pierre Bourdieu hingewiesen.

Wenn sich die Auswahlkomitees dessen bewusst sind und außerdem gezielt nach Bewerberinnen und Bewerbern mit abweichenden Meinungen Ausschau halten, könnte die politische Vielfalt schon deutlich höher ausfallen. Auch hier kann außerdem die Öffnung für Quereinsteiger helfen. So könnten gezielt Blogger als Kommentatoren engagiert werden, die andere Meinungen vertreten.

Und zu guter Letzt bleibt intern noch die Möglichkeit, gezielt auszuwählen, welche Journalistinnen und Journalisten wo eingesetzt werden und wer Kommentare schreiben kann.

Dafür muss den Medien ihre politische Einseitigkeit aber erst einmal als Problem bewusst werden. Die Vorstellung, dass es nicht nur politische und wirtschaftliche Macht gibt, sondern auch kulturelle, sei dort immer noch nicht angekommen, vermutet der Medienwissenschaftler Christian Hoffmann.[247]

Dabei wäre mehr Vielfalt – politisch wie kulturell – gleich doppelt von Vorteil. Es würde die Bedeutung von Fakten und empirischer Evidenz in den Redaktionen wieder stärken. Denn wo alle einer Meinung sind, wird die eigene Ansicht leicht als Fakt hingenommen.

Vor allem aber würde es das Vertrauen in die Medien bei breiten Bevölkerungsschichten wieder erhöhen und so verhindern, dass diese immer mehr auf alternative Nachrichtenquellen ausweichen, die kaum Qualitätsstandards besitzen.

Außerdem könnten die etablierten Medien zu einem Ort werden, an dem unterschiedliche Meinungen aufeinandertreffen – und so bei der Leserschaft die Bereitschaft erhöhen, auch jene Fakten nicht sofort abzulehnen, die der eigenen Ansicht zuwiderlaufen. Einzelne Bemühungen in diese Richtung gibt es schon, sie sind aber zu zaghaft.

Corona hat den klassischen Medien in Deutschland zwar laut Edelmann Trust Barometer einen leichten Zuwachs an Vertrauen beschert, die ohnehin Misstrauischen dafür noch weiter entfremdet. Darauf weist zumindest die Zahl der beim Presserat eingegangenen Beschwerden hin. Sie lag mit 4.085 im Jahr 2020 fast doppelt so hoch wie im Vorjahr und sogar mehr als doppelt so hoch wie 2016 und 2017.[248]

Wenig überraschend sind es vorwiegend die „Eliten", die den Medien vertrauen (weltweit zu 68 Prozent, gegenüber 52 Prozent insgesamt). „Die Medien haben versagt", titelt deshalb das Fachmagazin MEEDIA.[249] Mehr Diversität könnte helfen.

Idee 3: Politische Bildung und Statistical Literacy

Eine Grundbildung zur Frage „Was sind Fakten" und zu statistischen Verfahren sollte jeder haben. Im Moment sind diese Fragen aber oft noch nicht einmal am Gymnasium ein großes Thema. Wirklich in Kontakt kommen Menschen mit diesen Ideen nur, wenn sie ein sozialwissenschaftliches Studium aufnehmen.

Zu dieser Grundbildung gehört etwa die Frage, was die wichtigsten statistischen Kennzahlen aussagen. Vielleicht auch festgemacht an einem Beispiel, etwa der Frage, wie Armut berechnet wird. Das zeigt nämlich, wie sehr Aussagen wie „Die Armut hat zugenommen/abgenommen" auf bestimmten Annahmen beruhen. Und auch, warum die Daten deswegen nicht unbedingt schlecht sind, wenn verschiedene Berechnungsmethoden zu verschiedenen Ergebnissen kommen (siehe Exkurs). Das ist oft die Folge davon, dass die Welt einfach komplex ist.

Exkurs: Armutsberechnung

Die Armutsmessung ist ein anschauliches Beispiel dafür, wie sehr viele statistische Verfahren von Vorannahmen und Definitionen abhängig sind. Für alle, die nicht wissen, wie Armut berechnet wird, hier ein kleiner Exkurs.

Die in Deutschland üblicherweise unter dem Schlagwort „Armutsquote" diskutierten Zahlen sind streng genommen Armutsgefährdungsquoten. Wobei auch dieser Begriff missverständlich ist, da die Armutsgefährdung die Armut mit einschließt.

Daten zur Armut werden auf Haushaltsebene erfasst. Ein Hausmann ohne oder mit niedrigem Einkommen ist deshalb nicht arm, wenn seine Frau viel verdient. Um große und kleine Haushalte vergleichen zu können, werden alle Haushaltseinkommen auf einen (fiktiven) Ein-Personen-Haushalt umgerechnet. Dabei werden aber nicht einfach die Einnahmen durch die Zahl der Haushaltsmitglieder geteilt. Auch in Haushalten gibt es Synergieeffekte, ein Zwei-Personen-Haushalt braucht nicht zwei Herde, zwei Waschmaschinen und so weiter. Deshalb zählt die zweite Person nur 50 Prozent. Bei Kindern unter 14 wird außerdem unterstellt, dass sie nur 60 Prozent dessen brauchen, was ein vergleichbarer (also nicht allein lebender) Erwachsener benötigt. Sie zählen deshalb nur 30 Prozent (60 Prozent der 50 Prozent eines zusätzlichen Erwachsenen).

Eine Familie mit drei Kindern unter 14 Jahren hat also den Wert $1{,}0 + 0{,}5 + 3 \times 0{,}3 = 2{,}4$. Durch diese Zahl muss man das Nettoeinkommen teilen, um das sogenannte Nettoäquivalenzeinkommen zu erhalten, also jenes Einkommen, das man jetzt mit einem Ein-Personen-Haushalt vergleichen kann. Hat die Familie ein Einkommen von 3.600,- Euro netto, wird dieser Betrag durch 2,4 geteilt und man erhält ein Nettoäquivalenzeinkommen von 1.500,- Euro.

Aus allen Nettoäquivalenzeinkommen wird der Median berechnet. Das ist das Nettoäquivalenzeinkommen des Haushaltes, zu dem es genauso viele ärmere wie reiche gibt. Dieser Wert ist nicht zwingend identisch mit dem arithmetischen Mittel, bei dem alle Einkommen addiert und dann durch die Zahl gerechnet werden. Also jenes Maß, dass wir üblicherweise als Durchschnitt bezeichnen. Bei Einkommen ist der Median im Regelfall sogar immer etwas niedriger als das arithmetische Mittel, weil die sehr hohen Einkommen das arithmetische Mittel nach oben ziehen.

Auch dazu ein Beispiel: Drei Personen mit einem Einkommen von 1.000,-, 2.000,- und 4.500,- Euro haben im arithmetischen Mittel ein Einkommen von (1.000,- + 2.000,- + 4.500)/3 = 7.500/3 = 2.500,- Euro („Durchschnittseinkommen"). Der Median liegt aber bei 2.000,- Euro, denn dieser Wert liegt genau in der Mitte der drei.

Als armutsgefährdet gilt, wer weniger als 60 Prozent des arithmetischen Mittels als Einkommen hat. Ab 50 Prozent spricht man von Armut, bei weniger als 40 Prozent von strenger Armut.

Seltener wird statt des Medians auch das arithmetische Mittel zur Berechnung verwendet. Weil das arithmetische Mittel höher liegt, liegt die Grenze für die Armutsgefährdung dann meistens bei 50 statt 60 Prozent.

Dieses Verfahren hat sich insgesamt bewährt, aber es gibt auch Kritik:

- Die Kosten für ein Kind sind sehr niedrig angesetzt, zumal sie nach der alten OECD-Skala höher lagen. Damals zählte ein Kind 50 Prozent eines Alleinstehenden, ein zweiter Erwachsener 70 Prozent. Würde der Wert noch so berechnet, würde die Armut von Alleinstehenden (darunter vielen Rentner) sinken, die von Familien dagegen ansteigen.
- Der Wert von 60 Prozent ist relativ frei gewählt. Ältere Statistiken verwendeten oft 50 Prozent, damit erhält man natürlich niedrigere Prozentzahlen.
- Steigende Einkommen für alle führen nicht zu einem Rückgang der Armut. Würden sich die Einkommen aller Menschen verdoppeln, hätte das keinen Einfluss auf die Armutsquote.
- Nimmt man statt dem Median das arithmetische Mittel zur Armutsberechnung, kann es zu einem anderen Ergebnis kommen. Und das nicht nur in Bezug auf die Höhe, sondern auch auf die Entwicklung. In den vergangenen Jahren gab es manchmal den Effekt, dass die Armut gemessen am

Median sank, gemessen am arithmetischen Mittel aber stiegt. Das lag daran, dass mehr Menschen Arbeit fanden und dadurch ein höheres Einkommen hatten. Gleichzeitig wurden in dieser Zeit aber auch die Reichen, besonders die oberen 0,1 Prozent, deutlich reicher, während die Mittelklasse kaum Einkommenszuwächse hatte. Das führte dazu, dass das Medianeinkommen kaum stieg, das arithmetische Mittel aber schon. Dadurch überwanden viele Menschen die Armutsgefährdungsgrenze, wenn sie am Median gemessen wurde, denn der änderte sich ja kaum. Das arithmetische Mittel aber stieg, weshalb Menschen aus der unteren Mittelschicht, deren Einkommen stagnierte, statistisch arm wurden.

Das Beispiel zeigt, warum Statistical Literacy wichtig ist. Weder darf man den Daten blind vertrauen, noch sollte man sie vorschnell verteufeln. Dass die Armutsquote sich unterschiedlich entwickelte, je nachdem, ob man sie am Median oder am arithmetischen Mittel gemessen hat, ist kein Zeichen dafür, dass die Statistik unbrauchbar ist, sondern beschreibt eine reale Entwicklung, nämlich den Rückgang der Arbeitslosigkeit (und damit Einkommensverbesserungen für viele Menschen) bei gleichzeitiger Stagnation der Einkommen der Unter- und Mittelschicht.

Ich stelle bei meinen Studierenden ein großes Interesse an diesen Fragen fest. Die Idee, dass Behauptungen empirisch überprüfbar sein sollten, wird selten abgelehnt. Auch wenn die ehemalige Fachhochschule, an der ich unterrichte, eine andere Klientel anziehen mag als eine traditionelle Universität, scheint es mir, als ginge die von Yascha Mounk beobachtete Ablehnung der Ideen der Aufklärung weniger von den Studierenden als vom Lehrkörper aus.

Idee 4: Mehr Politik wagen
Der vielleicht wichtigste Grund für die Zunahme von Pseudowissenschaften und Alternativen Fakten liegt paradoxerweise aber im Erfolg der Wissenschaften begründet. Sie sind so mächtig geworden, dass jede politische Idee versucht, sie zu vereinnahmen.

Leider haben die Wissenschaften, wie bereits im Kapitel 4 gesehen, nicht immer recht. Das vielleicht bekannteste Negativbeispiel ist die Eugenik. So schlugen die schwedischen Nobelpreisträger und Sozialreformer Gunnar und Alva Myrdal am Anfang des 20. Jahrhunderts Zwangssterilisationen als Mittel der Sozial- und Gesellschaftspolitik vor.

Der US-Psychologe Henry Hodard gründete seine These sogar auf empirische Daten als er 1910 behauptete, rund 80 Prozent der jüdischen, italienischen und ungarischen sowie fast 90 Prozent der russischen Einwanderer seien schwachsinnig und würden diesen Schwachsinn auch auf ihre Kinder vererben. Die schlechten Ergebnisse der Einwanderer in den Tests waren richtig, die Interpretation aber falsch. Was der Wissenschaftler übersah, war der große Einfluss der Umwelt auf die Intelligenz. Wir meinen mit Intelligenz eine bestimmte Form des Denkvermögens, die in modernen, technisierten Gesellschaften schon damals gefragt war, aber noch nicht so sehr in den ländlichen Gegenden Osteuropas oder des südlichen Italiens. Die Einwanderer aus diesen Gebieten erzielten also schlechtere Ergebnisse in Intelligenztestes, weil sie in dieser Form des Denkens weniger geübt waren und nicht aus biologischen Gründen.[250]

Tatsächlich ist der Einfluss der Umwelt auf die Intelligenz mittlerweile gut belegt, auch der sogenannte Flynn-Effekt ist eine Folge daraus. Er beschreibt die Tatsache, dass die Menschen in praktisch allen Ländern über die Jahre im Durchschnitt bessere Ergebnisse in IQ-Tests erzielen. Auch ein großer Teil der damals von Hodard als normal intelligent getesteten Menschen wäre nach heutigen Kriterien vermutlich deutlich unterdurchschnittlich intelligent.

Hier sehen wir den Attributionsfehler am Werk. Beobachtete Unterschiede, hier in der Intelligenz, werden zu oft auf innere Unterschiede, hier eine angeborene Fähigkeit zum strukturierten Denken, zurückgeführt statt auf äußere Umstände wie das Aufwachsen in einer bestimmten Umgebung.[1]

---

[1] In einer früheren Fassung schrieb ich von einer „bildungsfernen Umgebung". Das scheint mir mittlerweile allerdings fraglich, denn die Menschen in diesen

Natürlich sind Thesen wie jene von Hodard oder dem Ehepaar Myrdal heute nicht mehr akzeptabel. Das heißt aber nicht, dass Wissenschaftler heute frei von Vorurteilen oder Meinungen wären. Ganz im Gegenteil, ähnlich wie bei den Journalisten scheint auch bei den Wissenschaftlern eine starke politische Meinung wieder wichtiger geworden zu sein.

Mitunter haben sich Vorurteile nur geändert, wie Andreas Rödder in seinem Buch 21.0 – Eine kurze Geschichte der Gegenwart beschreibt. Am deutlichsten beobachten lässt sich das in der Geschlechterdebatte, wo statt der Überlegenheit des Mannes heute teilweise eine Überlegenheit der Frau postuliert wird. „‚Männlichkeit' ist als Charakteristikum negativ, ‚Weiblichkeit' hingegen positiv konnotiert", schreibt Rödder dazu.

Das Beispiel zeigt auch, dass empirische Daten oft zwar eine Beschreibung liefern, die Gründe für die Unterschiede aber oft nicht so offen liegen. Üblicherweise werden in der Geschlechterdebatte Unterschiede zwischen Männern und Frauen als „biologisch" definiert, wenn sie Frauen nützen, aber als „sozial", wenn Männern profitieren. Die Wissenschaftler Martin Seager & John Barry bezeichnen das als Gamma Bias.[251]

Deshalb lassen sich wissenschaftliche Ergebnisse leicht für politische Zwecke missbrauchen, zumal viele Wissenschaftler das Spiel auch gerne mitspielen.

Ein Negativbeispiel gibt hier ausgerechnet der sogenannte „Gleichstellungsatlas" des Bundesministeriums für Familie, Senioren, Frauen und Jugend ab, um beim Thema Geschlechterunterschiede zu bleiben. Er führt fast ausschließlich solche Unterschiede auf, bei denen Frauen im Nachteil sind, etwa die häufigere Betroffenheit von häuslicher Gewalt. Nachteile der Männer, beispiels-

---

ländlichen Gebieten hatten oft eine andere Form von Bildung. Vermutlich wussten sie besser als wir und auch als ihre städtischen Zeitgenossinnen, welche Waldfrüchte essbar sind, wie das Wetter morgen sein wird oder wann welche Pflanze am besten gesät wird. Ein moderner Mensch würde in einem ostgalizischen Dorf des Jahres 1910 sicher ebenfalls keinen guten Eindruck hinterlassen, denn er würde die – aus Sicht der Dorfbewohner – einfachsten Aufgaben nicht lösen können.

weise die häufigere Betroffenheit von außerhäuslicher Gewalt, werden nicht behandelt. Eine Begründung dafür liefert der Gleichstellungsatlas nicht.[252]

Ein anderes Beispiel beschreibt der Politikwissenschaftler und Autor Owen Cass in seinem Bestseller „The Once and Future Worker". In den USA muss die Umweltbehörde Environmental Protection Agency (EPA) zu jeder Regelung eine Kosten-Nutzen-Analyse vorlegen, die auch die Kosten der Umweltzerstörung einberechnet. Nun lassen sich solche Berechnungen nicht ohne verschiedene Vorannahmen durchführen. In der Praxis würden diese dann oft so verändert, dass am Ende das gewünschte Ergebnis steht.

Vor- und Nachteile zu betrachten ist sicher richtig, doch statt die Kosten für Umweltzerstörung in Geld umzurechnen, damit am Ende eine Zahl steht, die über alles entscheidet, wäre es ehrlicher, einfach Vor- und Nachteile, Chancen und Risiken aufzuzeigen („SWOT-Analyse") und die Entscheidung selbst der Politik zu überlassen. Denn die Zahl, die bei den Berechnungen der EPA am Ende steht, bietet nur eine Scheingenauigkeit.

Möchte eine Regierung den Mindestlohn erhöhen, sollte sie nicht zuerst Wissenschaftlerinnen suchen, die – abweichend von der Mehrheit ihrer Fachkolleginnen – davon einen Zuwachs an Arbeitsplätzen erwarten.[I] Stattdessen sollte sie begründen, warum ihr dieses Ziel wichtig ist und sie dafür unter Umständen sogar einen Verlust an Arbeitsplätzen in Kauf nimmt.

Das reduziert das Gefühl, dass längst nicht mehr gewählte Gremien, sondern demokratisch nicht legitimierte Fachzirkel Entscheidungen treffen. Es würde Wissenschaft auch wieder glaubwürdiger und die Forschung weniger attraktiv für Aktivisten machen.

[I] Viele Studien kommen zu dem Ergebnis, dass ein niedriger Mindestlohn keine schädlichen Auswirkungen auf den Arbeitsmarkt hat, ein hoher aber Arbeitsplätze kostet.

2. Drei Fragen

Es bleiben einige Fragen, beispielsweise wie wir die Diskussionskultur stärken, Qualitätsmedien finanzieren und die soziale Ungleichheit reduzieren.

Frage 1: Wie können wir journalistische Angebote wirtschaftlich stärken?
Nach wie vor haben Zeitungen, kommerzielle Internetportale und Fernsehsender ihre Berechtigung. Blogs und Facebook haben sie nicht überflüssig gemacht. Aber viele überleben nur, weil das Online-Geschäft von den Abonnenten der gedruckten Zeitungen subventioniert wird. Die werden oft von älteren Menschen gelesen, die mittelfristig als Käufer ausfallen.

Spenden und Staatsfinanzierung allein keine vielversprechende Idee
Oft wird von Verlegern eine staatliche Unterstützung gefordert. Die aber kann maximal ein Zubrot sein oder indirekt erfolgen. Beispielsweise indem die VG Wort[1] je Abonnement einen Zuschuss zahlt. Ganz ersetzten kann die Staatsfinanzierung Einnahmen aber nicht. Denn nach welchen Kriterien sollten sonst Gelder vergeben werden? Wohl hauptsächlich nach Loyalität zur Regierung. Oder es würden sich Gremien bilden, die das Geld ebenfalls an ihnen nahestehende Medien verteilen. Und das ganz ohne jede Form demokratischer Kontrolle. Das Gefühl der Menschen, als einzelner Wähler oder als Wählerin keinen Einfluss mehr zu haben, würde noch weiter zunehmen.

Außerdem hätte eine solche Staatsfinanzierung zur Folge, dass die Medien ihr Angebot nicht mehr an den Lesern ausrichten müssen. Das hört sich zunächst verlockend an, schließlich könnten dann hochwertige Angebote statt Artikeln über Blasenschwäche erstellt werden. Es hätte aber eine Art Medienaristokratie zur Folge,

---

[1] Die Verwertungsgemeinschaft Wort, kurz VG Wort, ist das Gegenstück zur GEMA in der Musik. Sie finanziert sich überwiegend aus Abgaben, die beispielsweise beim Kauf von Druckern oder Kopierern anfallen. Diese werden an die teilnehmenden Verlage und Autoren ausgeschüttet.

wie sie teilweise jetzt schon im öffentlich-rechtlichen Rundfunk zu beobachten ist. Wer die Schlüsselpositionen in diesem System besetzt, entscheidet darüber, was gehört, gesehen und gelesen wird.

Auch mit Meinungsvielfalt ist in einem solchen System nicht zu rechen. Wer einmal die Macht errungen hat, wird dafür sorgen, dass ähnlich denkende Menschen nachrücken. Diese „Medienaristokratie" könnte weder abgewählt werden noch wirtschaftlich scheitern, hat aber Macht über die öffentliche Meinung und damit auch politische Macht.

Auch Spenden allein sind deshalb schwierig. Sie geben sonst zahlungskräftigen politisch Interessierten zu viel Macht. Denkbar sind Mischsysteme, etwa Vereine, deren Mitglieder mit ihren Beiträgen ein Medienangebot finanzieren. Damit hier wohlhabende Förderer nicht zu viel Macht bekommen, könnte es eine staatliche Förderung geben, die sich nach der Zahl der Mitglieder richtet, ähnlich wie die staatliche Parteienfinanzierung sich an den Wählerstimmen ausrichtet. Beiträge zu diesen Medienvereinen könnten, wie Beiträge für Parteien, zu 50 Prozent von der Steuerschuld abgezogen werden, aber nur bis zu einer Obergrenze.

Aber es führt kein Weg daran vorbei, dass es auch eine kommerzielle Perspektive geben muss, wenn man die Medienlandschaft nicht in die Hand von Großspendern, demokratisch mäßig legitimierten Gremien und einer „Medienaristokratie" legen will.

Die Erträge müssen aus dem Unternehmen kommen

Paid Content, also das Bezahlen für alle oder bestimmte Inhalte im Internet, war ein Hoffnungsträger der Verlage, ist bisher aber kein Erfolgsmodell, ebenso wenig das E-Paper. Die Einnahmen aus beiden Bereichen sind noch gering. Außerdem sind auch hier junge Menschen unterrepräsentiert, zu den Kunden, die diese Optionen nutzen, gehören vor allem die vor 1980 geborenen Generationen.

Positiv ist immerhin, dass die Zahlungsbereitschaft gestiegen ist. Die Mentalität, dass Inhalte im Internet kostenlos sein müssen, scheint auf dem Rückzug. Es ist gut möglich, dass Bezahlschranken irgendwann Erfolg haben werden. Vor allem, wenn das Bezahlen einfacher geht – und nicht Giganten wie Google oder Apple einen

Großteil der Einnahmen erhalten, sobald der Kauf über ihre Stores abgeschlossen wird. Hier kann der Staat mit Kartellgesetzen darauf Einfluss nehmen, dass die Gebühren in den Stores sinken.

Dann ist da natürlich die Werbung, traditionell eine wichtige Einnahmequelle von Verlagen. Allerdings leiden die Einnahmen unter der Konkurrenz aus dem Netz. Da sind zunächst die Suchmaschinen, die auf ihren Seiten Werbung verkaufen. Für Stellenanzeigen, Immobilienangebote oder Autoverkäufe gibt es spezialisierte Portale und auch Kleinanzeigen werden nicht mehr in erster Linie in der Zeitung veröffentlicht. Neue Wege müssen also her.

Die Verlage selbst probieren jetzt schon viel aus, beispielsweise indem sie Reisen verkaufen oder Kredite vermitteln. Auch hier ist es möglich, dass ohne Hilfe von außen Lösungen gefunden werden, wie mit journalistischen Inhalten Geld verdient werden kann.

Ein Punkt, den Journalisten weniger gerne lesen werden, der aber trotzdem wichtig ist, sind Kosteneinsparungen durch Rationalisierungen. Schon jetzt kooperieren die Zeitungen der Madsack Gruppe eng bei überregionalen Themen. Sie erhalten diese vom Redaktionsnetzwerk Deutschland (RND). Das reduziert einerseits Medienvielfalt, andererseits hat bisher ohnehin kaum jemand den Weserkurier und die Heilbronner Stimme parallel gelesen und deren Berichterstattung verglichen. Durch die Zusammenarbeit ist teilweise sogar mehr Qualität möglich.

Nun kann man kritisieren, dass das RND ein schlechtes Beispiel ist, weil hinter ihm mit der Beteiligungsgesellschaft der SPD ein politischer Akteur steht. Das aber spricht nicht gegen das Modell an sich.

Auch Automatisierung kann helfen. Wenn bestimmte Nachrichten von Algorithmen geschrieben und von Menschen nur noch überarbeitet und freigegeben werden, spart das ebenfalls Geld. Natürlich fallen hier Arbeitsplätze weg, aber das ist für die Beschäftigten oft nur kurzfristig negativ. Erst die starke Rationalisierung im Maschinenbau, in der Automobil- oder der Chemieindustrie haben die hohen Löhne dort möglich gemacht. Je höher die Löhne, desto mehr wurde in eine Branche zuvor rationalisiert.

Der Staat könnte außerdem an anderer Stelle helfen. Beispielsweise indem er Soziale Netzwerke, Videoplattformen wie YouTube oder die Suchmaschinen zwingt, einen höheren Anteil ihrer Einnahmen an die Verlage auszuschütten.

Vermutlich wird es eine Mischung aus allen genannten Möglichkeiten sein, die unsere Medienlandschaft erhält, vielleicht sogar verbessert. Und vielleicht würde eine größere Heterogenität der Meinungen auch dazu führen, dass Leserinnen und Leser, die sich bereits abgewandt habe, wieder zurückkommen.

Mein Eindruck ist, dass die Verlage hier schon viel ausprobieren und einige auf einem guten Weg sind, das Problem zu lösen.

Frage 2: Wie verbessern wir die Diskussionskultur

Eine Antwort auf die Frage nach mehr Diskussionskultur lautet immer: Bildung. Schüler könnten im Unterricht über politische Fragen debattieren und dabei unterschiedliche Rollen einnehmen, mal für und mal gegen eine Position entwickeln. So könnten sie lernen, sich in andere Ansichten hineinzudenken.

Zu viel sollte man sich davon aber nicht versprechen. In den USA haben solche Rhetorikschulungen eine lange Tradition, doch das Land ist so tief gespalten wie kaum ein anders.

Wichtig wäre, dass die akademisch gebildeten, urbane, mehrheitlich grün oder rot wählenden Milieus von dem Gefühl der Überlegenheit verabschieden müssen. Natürlich darf man der Meinung sein, die eigenen Ansichten seien richtig und andere falsch. Ja sogar, dass sich darin eine größere Weitsicht zeige.

Aber die Überheblichkeit der akademischen und urbanen Milieus bezieht sich oft und gerne auch auf den Geschmack und auf kulturelle Vorlieben. Bestimmte Musikstile sind akzeptiert, andere dagegen gelten als dumm und provinziell. Das Schimpfen auf den „Mainstream" gehört zum guten Ton, als sei ein Film allein schon deshalb gut, weil nur wenige Menschen ihn sehen wollen.

Schwierig ist die Frage, wie Diskussionen in den sozialen Medien verbessert werden können. Gefordert wird aktuell hauptsächlich eine stärkere Zensur aggressiver und verunglimpfender Beiträge. Das aber birgt auch Risiken. Die ohnehin mächtigen Digitalkonzerne bekommen dann noch mehr Macht über die öffentliche Meinung, das aber kann niemand wollen.

Leider geht der Trend aktuell scheinbar eher in die andere Richtung. Diskussionen werden noch verbitterte und immer häufiger wird gefordert, andere Meinungen einfach auszuschließen. Als Jan Böhmermann etwa dem Chefredakteur der ZEIT, Giovanni di Lorenzo, sowie dem Talkmaster Markus Lanz vorwarf, „menschenfeindlichen" Meinungen zu viel Raum zu geben, war der Zuspruch groß. Wie erwähnt halten viele Medienschaffende die Vorstellung einer möglichst neuralen und umfassenden Berichterstattung ohnehin für Unsinn. Zwar stieß Böhmermann auch auf Widerspruch, ich prognostiziere aber, dass sein Vorstoß den Weg bereitet hat für eine weitere Einengung des Meinungskorridors. Die von ihm geforderte Auswahl von Beitragen nach Qualität ist nichts anders als eine Rechtfertigung für das Aussortieren abweichender Meinungen.

Fazit:
Wir leben nicht in postfaktischen Zeiten, aber auch nicht in faktischen

Wir leben nicht in einer faktenbasierten Gesellschaft. Entscheidungen werden oft emotional getroffen und moralische Urteile basieren meist nicht auf grundlegenden ethischen Überlegungen, sondern auf Instinkten, die nicht selten von Nützlichkeitsüberlegungen gesteuert werden.

Trotzdem leben wir nicht in einer postfaktischen Gesellschaft, in der alternative Fakten und Fake News den faktenbasierten Diskurs verdrängt haben. Denn es gab nie eine „faktische Gesellschaft".

Fakten und wissenschaftliche Expertise sind sogar wichtiger geworden. Oft dienen sie aber nur der Untermauerung von vorher schon gefällten Urteilen.

Leider steigt die Polarisierung der Gesellschaft, was Menschen weniger offen für Fakten macht, die der eigenen Meinungen widersprechen oder die eigene Gruppe angreifen. Denn Polarisierung sorgt dafür, dass die Abgrenzung nach außen erhöht wird und die Solidarität innerhalb der Gruppe steigt. Das zunehmende Denken in Gruppen verschärft das Problem zusätzlich.

Andererseits steigt die Sehnsucht nach wissenschaftlich fundierten Ergebnissen. Weil die Kirche als Lieferant von Wahrheit weitgehend ausfällt, soll die Wissenschaft diesen Raum füllen und über wahr und falsch entscheiden. Das wiederum stärkt ihre Bedeutung, wenngleich wissenschaftliche Ergebnisse auf beiden Seiten des politischen Spektrums vorwiegend dann akzeptiert werden, wenn sie die eigene Meinung stützen. Tun sie das nicht, wird dagegen auf die Relativität wissenschaftlicher Ergebnisse verwiesen. Das zeigen Aussprüche wie Donald Trumps „ The science isn't settled" und Renate Künasts „There is not only one kind of science". Es ist nicht so, dass beide Aussagen völlig falsch wären, allerdings werden kritische Einwände immer nur dann gehört, wenn sie zum eigenen Weltbild passen.

Das aber ist kein neues Phänomen. Wir leben deshalb nicht in postfaktischen Zeiten. Dass viele Menschen der Mehrheitsmeinung in den Wissenschaften nicht folgen, ist nicht neu. Ohnehin ist es eine Minderheit, die glaubt, dass Impfungen nur einer Verschwörung der Pharmaindustrie entstammen oder dass der Klimawandel nichts mit menschlichen Einflüssen zu tun hat. Das war früher ganz anders, als eine Mehrheit an Geister glaubte oder gar Krankheiten als Machenschaft „jüdischer Brunnenvergifter" interpretierte.

Natürlich lässt sich jetzt einwenden, die Menschen hätte es damals einfach nicht besser gewusst. Doch das ist kein Indiz für eine Zunahme postfaktischen Denkens. Hätten sie es besser gewusst, hätten es auch damals viele nicht geglaubt. Das zeigt das Beispiel des Arztes und Politikers Rudolf Virchow, der früh nachgewiesen hatte, dass es keine relevanten biologischen Unterschiede zwischen jüdischen und nicht-jüdischen Deutschen gab.

Ohnehin ist nicht jedes Misstrauen gegenüber den Wissenschaften oder den Medien gleich postfaktisch. Menschen agieren nicht losgelöst von Vorannahmen und Rahmenbedingungen, auch Wissenschaftler nicht und Journalistinnen erst recht nicht.

Ein blindes Vertrauen in deren Arbeit wäre ausgesprochen gefährlich und demokratiegefährdend. Denn auch Wissenschaftlerinnen und Journalisten sind Menschen und folgen eigenen Vorstellungen. Das muss keineswegs heißen, dass bewusst Falschaussagen verbreitet werden, doch auch empirische Untersuchungen sind immer auf Vorannahmen und Interpretationen angewiesen. Das gilt nicht nur für qualitative Verfahren, sondern auch für quantitative, die sich auf große Datenmengen stützen. Außerdem kann nur entdeckt werden, wonach auch gesucht wird.

Unsere Wahrnehmung ist, wie wir im Kapitel I.3 gesehen haben, sehr anfällig für Vorurteile, Angst und Vereinfachungen. Das betrifft auch Wissenschaftler und Journalisten. Deshalb ist es wichtig, nicht jede abweichende Meinung oder Einschätzung vorschnell in die Schublade „Alternative Fakten" zu sortieren.

Das aber darf auch nicht dazu führen, dass wir in Beliebigkeit versinken. Es ist wichtig festzustellen, dass eine große Mehrheit der Forscherinnen und Forscher an den menschengemachten Klimawandel glaubt und ihn für ein ernstes Problem hält. Deshalb ist es gerechtfertigt, dass Vertreter dieser These häufiger gehört werden und an abweichende Theorien höhere Ansprüche gestellt werden.

Dass so viel über Alternative Fakten geredet wird, hat aber weniger mit deren Zunahme zu tun, sondern vor allem mit deren gestiegener Sichtbarkeit, einer geringeren Bereitschaft andere Meinung zu akzeptieren und einem starken Wunsch nach Eindeutigkeit.

Auch die These von der Zunahme des Moralischen zulasten der Fakten erscheint mir wenig überzeugend, zumindest im Vergleich zur Zeit vor 50 oder mehr Jahren. Vor allem in den 1990er-Jahren, teilweise aber auch in den 1980er und 2000er-Jahre scheint die Grenze des Sagbaren tatsächlich weiter gewesen zu sein, allerdings vor allem deshalb, weil die Machtverhältnisse in den Redaktionen und Universitäten weniger klar waren und nicht, weil die Menschen damals keine Moral gehabt hätten. Sie war aber stärker Privatsache und weniger ein Mittel zur Distinktion. Das gilt aber schon nicht mehr für die 1950er und wohl auch nicht für die 1960-Jahre – und erst recht nicht für die Jahrzehnte zuvor.

Insgesamt orientiert sich Moral meist am Nützlichen. Früher wurde das aber weniger ausgesprochen. Heute dagegen soll sich Moral in Übereinstimmung mit den Fakten bewegen. Sie wird theoretisch begründet und ihr vermeintlicher Nutzen wird mit Daten unterlegt. Klar, dass hier schnell Konflikte auftreten, weil andere moralische Vorstellungen damit als „objektiv falsch" bezeichnet werden. Die vermeintlichen Fakten, die ein moralisches Urteil belegen sollen, sind für Menschen mit anderem moralischem Kompass dann nur Alternative Fakten, diese Ablehnung wiederum ist für die andere Seite dann ein Ausdruck einer postfaktischen Gesellschaft.

So steigt das Gefühl in einer postfaktischen Welt zu leben nicht, weil Expertentum und Wissenschaft keine Rolle mehr spielen, sondern gerade, weil sie wichtiger geworden sind.

Der Vorwurf Alternative Fakten oder Fake News zu verbreiten, ist eine starke Waffe geworden. Vor 50 Jahren wäre die Kritik, eine Aussage widerspreche den Erkenntnissen der Wissenschaft, häufig mit Hinweis begegnet worden, diese Akademiker hätte vom „wahren Leben" ohnehin keine Ahnung.

Dieser Vorwurf ist heute in vielen Kreisen nicht mehr schicklich. Dass wir über Alternative Fakten streiten, hat also den Grund, dass die Deutungshoheit der Wissenschaft eher zu- als abgenommen hat. Schon Alexis de Tocqueville (1805 – 1859) war aufgefallen, dass ein Rückgang der sozialen Ungleichheit die Sensibilität gegenüber der verbliebenen Ungleichheit erhöht (auch bekannt als Tocqueville-Paradoxon). So erhöht die zunehmende Akzeptanz wissenschaftlicher Erkenntnisse die Sensibilität gegenüber denen, die sie weiterhin ablehnen.

Noch besser passt der Vergleich mit der Ansicht Niklas Luhmanns zur Risikogesellschaft. Die Gefahren für das individuelle Leben sind heute deutlich kleiner als früher. Trotzdem schrieb der Soziologe Ulrich Beck 1986 einen Bestseller, als er eine angebliche Risikogesellschaft postulierte.[253] Luhmann erklärte diesen Widerspruch mit dem gestiegenen Anspruch, die verbliebenen Gefahren zu reduzieren. Aus (unkalkulierbaren) Gefahren wurden (kalkulierbare und beeinflussbare) Risiken. Weil das Leben sicherer und Gefahren beherrschbarer werden, wird mehr über Risiken diskutiert.

Die Diskussion über die postfaktische Gesellschaft ist ein Ergebnis der Tatsache, dass wissenschaftliche Expertise wichtiger geworden ist. Früher wurden Aberglaube und die Unkenntnis aktueller wissenschaftlicher Erkenntnisse mit Unbildung erklärt. Diese Erklärungsmuster greifen angesichts der Akademisierung immer weniger – und so entsteht das Gefühl, dass Fakten keine Bedeutung mehr hätten.

Das heißt nicht, dass es keine Herausforderungen gäbe. So endet der Glauben an die Forschung oft dort, wo sie der eigenen Meinung widerspricht. Weil es oft sich widersprechende wissenschaftliche Ergebnisse gibt, sucht sich jeder und jede die passende wissenschaftliche Veröffentlichung.

Dass tatsächlich mehr gelogen wird als früher oder Lügen häufiger Glauben geschenkt wird, ist empirisch aber nicht nachweisbar. Vielmehr steigt die Zahl derer, die an wissenschaftlich gut belegte Thesen wie die vom Menschen wesentlich ausgelöste Klimaerwärmung, den Nutzen von Impfungen oder die Evolutionstheorie glauben, zumindest in Europa und den USA.

Häufig wird das Thema Alternative Fakten auch in Verbindung zu den Neuen Medien und insbesondere den sozialen Netzwerken gesehen. Allerdings erfahren die meisten Menschen von extremen Verschwörungstheorien erst dadurch, dass klassische Medien darüber berichten.

Unterschiedliche Meinungen werden durch das Internet sichtbarer. Der SPD-nahe Arbeiterstammtisch in Dortmund und eine Diskussionsrunde in einer Dorfwirtschaft im nahen Sauerland begegneten sich früher einfach nicht. Hätte es etwa vor der stark polarisierten Wahl 1972 die Möglichkeit gegeben, die Diskussion am jeweils anderen Stammtisch zu verfolgen, beide Seiten wären empört gewesen, welche „Unwahrheiten" dort gesprochen wurden.

Allerdings macht es das Internet leicht, die eigene Meinung bestätigt zu finden. Abzuwarten bleibt, welchen Einfluss Influencer auf Kanälen wie YouTube haben werden. Das Medium erscheint nicht besonders gut für fundierte Informationen geeignet, eher für weiter polarisierende und vereinfachende Botschaften. Diese Problematik kennen wir bereits vom klassischen Fernsehen, auch dort wird auf Bilder gesetzt, was oft eine Emotionalisierung zur Folge hat. Doch das Problem wird weiter verschärft. Auch im Fernsehen gab es in der Vergangenheit die Möglichkeit, sich das passende Angebot zu suchen. Der Bayerische Rundfunk war bis in die 1990er Jahre „schwarz", der WDR dagegen „rot". Doch beide konnten sich nicht jene Einseitigkeit erlauben, die für Soziale Medien oft kennzeichnend ist.

In diesem Umfeld kommt den klassischen Nachrichtenmedien große Bedeutung zu. Allerdings haben sie mit verschiedenen Problemen zu kämpfen, zunächst einmal mit einer unsicheren Finanzierung. Einnahmen aus Printverkäufen brechen weg, vor allem aber trifft der Verlust von Anzeigenerlösen die Verlage. Es wird zwar mehr Geld für Werbung ausgegeben, das fließt aber immer häufiger in die Taschen der großen Digitalkonzerne wie der Google-Mutter Alphabet oder Meta (Facebook, WhatsApp, etc.).

Hinzu kommen selbst verschuldete Probleme. Die Entideologisierung seit den 1990er-Jahren hat paradoxerweise eine zunehmende Einseitigkeit der großen Medien zur Folge. Es fehlen in vielen Bereichen unterschiedliche Stimmen.

In den USA haben sich getrennte Nachrichtenprogramme für Anhänger der Republikaner und der Demokraten etabliert. Fox News gilt als konservativ, CNN oder MSNBC dagegen als links beziehungsweise liberal.

Eine solche Zweiteilung muss nicht schlecht sein, Deutschland hat lange gute Erfahrungen mit einem Nebeneinander von konservativen und linken Tageszeitungen gemacht, etwa der Frankfurter Allgemeinen Zeitung und der Frankfurter Rundschau. Aber durch die Trennung von Meinung und Kommentar und dem Schwerpunkt auf Nachrichten berichteten beide in vielen Bereichen ähnlich. Es gab also eine gemeinsame Basis an Hintergrundwissen.

Für die USA scheint das allerdings aktuell nach einer Studie der Denkfabrik RAND Corporation nur eingeschränkt zu gelten. Immerhin hat Fox News, obwohl traditionell eher den Republikanern nahe stehend, bei der Hochrechnung der Ergebnisse noch vor dem den Demokraten nahestehenden Konkurrenten CNN die Wahlniederlage Donald Trumps prognostiziert. Das aber hat den Sender nicht davon abgehalten, anschließend auf Basis relativ schwacher Hinweise einen Wahlbetrug zu verkünden.

In Deutschland ist das Problem dagegen eher ein Mangel an unterschiedlichen Standpunkten in den etablierten Fernsehsendern und Zeitungen. Mehr Meinungsvielfalt wäre auch in Deutschland wünschenswert. Das würde unter Umständen dazu führen, dass sich wieder mehr Menschen dort und nicht auf Facebook oder YouTube informieren.

Denkbar wäre auch ein rein auf Nachrichten reduziertes Angebot, das gleichermaßen von liberalen, konservativen, linken und grünen Wählern gelesen werden kann.

Allerdings müssen wir uns klar darüber werden, dass es keine absolute Objektivität gibt – und damit auch nur wenige unumstößliche Fakten. Wir sollten vorsichtig mit der Klassifikation von etwas als „Alternative Fakten" sein.

Wir neigen schnell dazu, von unserem Weltbild abweichende Informationen als Alternative Fakten zu klassifizieren. Ironischerweise scheint gerade die gestiegene Bedeutung der Wissenschaft dazu zu führen, dass wir uns in einer postfaktischen Gesellschaft wähnen. Denn wenn wissenschaftliche Ergebnisse als unumstößlich wahr gelten, dann ist jede andere Meinung schnell postfaktisch.

Ein Kennzeichen unserer Zeit ist die Suche nach Eindeutigkeit, die nicht zuletzt vom Protestantismus und von den Wissenschaften selbst gefördert wurde. Die Wissenschaft machte das Versprechen, endlich eindeutige Antworten geben zu können.

Allerdings können bei den meisten Themen beide Seiten Studien finden, die ihre Ansicht bestätigen. Weil die eigene Position jetzt gewissermaßen wissenschaftlich geadelt ist, gilt die andere Sichtweise jetzt als Alternative Fakten und nicht mehr nur als andere Meinung.

Sind Bioprodukte besser, weil sie mit weniger Gift auskommen und auf den Feldern mehr Artenvielfalt herrscht? Oder sogar ökologisch schädlich, weil der Anbau von Bioprodukten mehr Anbaufläche erfordert (oft liest man von 30 Prozent mehr Anbaufläche)?[254] Die Ergebnisse sind nicht eindeutig und beide Seiten können Wissenschaftlerinnen finden, die ihre Meinung bestätigen.

Das hängt auch damit zusammen, dass solche Untersuchungen immer bestimmte Annahmen unterstellen. Beispielsweise über die Frage, ob ein vermehrter Anbau von Bioprodukten zu weniger Überproduktion führt oder zu einer Ausweitung der Anbaufläche. Oder darüber, welche Arten wir besonders schützenswert finden.

Wir müssen uns also eingestehen, dass auch viele wissenschaftliche Antworten von Vorannahmen abhängig sind. Das bedeutet nicht, dass sie nicht wertvoll sind, aber sie sollte nicht den

Anspruch erheben, eine endgültige Wahrheit zu verkünden, wie das kirchliche Dogmen taten.

Hier kann es helfen, stärker in Wahrscheinlichkeiten als in den Kategorien wahr und falsch zu denken. Natürlich lässt sich über solche Wahrscheinlichkeiten weiter streiten. Liegt die Gefahr eines Temperaturanstieges um mehr als 6,0 Grad bei nur 5,0 Prozent, wie es der Weltklimarat feststellt? Oder ist er größer, wie Klimaaktivisten mutmaßen oder gar kleiner, wie es von Verteidigern des Status quo behauptet wird? Aber die Diskussion würde ehrlicher, denn es würde klarer, über was wir meistens wirklich streiten. Dazu nötig ist eine Verbesserung der statistical literacy, also der Fähigkeit, Statistiken richtig zu interpretieren und in Wahrscheinlichkeiten zu denken.

„Aberglaube", schreibt Karl Popper in seinem Vorwort zur deutschen Ausgabe von „Alles Leben ist Problemlösen", „ist ein Wort, dass wir nur mit größter Vorsicht verwenden dürfen: mit dem Wissen, wie wenig wir wissen und wie sicher es ist, dass wir selbst, ohne es zu wissen, in verschiedenen Formen des Aberglaubens befangen sind".[255] Ersetzt man „Aberglauben" am Anfang des Satzes durch „Alternative Fakten", wäre der Satz genauso richtig.

Frage 3: Wie schaffen wir mehr soziale Gleichheit?

Die Frage scheint trivial, denn für ein Mehr an sozialer Gleichheit liegen viele Rezepte auf dem Tisch. Mehr Umverteilung, mehr Steuern, weniger Markt. Doch so einfach ist die Sache nicht.

Scheinbar soziale Maßnahmen können sich teilweise sogar als unsozial herausstellen. Dass heute ein Großteil der Sozialleistungen an Rentnerinnen und Pensionäre ausgezahlt wird, bringt eine große Ungerechtigkeit mit sich. Nämlich eine gigantische Umverteilung von den Kranken und Schwachen zu den Starken und Gesunden. Wer mit 60 Jahren stirbt, hat viel Geld in ein System eingezahlt, aus dem er nichts zurückbekommt. Eine 100-Jährige hat dagegen ein Vielfaches dessen erhalten, was sie jemals eingezahlt hat und im Durchschnitt fast 40 Jahre lang Rente bezogen – plus Ausgaben der Krankenkassen, der Pflegeversicherung und weitere staatliche Leistungen. Sie ist also nicht nur aufgrund ihres langen Lebens privilegiert, sondern wird auch vom Staat besonders gefördert.

Auch ein hoher Kündigungsschutz hat sich oft als sozial ungerecht herausgestellt. Ist er zu starr, entsteht eine Zwei-Klassen-Gesellschaft von Menschen mit festem Vertrag und solchen mit Zeitverträgen (wo diese Ausnahmen zugelassen sind) oder ganz ohne Arbeit.

Und für den Aufstieg ehemals armer Länder wie Taiwan (Republik China), Südkorea (Republik Korea), Singapur und zuletzt auch der Volksrepublik China hat der Freihandel mehr getan als alle Entwicklungshilfe.

Aber die ungebremste Marktwirtschaft ist keine Alternative. Vor allem nicht seit Beginn der Digitalisierung. Denn wie bereits dargestellt gibt es hier oft wenig Konkurrenz. Wer erfolgreich ist, kann sagenhaft reich werden, wer nur etwas schlechter ist, geht womöglich leer aus.

Wie aber kann eine Sozialpolitik aussehen, die tatsächlich die soziale Gleichheit erhöht? Zweifellos geht es nicht ohne Umverteilung. Die direkte Zahlung an Arme ist oft sogar ein besserer Weg als gesetzliche Regelungen. Eine gute finanzielle Absicherung gegen die Folgen von Arbeitslosigkeit scheint besser zu sein als ein höherer Kündigungsschutz.

Allerdings müssen wir nicht nur über die Ungleichheit in Deutschland, sondern auch über die weltweite Ungleichheit reden. Wie kann man ihr begegnen?

Mitunter kann eine Kombination verschiedener Ansätze sinnvoll sein. Wie erwähnt sind Staaten wie Korea oft durch Handel reich geworden. Doch die vorwiegend in den 1980er und 1990er-Jahren versuchte Schocktherapie, bei der arme Länder über Nacht alle Handelshemmnisse beseitigten, hat nur mäßig gut funktioniert. Denkbar wäre etwa ein stufenweises und asynchrones Vorgehen. Reiche Länder können ihre Handelsschranken zunächst einseitig senken, dann erst müssen die armen Staaten es ihnen Schritt für Schritt gleichtun. Fairerweise muss man sagen, dass die Europäische Union den ärmsten Ländern gegenüber bereits einseitig die wichtigsten Zölle außer jenen auf Agrarprodukte abgeschafft hat.

Allerdings sind diese Staaten oft so unattraktiv für Investoren, dass dieser an sich lobenswerte Schritt kaum Wirkung hatte. Das aber dürfte bei weniger schlecht regierten Nationen anders ein.

Wichtig ist außerdem eine stärkere Regulierung der Digitalkonzerne. Sie sollten, ähnlich wie Anbieter von Telekommunikation, Strom und Wasser, kartellrechtlich stärker beaufsichtigt werden. Höchstgrenzen sollten etwa für den Anteil gelten, den Giganten wie Google und Apple einbehalten dürfen, wenn Kunden über sie Apps oder Medienangebote erwerben, damit auch genug Geld bei den Produzenten bleibt. Oder welchen Betrag YouTube (wie Google ein Unternehmen aus des Alphabet-Konzerns) aus den Einnahmen der Videos behalten darf, sei es über Werbung oder über die Kauffunktion.

Man könnte sogar weiter gehen und Google dazu zwingen, einen Teil seiner Daten auch anderen Suchmaschinenbetreibern zur Verfügung zu stellen. Außerdem könnten die Konzerne entflochten werden, sodass etwa aus YouTube, Google und Android[1] verschiedene Unternehmen werden. Das alles ist nicht einfach, aber nötig.

Nichts davon wird ein Paradies auf Erden einläuten, aber es könnte helfen, den Trend zur zunehmenden Ungleichheit **innerhalb** der Staaten zu stoppen, ohne den gleichzeitigen Trend zur Verringerung der Ungleichheit **zwischen** den Staaten zu beenden.

---

[1] Streng genommen wird Android nicht von Google, sondern von der Open Handset Alliance erstellt, zu der unter anderem auch die Deutsche Telekom gehört. Praktisch aber profitiert vor allem Google von den Erträgen.

Endnoten

1. Wolfsberger, Naima und Kettenbach, Maximilian: Coronavirus wegen Homosexuellen? Erdogan stützt fürchterliche These - und sorgt für Empörung auf Merkur.de, Stand: 4. Mai 2020, abgerufen unter https://www.merkur.de/politik/corona-tuerkei-erdogan-islam-news-homosexualitaet-lirakrise-wirtschaft-news-zahlen-tote-infizierte-zr-13744483.html am 4. Mai 2020
2. Kopton, Johannes: Die Gen-Soja-"Superviren"-Verschwörungstheorie, Stand: 4. April 2020, abgerufen unter Die Gen-Soja-„Superviren"-Verschwörungstheorie - Progressive Agrarwende (progressive-agrarwende.org) am 12. Januar 2021
3. Pabst, Yaak: Coronavirus: Die Agrarindustrie würde Millionen Tote riskieren in Schnell, Lucia: Marx21 1/2020, Berlin 2020, Seiten 36-42
4. Nassehi, Armin: Klima, Viren, Kurven. Was heißt, auf die Wissenschaft zu hören? in Nassehi, Armin (Hrsg.): Kursbuch 202 – Donner.Wetter.Klima., Hamburg 2020, Seite 12
5. Eine prägnante und interessante Zusammenfassung zur Klimaforschung und -entwicklung im Allgemeinen und zum Klimawandel im Besonderen bietet Schönwiese, Christian-D.: Klimawandel kompakt – Ein globales Problem wissenschaftlich erklärt, Stuttgart 2019
6. Piketty, Thomas: Das Kapital im 21. Jahrhundert, München 2014, Seiten 288 bis 293
7. Cass, Oren: The once and future worker, New York 2020, S. 32
8. Schwarz, Manfred: 500 Wissenschaftler erklären: „Es gibt keinen Klimanotstand" auf tichyseinblick.de, Stand 26. September 2019, abgerufen unter https://www.tichyseinblick.de/daili-es-sentials/500-wissenschaftler-erklaeren-es-gibt-keinen-klimanotfall/ am 4. Juli 2020
9. Brause, Christina: Faktencheck bei Facebook muss gelöscht werden auf welt.de, Stand 27. Mai 2020, abgerufen unter https://www.welt.de/wirtschaft/article 208479891/Tichy-vs-Correctiv-Faktencheck-bei-Facebook-muss-geloescht-werden.html am 4. Juli 2020
10. Das wurde beispielsweise herausgearbeitet von Acemoglu, Daron und Robinson, James A.: Warum Nationen scheitern, Die Ursprünge von Macht, Wohlstand und Armut, Frankfurt am Main 2013, im Zusammenspiel mit weiteren Umweltschädigungen auch bei Diamond, Jared: Kollaps – Warum Gesellschaften überleben oder untergehen, Frankfurt am Main 2014
11. Sandel, Michael: Vom Ende des Gemeinwohls – Wie die Leistungsgesellschaft die Demokratie zerstört, Frankfurt 2020, Seite 118
12. Pinker, Steven: Das unbeschriebene Blatt – Die moderne Leugnung der menschlichen Natur, Frankfurt 2017, Seite 12
13. Pluckrose, Helen / Lindsay, James: Cynical Theories – How Activist Scholarship Made Everything about Race, Gender, and Identity and Why This Harms Everybody, Durham 2020
14. Mounk, Yascha: Der Zerfall der Demokratie – Wie Populismus den Rechtsstaat bedroht, München 2018, Seite 261 f
15. Herman, Arthur: Propheten des Niedergangs – Der Endzeitmythos im westlichen Denken, Berlin 1998
16. Ebenda, Seite 121 ff
17. Ebenda, Seite 350 ff

18 Hertz, Heinrich: Gesammelte Werke, Band I, Leipzig 1895, Seite 340, zitiert nach Geier, Manfred: Karl Popper, Hamburg 2019, Seite 68
19 Williams, Joanna: Wissen für alle, in Novo Nr. 124, Frankfurt 2017
20 Zu den Kriegstoten siehe beispielsweise Pinker, Steven: Gewalt – eine neue Geschichte der Menschheit, Frankfurt 2011
21 Sartre, Jean Paul: Vorstellung von Les Temps modernes in ders., Der Mensch und die Dinge, Aufsätze zur Literatur, 1938-1946, herausgegeben von Baier, Lothar, Reinbeck 1986, zitiert nach Herman, Arthur: Propheten des Niedergangs – Der Endzeitmythos im westlichen Denken, Berlin 1998, Seiten 366 ff
22 Tanriverdi, Hakan: Ist der eindimensionale Mensch Marcuses eine Weiterführung des letzten Menschen bei Nietzsche?, München 2008
23 Geier, Manfred: Karl Popper, Hamburg 2019, Seiten 111 bis 116
24 Pluckrose, Helene und Lindsay, James: Cynical Theories: How Activist Scholarship Made Everything about Race Gender and Identity – and why thisharms everybody, Durham 2020 auch bei Lindsay, James A. und Nayna, Mike: Postmodern Religion and the Faith of Social Justice, Areo Magazin vom 18. Dezember 2018, abgerufen unter areomagazine.com/2018/12/18/postmodern-religion-and-the-faith-of-social-justice/ am 18. April 2021
25 Detmer, David: Challenging Postmodernism: Philosophy and the Politics of Truth, St. Anthony 2003
26 Pluckrose, Helene: How french „intelectuals" ruind the west – postmodernism and its impact explaind, Areo Magazin vom 27. März 2017, abgerufen unter areomagazine.com/2017/03/27/how-french-intellectuals-ruined-the-west-postmodernism-and-its-impact-explained/ am 14. März 2019
27 Ziegler, Walther: Kant in 60 Minuten, S. 24
28 Sapolsky, Robert M.: Gewalt und Mitgefühl – Die Biologie des menschlichen Verhaltens, München 2017, Seite 624. Zum gleichen Ergebnis kommt Jonathan Haidt in
Haidt, Jonathan: The Righteous Mind – Why Good People are Divieded by Politics and Religion, New York 2013
29 Pluckrose, Helene: How french „intelectuals" ruind the west – postmodernism and its impact explaind, Areo Magazin vom 27. März 2017, abgerufen unter areomagazine.com/2017/03/27/how-french-intellectuals-ruined-the-west-postmodernism-and-its-impact-explained/ am 14. März 2019
30 Den Satz äußerte Claudia Roth in einem Interview mit Fabian Köster von der Heute Show. Ansehen kann man sich den Beitrag unter anderem unter youtu.be/kJiE_M9m_iY (abgerufen am 19. Juli 2020).
31 Chabris, Christopher und Simons, Daniel: Der unsichtbare Gorilla, München 2011
32 Sapolsky, Robert M.: Gewalt und Mitgefühl – Die Biologie des menschlichen Verhaltens, München 2017, Seiten 447 bis 458
33 Gladwell, Malcom: Blink! – Die Macht des Moments, München 2007
34 Ariely, Dan: Denken hilft zwar, nützt aber nichts – warum wir immer wieder unvernünftige Entscheidungen treffen, München 2008
35 Rosling, Hans mit Rosling, Ola und Rosling Rönnlund, Anna: Factfulness – Wie wir lernen die Welt so zu sehen, wie sie wirklich ist, Berlin 2019
36 Informationen in diesem Abschnitt stamme überwiegend von Lewis, Michael: Aus der Welt, Frankfurt 2016

[37] Auf das Gruppendenken und auch dessen Bedeutung im Militär geht beispielsweise Jonathan Haidt ausführlich ein und Haidt, Jonathan: The Righteous Mind – Why Good People are Divided by Politics and Religion, New York 2013, u.a. Seiten 604 ff.

[38] Der Wissenschaftler Steven Pinker schätzt, dass die Gefahr durch Gewalt zu sterben in alten Stammesgesellschaften ungleich höher war als heute, vgl. Pinker, Steven, Gewalt – eine neue Geschichte der Menschheit, Frankfurt 2011. Die These wurde mehrfach in Zweifel gezogen, allerdings oft auch unterstützt, beispielsweise von Ian Morris, vgl. Morris, Ian: Beute, Ernte, Öl: Wie Energiequellen Gesellschaften formen, München 2020

[39] Lewis, Michael: Aus der Welt, Frankfurt 2016, Seite 140 ff

[40] Sapolsky, Robert M.: Gewalt und Mitgefühl – Die Biologie des menschlichen Verhaltens, München 2017, Seite 134

[41] Eliot, Lise: Wie verschieden sind sie?, Berlin 2010

[42] Deutsche Stiftung Männergesundheit: Wir wollen Männer gesünder machen, o.J., abgerufen unter https://www.stiftung-maennergesundheit.de/stiftung/stiftungsziele.html am 6. Juli 2020

[43] Zu diesem Thema ist in den vergangenen Jahren viel Literatur erschienen. Neben dem bereits erwähnten Buch Factfullness von Rosling et al. auch Urner, Maren: Schluss mit dem täglichen Weltuntergang, München 2019 und Schröder, Martin: Warum es noch nie so gut ging und wir trotzdem ständig von Krisen reden, Wals bei Salzburg 2018

[44] Vgl. 1. Moses, 41, insbesondere Verse 17 bis 36

[45] Vgl. zum Beispiel Pinker, Steven: Aufklärung jetzt – Für Vernunft, Wissenschaft, Humanismus und Fortschritt. Eine Verteidigung, Frankfurt 2018

[46] Weigel, Tilman: Terror in Westeuropa in Statistiker-Blog vom 25. Juli 2017, abgerufen unter http://www.statistiker-blog.de/archives/terror-in-westeuropa/5493.html am 12. April 2019

[47] Weigel, Tilman: Entwicklung des Welthungers seit 1990 in Statistiker-Blog vom 2. Juni 2016, abgerufen unter http://www.statistiker-blog.de/archives/welthunger-statistik/4961.html am 12. April 2019

[48] Weigel, Tilman: Demokratie in Bewegung in Statistiker-Blog vom 16. Mai 2017, abgerufen unter http://www.statistiker-blog.de/archives/demokratie-veranderung/5426.html am 12. April 2019

[49] Sapolsky, Robert M.: Gewalt und Mitgefühl – Die Biologie des menschlichen Verhaltens, München 2017, insbesondere Seiten 166 - 168

[50] Pinker, Susan: Begabte Mädchen, schwierige Jungs – Der wahre Unterschied zwischen Männern und Frauen, München 2009

[51] Eliot, Lise: Wie verschieden sind sie – Die Gehirnentwicklung bei Mädchen und Jungen, Berlin 2010 – die genannten Daten findet man auf Seite 286f

[52] Malik, Kenan: Das Unbehagen in den Kulturen, Frankfurt 2017 – die erwähnte Beschreibung findet man ab Seite 95

[53] Yücel, Deniz: Der erste islamistische Mord in Berlin in tageszeitung vom 21. Januar 2015, Berlin 2015

[54] Ausführlich wird das Thema auch behandelt bei Saunders, Doug: Mythos Überfremdung, München 2012

[55] Auch diese Unterteilung basiert auf dem Buch Factfulness. Unter https://www.gapminder.org/dollar-street/matrix hat Rosling konkrete

Beispiele für das Leben von Menschen mit unterschiedlichem Einkommen eingestellt.

[56] Sapolsky, Robert M.: Gewalt und Mitgefühl – die Biologie menschlichen Verhaltens, München 2017, Seite 239, auch bei Haidt, Jonathan: The Richteous Mind – Why Good People are Divieded by Politics and Religion, London 2013, Seite 29

[57] Fischer, Rico; Holbrook, Jordan; Barry, John: How wide is the gender empathy gap?, London 2017, abgerufen unter www.malepsychology. org.uk/wp-content/uploads/2017/07/john_barry.pdf am 31. Juli 2021

[58] Collier, Paul: Sozialer Kapitalismus – Mein Manifest gegen den Zerfall unserer Gesellschaft, München 2019, dort insbesondere Seiten 23 ff

[59] Landers, Peter und Dvorak, Phred: „Japanes Pland Had Barebones Risk Plan", in Wall Street Journal, 31. März 2011, zitiert nach MacAskill, William: Gutes besser tun – Wie wir mit effektivem Altruismus die Welt verändern können, Berlin 2018, Seite 77

[60] Popper, Karl: Ausgangspunkte, Hamburg 1979, Seite 48, zitiert nach Geier, Manfred: Karl Popper, Hamburg 2019, Seite 41

[61] Popper, Karl: Postscript I: Realism and the Aim of Science, London 1983, Seite 5, zitiert nach Geier, Manfred: Karl Popper, Hamburg 2019, Seite 75

[62] Zu der Studie gibt es zahllose Sekundärliteratur, beispielsweise Pohl, Saskia: Methodenmix der Studie „Die Arbeitslosen von Marienthal", München 2004

[63] Freistätter, Florian: „Medizin ist keine Naturwissenschaft", abgerufen unter http://scienceblogs.de/astrodicticum-simplex/2010/11/26/medizin-ist-kei ne-naturwissenschaft/ am 26. Juni 2019

[64] Ariely, Dan: Denken hilft zwar, nützt aber nichts. Warum wir immer wieder unvernünftige Entscheidungen treffen. München 2008, Seiten 289f

[65] Veit, Susanne Veit; Arnu, Hannah; Di Stasio, Valentina; Yemane, Ruta und Coenders, Marcel: The "Big Two" in Hiring Discrimination: Evidence From a Cross-National Field Experiment, o.O. 2021, abgerufen unter journals.sagepub.com/doi/full/10.1177/0146167220982900 am 24. November 2021

[66] Weigel, Tilman: Hauptsache die Schlagzeile knallt, statistiker-blog.de vom 15. Juli 2010, Kommentar zu einem Artikel der Süddeutschen Zeitung vom selben Tag, abgerufen unter www.statistiker-blog.de/archives/hauptsache-die-sch lagzeile-knallt/114.html am 31. Juli 2021

[67] Tausch, Arno: Ein Index der religiösen Toleranz auf oekonommenstimme.org vom 1. September 2015, abgerufen unter www.oekonomenstimme.org/arti kel/2015/09/ein-index-der-globalen-religioesen-toleranz/ am 26.6.2019

[68] Weigel, Tilman: Armut verkürzt das Leben um fast neun Jahre, Statistiker-Blog vom 3. Dezember 2020, abgerufen unter www. statistiker-blog.de/archives/ armut-und-krankheit/6291.html am 29 Januar 2021

[69] Das behauptet etwa Sapolsky, Robert M.: Gewalt und Mitgefühl – die Biologie menschlichen Verhaltens, München 2017

[70] Weigel, Tilman: Beim Thema Sex lügen alle, Statistiker-Blog vom 18. Juli 2016, abgerufen unter http://www.statistiker-blog.de/archives/sex-lugen/5021 .html am 5. Juli 2019

[71] Weigel, Tilman: Skript zur Einführung in die qualitative Sozialforschung, Nürnberg 2020

72 Stelter, Daniel: Wir brauche ein linkes Forschungsinstitut in Cicero vom 9. Mai 2019, abgerufen unter https://www.cicero.de/wirtschaft/diw-marcel-fratzscher-forschung-wirtschaft am 5. Juli 2019
73 Krämer, Walter und Leciejewski, Klaus: Statistik im Sozialismus – Amtliche Daten zwischen Realität und Ideologie und ihre Medienrezeption in Schmid, Timo und Zwick, Markus (Hrsg.): Wirtschafts- und Sozialstatistisches Archiv, Band 15, Heft 2 2021, Seite 84 ff
74 Vortragsankündigung zu einem Referat mit dem Thema „War die DDR im Jahre 1989 pleite? Der Niedergang der DDR Wirtschaft seit 1971" des Gutes Gödelitz aus dem Jahr 2000, abgerufen unter gut-goedelitz.de/2000/12/war-die-ddr-im-jahre-1989-pleite-der-niedergang-der-ddr-wirtschaft-seit-1971/ am 29. November 2021
75 Butter, Michael: Nichts ist wie es scheint. Über Verschwörungstheorien, Berlin 2018, Seite 54f
76 Adler, Yael: Darüber spricht man nicht, München 2018, Seite 267
77 Bonica, Adam; Chilton, Adam; Rozema Kyle; Sen Maya: The Legal Academy's Ideological Uniformity, Chicago 2018
78 Popper, Karl: Das Problem der Induktion in Popper, Karl und Miller, David: Lesebuch: ausgewählte Texte zur Erkenntnistheorie, Philosophie der Naturwissenschaften, Metaphysik, Sozialphilosophie, Tübingen 1997, Seiten 85 ff
79 Ressing, Meike; Blettner, Maria; Klug Stefanie J.: Systematische Übersichtsarbeiten und Metaanalysen in Deutsches Ärzteblatt, Jg. 106, Heft 27 vom 3. Juli 2009, Seiten 456 ff
80 Die Funktionsweise des Theorems von Bayes wird beispielsweise erklärt bei Silver, Nate: Die Berechnung der Zukunft – Warum die meisten Prognosen falsch sind und machen trotzdem zutreffen, München 2013, Seite 374
81 MacAskill, William: Gutes besser tun – Wie wir mit effektivem Altruismus die Welt verändern kann, Berlin 2016, Seite 92f
82 Wess, Ludger: Grüne Querdenker, Salonkolumnisten vom 13. Dezember 2020, abgerufen unter www.salonkolumnisten.com/gruene-querdenker/ am 3. Februar 2021
83 Feig, Marcel; Rieck Thorsten; Siedler, Anette, Wichmann Ole: Impfquoten von Kinderschutzimpfungen in Deutschland – aktuelle Ergebnisse aus der RKI-Impfsurveillance in Robert Koch-Institut (Hrsg.): Epidemiologisches Bulletin Ausgabe 32/33 2020, Berlin 2020, Seiten 9–27 DOI 10.25646/7027.3
84 Modelle der US Nation Oceanic and Atmospheric Administration, zitiert nach Easterbrook, Gregg: Warum die Welt einfach nicht untergeht – Sieben Endzeitszenarien und wie wir sie abwenden können München 2019
85 MacAskill, William: Gutes besser tun – Wie wir mit effektivem Altruismus die Welt verändern kann, Berlin 2016, Seite 95f
86 Butter, Michael: Nichts ist, wie es scheint - Über Verschwörungstheorien, Berlin 2018
87 Im Original. "There is a growing suspicion that more lies than ever are being told."
88 Swart, Koenraad Wolter: The Sense of Decadence in 19. Century France, Dordrecht 1964, zitiert nach Herman, Arthur: Propheten des Niedergangs – Der Endzeitmythos im westlichen Denken, Berlin 1998
89 Heine, Matthias: Danke, Merkel, für das Wort postfaktisch! in der Tageszeitung Welt am 17.11.2016, abgerufen am 23. März 2019 unter www.welt.de/kultur/article159560304/Danke-Merkel-fuer-das-Wort-postfaktisch.html

[90] Comte, Auguste: Das Drei-Stadien-Gesetz in: Dreitzel, Hans Peter: Sozialer Wandel. Zivilisation und Fortschritt als Kategorien der soziologischen Theorie, Neuwied 1967

[91] Noelle-Neumann, Elisabeth: Die Schweigespirale, Öffentliche Meinung – unsere soziale Haut, München 1980, S. 176

[92] Stegemann, Bernd: Dieses Programm passt nicht mehr zum Auftrag, Stand 7. Dezember 2020, abgerufen unter www.cicero.de/innenpolitik/ard-zdf-oeffentlich-rechtlicher-rundfunk-rundfunkbeitrag-erhoehung-sachsen-anhalt am 28. Januar 2021

[93] Mills, Charles Wright: Die amerikanische Elite. Gesellschaft und Macht in den Vereinigten Staaten, Hamburg 1962, zitiert nach Herman, Arthur: Propheten des Niedergangs – Der Endzeitmythos im westlichen Denken, Berlin 1998, Seiten 324

[94] Polizeiliche Kriminalstatistik, abgerufen unter https://www.bka.de/DE/AktuelleInformationen/StatistikenLagebilder/PolizeilicheKriminalstatistik/pks_node.html am 6. Mai 2019

[95] Urner, Maren: Schluss mit dem täglichen Weltuntergang – Wie wir uns gegen die digitale Vermüllung unserer Gehirne wehren, München 2019, Seiten 41 ff

[96] Easterbrook, Greg: Warum die Welt nicht untergeht, München 2019

[97] Ulfkotte, Udo: Gekaufte Journalisten: Wie Politiker, Geheimdienste und Hochfinanz Deutschlands Massenmedien lenken, Rottenburg 2014 sowie Ulfkotte, Udo: Volkspädagogen: Wie uns die Massenmedien politisch korrekt erziehen wollen, Rottenburg 2016

[98] Soldt, Rüdiger: Auf dem Heimatplant für rechtsextreme Ufologen, faz.net vom 23. Februar 2017, abgerufen unter https://www.faz.net/aktuell/politik/inland/kopp-verlag-profitiert-von-fluechtlingskrise-14890834.html?printPagedArticle=truepageIndex_0 am 13. Mai 2019

[99] Ulfkotte, Udo: Geheimplan Europa: Wie ein Kontinent erobert wird, Wien 2018

[100] Zum Beispiel von o.N.: Umstrittener Publizist Udo Ulfkotte ist tot in Spiegel-Online vom 14. Januar 2017, abgerufen unter https://www.spiegel.de/kultur/literatur/udo-ulfkotte-umstrittener-publizist-und-ehemaliger-faz-journalist-ist-tot-a-1130008.html am 13. Mai 2019

[101] Zitiert nach: Krüger, Uwe: Mainstream – Warum wir den Medien nicht mehr trauen, München 2016, Seite 3

[102] Gerster, Petra und Nürnberger, Christian: Die Meinungsmaschine: Wie Informationen gemacht werden – und wem wir noch glauben können, München 2017

[103] Kimmerle, Joachim: Hostile-Media-Effekt. In M. A. Wirtz (Hrsg.), Dorsch – Lexikon der Psychologie, abgerufen unter https://portal.hogrefe.com/dorsch/hostile-media-effekt/ am 23.05.2019

[104] Robert P. Vallone, Lee Ross, Marc R. Lepper: The Hostile Media Phenomenon: Biased Perception and Perceptions of Media Bias in Coverage of the Beirut Massacre. In: Journal of Personality and Social Psychology, Heft 3/1985, Seiten 577-585, zitiert nach Krüger, Uwe: Mainstream – Warum wir den Medien nicht mehr trauen, München 2016, Seite16

[105] Weigel, Tilman: Soziale Herkunft von Journalisten, Statistiker-Blog vom 27. Januar 2017, abgerufen unter http://www.statistiker-blog.de/archives/herkunft-journalisten/5250.html am 13. Mai 2019

[106] Weigel, Tilman: Politische Präferenzen von Journalisten, Statistiker-Blog vom 30. Januar 2017, abgerufen unter http://www.statistiker-blog.de/archives/politische-praeferenzen-von-journalisten/5262.html am 13. Mai 2019

[107] Weigel, Tilman: Politische Präferenzen von Journalisten, Beitrag in den Kommentaren, Statistiker-Blog vom 30. Januar 2017, abgerufen unter http://www.statistiker-blog.de/archives/politische-praeferenzen-von-journalisten/5262.html am 13. Mai 2019

[108] Zum Beispiel Krüger, Uwe: Mainstream – Warum wir den Medien nicht mehr trauen, München 2016

[109] Ries, Tonia E. et al.: Edelmann Trust Barometer vom 13. Januar 2021, abgerufen unter www.edelman.com/sites/g/files/aatuss191/files/2021-01/2021-edelman-trust-barometer.pdf am 23. Februar 2021, S. 45

[110] Krüger, Uwe: Mainstream - Warum wir den Medien nicht mehr trauen, München 2016, Seite 16

[111] o. N.: ZDF-Journalist Bodo Hauser gestorben auf Spiegel Online vom 23. Juli 2004, abgerufen unter https://www.spiegel.de/kultur/gesellschaft/frontal-zdf-journalist-bodo-hauser-gestorben-a-310065.html am 9. Oktober 2019

[112] o.N.: Beitrag „Generalanzeiger" in Weiß, Joachim (Redaktionsleiter): Brockhaus Lexikon, Band 5, Ausgabe 2005, Mannheim 2005

[113] Würzburg-Wiki, Eintrag Tageszeitungen, o.D. abgerufen unter https://wuerzburgwiki.de/wiki/Tageszeitungen am 17. Mai 2019

[114] Informationsgemeinschaft zur Feststellung der Verbreitung von Werbeträgern e.V., Quartalsstatistik, abgerufen unter https://www.ivw.de/ am 2. Mai 2019

[115] Jens, Tilman: Axel Cäsar Springer – Ein deutsches Feindbild, Freiburg 2012

[116] Weischenberg, Siegfried; Scholl, Armin; Malik, Maja: Die Souffleure der Mediengesellschaft: Report über die Journalisten in Deutschland, Konstanz 2006

[117] Krüger, Uwe: Mainstream - Warum wir den Medien nicht mehr trauen, München 2016, Seite 34 ff

[118] Lünendonk, Magreth: Politikjournalistinnen und -journalisten, Berlin 2010, zitiert nach Statista.de o.D.: Welcher Partei stehen Sie am nächsten, abgerufen unter https://de.statista.com/statistik/daten/studie/163740/umfrage/parteipraeferenz-von-politikjournalisten-in-deutschland/ am 13. Mai 2019

[119] Noelle-Neumann, Elisabeth: Die Schweigespirale, Öffentliche Meinung – Unsere soziale Haut, München 1980, Seite 233

[120] Kraemer, Lynn, Tautz, Daniel und Hagemann, Nils: Wie divers ist der ARD Nachwuchs, journalist.de vom 4. November 2020, abgerufen unter www.journalist.de/startseite/detail/article/wie-divers-ist-der-ard-nachwuchs am 23. Februar 2021

[121] LaToor, Amée: Fact check: Do 97 percent of journalist donations go to Democrats?, 16. August 2017, abgerufen unter ballotpedia.org/Fact_check/Do_97_percent_of_journalist_donations_go_to_Democrats am 11. Februar 2021

[122] Chait, Jonathan: The Vast Left-Wing Conspiracy Is on Your Screen, New York Magazin vom 17. August 2012, abgerufen unter nymag.com/news/features/chait-liberal-movies-tv-2012-8/ am 11. Februar 2021

[123] Miersch, Michael: Gibt es Meinungsfreiheit? auf Salonkolumnisten.de am 14. Januar 2019, abgerufen unter www.salonkolumnisten.com/gibt-es-meinungsfreiheit am 15. Juni 2019.

124 Majin, Graham: Bitter Fruit: Marshall McLuhan and the Rise of Fake News auf quilette.com am 18. Januar 2022, abgerufen unter quillette.com/2022/01/18/bitter-fruit-is-marshall-mcluhan-responsible-for-the-rise-of-fake-news/ am 19. Januar 2022

125 Kahnemann, Daniel: Schnelles Denken, langsames Denken, München 2012

126 Noelle-Neumann, Elisabeth: Die Schweigespirale, Öffentliche Meinung – Unsere soziale Haut, München 1980, Seite 232

127 Ebenda, Seiten 234 - 239

128 Zitat und alle Informationen in diesem und den nächsten Absätzen zu Tagesschau und Tagesthemen nach Nezik, Ann-Kathrin: Wer vertraut ARD und ZDF in DIE ZEIT Nr. 40 vom 26. September 2019

129 Schwennike, Christoph: Grünes Maß aller Dinge auf Cicero.de am 7. Oktober 2019, abgerufen unter https://www.cicero.de/innenpolitik/klimapolitik-medien-gruene-annalena-baerbock-robert-habeck/plus am 9. Oktober 2019

130 Krischner, Markus: "Das ist ja grauenvoll" - Ein vergessenes Protokoll erzählt die Wahrheit über den "Spiegel"-Zeugen von Bad Kleinen in Focus 08/2020, München 2020

131 Wess, Ludgar: „Fucking Irresponsible" – Gentechnik und Medien auf Salonkolumnisten.de vom 21. September 2019, abgerufen unter https://www.salonkolumnisten.com/fucking-irresponsible/ am 9. Oktober 2019

132 o.N.: Genexperiment gescheitert – Millionen Mücken freigesetzt auf Infranken.de am 4. Oktober 2019, abgerufen unter https://www.infranken.de/ratgeber/gesundheit/genexperiment-gescheitert-millionen-muecken-freigesetzt-unkontrollierbare-situation;art154607,4448283 am 9. Oktober 2019

133 o.N.: Gentechnik Mücken breiten sich aus, auf Tagesschau.de am 12. September 2019, abgerufen unter https://www.tagesschau.de/ausland/gelbfiebermuecke-101.html am 9. Oktober 2019

134 Zinkant, Kathrin: Streit um Milliarden Gentech-Insekten auf sueddeutsche.de am 21. September 2019, abgerufen unter https://www.sueddeutsche.de/wissen/transgen-muecken-zika-1.4609451 am 9. Oktober 2019

135 Wess, Ludgar: „Fucking Irresponsible" – Gentechnik und Medien auf Salonkolumnisten.de vom 21. September 2019, abgerufen unter https://www.salonkolumnisten.com/fucking-irresponsible/ am 9. Oktober 2019

136 Servick, Kelly: Study on DNA spread by genetically modified mosquitoes prompts backlash bei Science am 17. September 2019, abgerufen unter https://www.sciencemag.org/news/2019/09/study-dna-spread-genetically-modified-mosquitoes-prompts-backlash am 9. Oktober 2019

137 Wess, Ludgar: Nowhere to hide? Gentechnik, Gurus, Fakten und Medien auf Salonkolumnisten vom 20. September 2020, abgerufen unter www.salonkolumnisten.com/nowhere-to-hide-gentechnik-gurus-fakten-und-medien/ am 31. Juli 2021

138 ivw: Auflagenzahlen des 3. Quartals 2020, Stand: 22.10.2020, abgerufen unter www.ivw.de/print/quartalsauflagen/pressemitteilungen/auflagenzahlen-des-3-quartals-2020 am 16. Februar 2020

139 Statista.de: Statistiken zum Thema Zeitung, Hamburg 2019, abgerufen unter https://de.statista.com/themen/176/zeitung/ am 30. April 2019

140 Weigel Tilman: Paid Content: Kein Erfolgsmodell, Statistiker-Blog vom 2. Oktober 2017, abgerufen unter http://www.statistiker-blog.de/archives/paid-content-erfolg/5596.html am 20. April 2019

141 Welt am Sonntag vom 4. November 2018, Berlin 2018
142 Kotkin, Joel: The Coming of Neo Feudalism, New York 2020, Seite 36
143 Kavanagh, Jennifer, Marcellino William, Blake Jonathan S., Smith, Shawn, Davenport, Steve und Tebeka, Mahlet G: Facts Versus Opinions How the Style and Language of News Presentation Is Changing in the Digital Age, Santa Monica 2019
144 Wiedergegeben nach Rheinsberg, Bernd: Die Irrtümer des Radical Chick, Salonkolumnisten vom 19. Juni 2019, abgerufen unter https:// www.salonkol umnisten.com/die-irrtuemer-des-radical-chic/ am 4. Juli 2019
145 Pariser, Eli: The Filter Bubble: What the Internet Is Hiding from You, New York 2011
146 Aridor, Guy; Goncalves, Duarte; Sikdar, Shan: Deconstructing the Filter Bubble: User Decision-Making and Recommender Systems, New York 2020, abgerufen unter arxiv.org/pdf/1904.10527.pdf am 28. Januar 2022
147 Nguyen, Tien T.; Hui, Pik Mai; Harper, F. Maxwell; Terveen, Loren und Konstan, Joseph A.: Exploring the Filter Buble, Seoul 2014, abgerufen unter dl.acm.org/doi/10.1145/2566486.2568012 am 28. Januar 2022
148 Dubois, Elisabeth und Blank, Grant: The echo chamber is overstated: the moderating effect of political interest and diverse media, in Information, Communication & Society, Volume 21, Issue 5, London 2017, abgerufen unter doi.org/10.1080/1369118X.2018.1428656 am 24. Januar 2022
149 Pörksen, Bernhard: Die Theorie der Filterblasen ist nicht länger haltbar – Wir leiden bereits unter dem Filter-Clash in Zürcher Zeitung vom 12. Juli 2018, abgerufen unter www.nzz.ch/feuilleton/die-theorie-der-filterblasen-ist-nicht-laenger-haltbar-denn-wir-leiden-bereits-unter-dem-filter-clash-ld.1402553?reduced=true am 8. August 2020
150 Ziener, Markus: Die Filterblase existiert, seit es Menschen gibt in Zürcher Zeitung vom 10. Januar 2019, abgerufen unter https://www.nzz.ch/feuilleton /die-filterblase-existiert-seit-es-menschen-gibt-ld.1449744 am 8. August 2020
151 Blume, Michael: Islam in der Krise – Eine Weltreligion zwischen Radikalisierung und stillem Rückzug, Mannheim 2017, Seite 44
152 Kotkin, Joel: The Coming of Neo Feudalism, New York 2020, Seite 38
153 Reynolds, Glenn Harlan: When digital platforms become censors, Wall Street Journal, 18. August 2018, zitiert nach Kotkin, Joel: The Coming of Neo Feudalism, New York 2020, Seite 157
154 Wendt, Alexander: Bist du gesund, Mann? in Focus 27/2018, München 2018
155 Stegemann, Bernd: Dieses Programm passt nicht mehr zum Auftrag, Cicero.de vom 7. Dezember 2020, abgerufen unter www.cicero.de/innenpolitik/ard-zdf-oeffentlich-rechtlicher-rundfunk-rundfunkbeitrag-erhoehung-sachsen-anhalt am 19. Februar 2021
156 Spieltheoriekanal von Christian Rieck, Ausgabe vom 29. Januar 2022, abgerufen unter https://youtu.be/UT71NK1dxfU am 1. Februar 2022
157 Piketty, Thomas: Das Kapital im 21. Jahrhundert, München 2014, Seiten 420
158 Kotkin, Joel: The New Class Conflict, Candor 2014
159 Butsch, Richard: Ralph, Fred, Archie and Homer: Why Television Keeps Re-creating the White Mal Working Class Buffon in Dines, Gail und Humez, Jane (Hrsg:) Gender, Race and Class in Media: A Text Reader, 2nd Edition (Sage 2003) und Scharrer, Erica: From Wise to Foolish: The Potrayel of the Sitcom Father, 1950s – 1990s, No. 1, 2001, S. 23-40 sowie Troilo, Jessica: Stay Tuned: Potrayals

of Fatherhood to Come, Psychology of Popular Media Culture, Vol. 6 No. 1, 2017, S. 82-94, zitiert nach Sandel, Michael: Vom Ende des Gemeinwohls – Wie die Leistungsgesellschaft die Demokratie zerstört, Frankfurt 2020, Seiten 321-322

[160] Williams, Joan C.: White Working Class: Overcoming Class Clueness in Amerika, Boston 2017, zitiert nach Sandel, Michael: Vom Ende des Gemeinwohls – Wie die Leistungsgesellschaft die Demokratie zerstört, Frankfurt 2020, Seiten 322

[161] Rödder, Andreas: 21.0 – Eine kurze Geschichte der Gegenwart, München 2015, Seite 100

[162] Murphy, Rex: Laurier, trading 'free speech' for 'better speech,' proves unspeakably clueless still in National Post vom 3. August 2018, abgerufen unter https://nationalpost.com/opinion/rex-murphy-now-laurier-wants-to-ditch-free-speech-for-better-speech-can-we-converse am 10. September 2019

[163] Zum Beispiel Levitsky, Steven und Ziblatt, Daniel: Wie Demokratien sterben, München 2018, S. 204

[164] Piketty, Thomas: Das Kapital im 21. Jahrhundert, München 2014, Seite 395

[165] Ebenda, Seite 423

[166] Zitelmann, Rainer: Kapitalismus ist nicht das Problem, sondern die Lösung, München 2018

[167] CIA: The World Factbook, abgerufen unter www.cia.gov/the-world-factbook/field/gini-index-coefficient-distribution-of-family-income/country-comparison/ am 9. Oktober 2021 und Eurostat auf Basis des SILC, abgerufen unter appsso.eurostat.ec.europa.eu/nui/show.do?dataset=ilc_di12&lang=de am 13. September 2019

[168] Piketty, Thomas: Das Kapital im 21. Jahrhundert, München 2014, Seite 458

[169] Sandel, Michael: Vom Ende des Gemeinwohls – Wie die Leistungsgesellschaft die Demokratie zerstört, Frankfurt 2020

[170] Gauck, Joachim: Toleranz: Einfach schwer, Freiburg 2019, S. 46

[171] Gauck, Joachim: Toleranz: Einfach schwer, Freiburg 2019, S. 5

[172] Greenstein, M., & Franklin, N.: Anger increases susceptibility to misinformation. *Experimental Psychology*, 67(3), 202–209. Stand: 2020, abgerufen unter doi.org/10.1027/1618-3169/a000489 am 13. Oktober 2021

[173] Lilla, Mark: Der hemmungslose Geist – Über die Tyrannophillie der Intellektuellen, München 2017

[174] Die Zahl basiert auf einer Schätzung Ben Kiernans vom *Genocide Studies Program* der Universität Yale. Andere Studien kommen zu niedrigeren Ergebnissen von "nur" zehn Prozent, wieder andere gehen von weit höheren Zahlen aus.

[175] Weigel, Tilman: Rekordmeister, Stand: 1. Juni 2011, abgerufen unter www.statistiker-blog.de/archives/rekordmeister/1513.html am 19. Februar 2021

[176] Noelle-Neumann, Elisabeth: Die Schweigespirale – Öffentliche Meinung, unsere soziale Haut, München 1980, Seite 17

[177] Saunders, Doug: Mythos Überfremdung – Eine Abrechnung, Seite 167 - 183

[178] Grau, Alexander: Hypermoral – Die neue Lust an der Empörung, München 2017, S. 5

[179] Palmer, Boris: Erst die Fakten, dann die Moral – Warum Politik mit der Wirklichkeit beginnen muss, München 2019

[180] Ebenda, Seite 13

[181] Rödder, Andreas: Konservativ 2.0, München 2029, Seite 19
[182] Palmer, Boris: Erst die Fakten, dann die Moral – Warum Politik mit der Wirklichkeit beginnen muss, München 2019, Seite 13 ff
[183] Sandel, Michael: Vom Ende des Gemeinwohls – Wie die Leistungsgesellschaft die Demokratie zerstört, Frankfurt 2020, Seiten 131 ff
[184] Nassehi, Armin: Das große Nein, Hamburg 2020, Seiten 106
[185] Reichardt, Sven: Authentizität und Gemeinschaft – Linksalternatives Leben in den siebziger und frühen achtziger Jahren, Berlin 2014, Seiten 55f, zitiert nach Nassehi, Armin: Das große Nein, Hamburg 2020, Seite 33
[186] Schönwiese, Christian-D.L: Klimawandel kompakt – Ein globales Problem wissenschaftlich erklärt, Stuttgart 2019, Seite 67
[187] Morris, Ian: Beute, Ernte, Öl – Wie Energiequellen Gesellschaften formen, München 2020
[188] Haidt, Jonathan: The Righteous Mind – Why Good People are Divided by Politics and Religion, New York 2013
[189] Gauck, Joachim: Toleranz, einfach schwer, Freiburg 2019, Seite 7
[190] McGee, Kate: The new University of Austin hopes to counter what its founders say is a culture of censorship at most colleges, The Texas Tribune vom 8. November 2021, abgerufen unter www.texastribune.org/2021/11/08/university-austin-founders-college-culture/ am 15. November 2021
[191] Nassehi, Armin: Das große Nein, Hamburg 2020, Seiten 32ff
[192] Geiling, Natasha: The confusing and At-Times Counterproductive 1980s Response to the AIDS Epidemic, zitierte nach Ferguson, Niall: Doom – Die großen Katastrophen der Vergangenheit und einige Lehren für die Zukunft, München 2021, Seite 309f
[193] Zitiert nach Ferguson, Niall: Doom – Die großen Katastrophen der Vergangenheit und einige Lehren für die Zukunft, München 2021, Seite 309
[194] Chait, Jonathan: The left conspiracy is on your screen, New York Magazin vom 17. August 2012, abgerufen unter nymag.com/news/features/chait-liberal-movies-tv-2012-8/ am 20.02.2021
[195] Weigel, Tilman: Werner Heisenberg – Einer der bedeutendsten Physiker aller Zeiten auf Bayern-Blogger.de am 14. Januar 2012, abgerufen unter https://www.bayern-blogger.de/werner-heisenberg-einer-der-bedeutendsten-physiker-aller-zeiten-14983/ am 15. August 2020
[196] Horn, Karen Ilse: Hayek für Jedermann – Die Kräfte der spontanen Ordnung, Frankfurt am Main 2013, S. 33
[197] Haidt, Jonathan: The Richteous Mind – Why Good People are Divieded by Politics and Religion, New York 2013, Seite 112f
[198] Ebenda, Seite 112
[199] Pinker, Steven: The Blank Slate: The Modern Denial of Human Nature, New York 2002, Seite 106, zitiert nach Haidt, Jonathan: The Richteous Mind – Why Good People are Divieded by Politics and Religion, New York 2013, Seite 109ff
[200] Köhler, Michael: Campus ohne Courage – Was ist sagbar an Universitäten? auf SWR2 vom 3.12.2020, abgerufen unter www.swr.de/swr2/leben-und-gesellschaft/campus-ohne-courage-was-ist-sagbar-an-universitaeten-100.html
[201] Umfrage von INSA unter 10.006 repräsentativ ausgewählten Deutschen im Auftrag der Zeitung BILD. Zitiert nach Hentjes, W und Schuler R.: Deutschland, wie geht's dir in BILD Zeitung vom 15. Januar 2021, Seite 3

202 Lindsay, James A.: Video zu Sokal Squared, abgerufen unter youtu.be/kVk9a 5Jcd1k am 21. Februar 2021
203 How french „intelectuals" ruind the west – postmodernism and its impact explaind, Areo Magazin vom 27. März 2017, abgerufen unter areomagazine.com/2017/03/27/how-french-intellectuals-ruined-the-west-postmodernism-and-its-impact-explained/ am 14. März 2019
204 Ebenda.
205 Bricmont, Jean und Sokal, Alan: Eleganter Unsinn. Wie die Denker der Postmoderne die Wissenschaften missbrauchen, München 1999
206 M. McMahon, Darrin: The Counter-Enlightenment and the Low-Life of Literature in Pre-Revolutionary France in Past and Present No. 159, Oxfort 1998
207 Herman, Arthur: Propheten des Niedergangs – Der Endzeitmythos im westlichen Denken, Berlin 1998, S. 62 f
208 Ebenda, S. 381
209 Ebenda
210 Ebenda, S. 318
211 Tibi, Bassam: Europa ohne Identität?, Stuttgart 2016, S. 49
212 Mounk, Yascha: Der Zerfall der Demokratie: Wie der Populismus den Rechtsstaat bedroht, München 2018, S. 262 f
213 Ebenda, S. 128
214 Pinker, Steven: Gewalt – Eine neue Geschichte der Menschheit, München 200
215 Corry, S: „The Case of the 'Brutal Savage': Poirot or Clouseau? Why Steven Pinker, like Jared Diamond ist wrong", London 2013, zitiert nach Sapolsky, Robert: Gewalt und Mitgefühl – Die Biologie des menschlichen Verhaltens, München 2017, Seite 409
216 Diamond, Jared: Kollaps – Warum Gesellschaften überleben oder untergehen, Frankfurt am Main 2014, Seite 19
217 Saunders, Doug: Die neue Völkerwanderung – Arrival City, München 2011, Seite 265ff
218 Rukaj, Sara: Die Moral der Diskurswächter in: Frankfurter Allgemeine Zeitung Nr. 100/2020 vom 29. April 2020, Seite N4.
219 Gygi, Beat: Die empirische Revolution, in Weltwoche Nr. 31/2020, Zürich 2020, Seite 66
220 Noelle-Neumann, Elisabeth: Die Schweigespirale, Öffentliche Meinung – unsere soziale Haut, München 1980, S. 176
221 Weste, Anton: Verschwindet die Vernunft?, in Technology Review 02/2019, Hannover 2019
222 GSS Data Explorer, abgerufen unter https://gssdataexplorer.norc.org/trends/Politics?measure=consci am 23. März 2019.
223 Luhmann, Niklas: Niklas Luhmann: Die Moral des Risikos und das Risiko der Moral. In: Gotthard Bechmann (Hrsg.): Risiko und Gesellschaft – Grundlagen und Ergebnisse interdisziplinärer Risikoforschung, Opladen 1993, zitiert nach Müller, Julian und Lorenz, Ansgar: Niklas Luhmann, Paderborn 2016, Seiten 78
224 Müller, Julian und Lorenz, Ansgar: Niklas Luhmann, Paderborn 2016, Seiten 77 - 79
225 Gauck, Joachim: Toleranz: Einfach schwer, Freiburg 2019, S. 5
226 Bauer, Thomas: Die Vereindeutigung der Welt – Über den Verlust an Mehrdeutigkeit und Vielfalt, Ditzingen 2018
227 Ebenda, Seite 18f

228 Serrao, Marc Felix: Interview mit Christian Hoffmann – „Es ist nur eine Frage der Zeit, bis die Kämpfe, die um die ‹New York Times› geführt werden, auch die deutschen Medien erreichen", Neue Zürcher Zeitung vom 17. Februar 2021, abgerufen unter www.nzz.ch/international/deutschland/medien-leipziger-professor-spricht-von-linksverschiebung-ld.1602069 am 25. Februar 2021

229 Weigel, Tilman: Zurück zu alten Werten – aber neuen, Statisiker-Blog vom 2. September 2010, abgerufen unter statistiker-blog.de/archives/sinus_milieus/227.html am 25. Februar 2021 und Weigel, Tilman: Keiner will mehr Mitte sein, Süddeutsche Zeitung vom 27. September 2010, abgerufen unter www.sueddeutsche.de/wissen/deutschlands-gesellschaft-keiner-will-mehr-mitte-sein-1.1003475 am 25. Februar 2021

230 Zum Beispiel Beppler-Spahl, Sabine et al.: Experimente statt Experten, Frankfurt 2019

231 Zitiert nach Krakowski, Moshe: The Fight Over What Children Learn, Quillette vom 29. Januar 2022, abgerufen unter quillette.com/2022/01/29/the-fight-over-what-children-learn am 2.2.2022

232 Im Original: "I am a professor of education who teaches teachers, and I can say unequivocally that the belief that one needs to be a professional educator to have meaningful insights as to what ought to be taught reflects a fundamental philosophical and cultural misunderstanding of what education actually is." Krakowski, Moshe: The Fight Over What Children Learn, Quillette vom 29. Januar 2022, abgerufen unter quillette.com/2022/01/29/the-fight-over-what-children-learn am 2.2.2022

233 Beppler-Spahl, Sabine: Brexit – Demokratischer Aufbruch in Großbritannien, Berlin 2019. Leider präzisiert die Autorin diese im Vorwort genannte Zahl nicht weiter, es bleibt unklar, ob sie sich auf Deutschland oder Großbritannien bezieht oder ein Durchschnitt über alle Staaten der EU. Auch der Zeitraum wird nicht angegeben.

234 Mounk, Yascha: Der Zerfall der Demokratie: Wie der Populismus den Rechtsstaat bedroht, München 2018, S. 26

235 Phil A. Neel: Hinterland: America's New Landscape of Class and Conflict, London 2018

236 Zitiert nach Levitsky, Steven und Ziblatt, Daniel: Wie Demokratien sterben, München 2018, S. 140

237 Thiele, Ulrich: Der Kurzschluss, Cicero Online vom 6. September 2021, abgerufen unter www.cicero.de/kultur/podiumsdiskussion-zum-politischen-journalismus-der-kurzschluss-boehmermann-lanz-di-lorenzo am 15. November 2021

238 Noelle-Neumann, Elisabeth: Die Schweigespirale: Öffentliche Meinung- unsere soziale Haut, München 1980, Seite 176. 2 Prozent hielten demnach die Existenz von Hexen für sicher, weitere 9 Prozent für möglich. In Süddeutschland soll es kein Dorf ohne eine als Hexe verrufene Frau gegeben haben.

239 Im Interview mit Frank Lübberding, Welt.de am 13. Januar 2022, abgerufen unter www.welt.de/kultur/medien/plus236192938/Corona-PR-Die-Regierung-markierte-Kritiker-als-politischen-Feind.html am 2. Februar 2022

240 Lauser, Marvin: Virologe bei Lanz -Streeck kritisiert deutsche Corona-Daten, ZDF Online vom 7. Januar 2022, abgerufen unter www.zdf.de/nachrichten/panorama/corona-omikron-virologe-streeck-lanz-100.html am 2. Februar 2022

[241] Kaste, Michael: Zu viele Minderheitsmeinungen? Das Gegenteil ist der Fall in Welt Online am 11. Januar 2022, abgerufen unter www.welt.de/debatte/komm entare/plus236174352/Corona-Debatte-Zu-viele-Minderheitsmeinungen-Das-Gegenteil-ist-der-Fall.html am 2. Februar 2022

[242] Ebenda

[243] Gyr, Marcel: Ursprung der Pandemie: «Der Begriff ‹Verschwörungstheorie› wurde nicht von den Medien in die Welt gesetzt, sondern von Wissenschaftlern – sie führten die ganze Welt in die Irre», Neue Zürcher Zeitung vom 3. Februar 2022, abgerufen unter www.nzz.ch/feuilleton/kommt-das-virus-aus-einem-labor-in-wuhan-dem-raetsel-auf-der-spur-ld.1666314 am 4. Februar 2022

[244] Müller, Dirk: Eine Lüge namens Statistik, Süddeutsche Zeitung vom 17. Mai 2010, abgerufen unter www.sueddeutsche.de/wirtschaft/crashkurs-4-zahl-der-arbeitslosen-eine-luege-namens-statistik-1.491029 am 2. Februar 2022

[245] Schwennike, Christoph: Grünes Maß aller Dinge auf Cicero.de am 7. Oktober 2019, abgerufen unter https://www.cicero.de/innenpolitik/klimapolitik-medien-gruene-annalena-baerbock-robert-habeck/plus am 9. Oktober 2019

[246] Hoffmann, Christian: Das Herz des Journalismus schlägt links – So what?, European Journalism Observatory vom 11. Februar 2021, abgerufen unter de.ejo-online.eu/qualitaet-ethik/das-herz-des-journalismus-schlaegt-links-so-what am 25. Februar 2021

[247] Serrao, Marc Felix: Interview mit Christian Hoffmann – „Es ist nur eine Frage der Zeit, bis die Kämpfe, die um die ‹New York Times› geführt werden, auch die deutschen Medien erreichen", Neue Zürcher Zeitung vom 17. Februar 2021, abgerufen unter www.nzz.ch/international/deutschland/medien-leipziger-professor-spricht-von-linksverschiebung-ld.1602069 am 25. Februar 2021

[248] Hanselle, Ralf: Das Vertrauen in die Presse ist brüchig geworden, Cicero vom 24. Februar 2021, abgerufen unter www.cicero.de/kultur/presserat-jahresbe richt-2020-beschwerde-meinungsfreiheit am 25. Februar 2021

[249] Puscher, Frank: Edelmann Trust Barometer: Die Medien haben versagt, MEEDIA vom 17. Februar 2021, abgerufen unter meedia.de/2021/02/17/trust-barometer-die-medien-haben-versagt/ am 25. Februar 201

[250] Rödder, Andreas: 21.0 – Eine kurze Geschichte der Gegenwart, München 2015, S. 93

[251] Seager, Martin und Barry, John: Can we discuss gender issues rationally? Yes, if we can stop gamma bias, Male Psychology Network vom 4. Dezember 2018, abgerufen unter malepsychology.org.uk/2018/12/04/why-are-there-so-man y-disagreements-about-gender-issues-its-usually-down-to-gamma-bias/ am 25. Februar 2021. Zu diesem Thema existiert auch ein Vortragsmitschnitt unter youtu.be/LHYRYKCIDxk

[252] Bundesministerium für Familie, Senioren, Frauen und Jugend: Gleichstellungsatlas, o.D., abgerufen unter https://www.bmfsfj.de/bmfsfj/service/online-rechner/gleichstellungsatlas am. April 2020

[253] Beck, Ulrich: Risikogesellschaft. Auf dem Weg in eine andere Moderne, Frankfurt a. M. 1986.

[254] Weigel, Tilman: Ist Bio besser? Statistiker-Blog vom 4. Juni 2021, abgerufen unter www.statistiker-blog.de/archives/ist-bio-besser/5057.html am 15. November 2021

[255] Popper, Karl: Alles Leben ist Problemlösen, München 1994, Seite 8

ibidem.eu